책임을

묻다

굿
플러스
북

세월호참사 10년 ——
우리는 책임을 물었고
국가는 책임을 물었다

프롤로그

기다리지 않아도 봄은 또 왔습니다. 교복을 입고 수학여행을 떠났던 아이들은 어느새 스물여덟 청년이 되었겠지요. 영정 사진 속 아이의 미소가 얼마나 달라졌을지 상상조차 어려운 세월이 흘렀습니다. 그사이 잊지 않겠다던 약속은 봄비 젖은 벚꽃처럼 시들었습니다. 이 정도면 충분하지 않냐, 더 뭘 해줘야 하냐는 질책의 목소리는 커졌습니다. 세월호참사 책임자들은 대다수 무죄판결을 받았습니다.

304명이 죽었는데 대체 무슨 이유로 책임자들에게 죄가 없다고 하는지, 피해자들과 국민은 세월호참사의 정부 책임을 물었는데 왜 검찰과 사법부는 불기소와 무죄판결로 정부의 책임을 묻어 버리는지 화가 났습니다. 그래서 우리는 함께 판결문을 읽기 시작했습니다. 판결문을 통해 우리가 확인할 수 있었던 것은 현재의 조사와 수사, 사법 체계만으로는 대형참사의 정부 책임을 묻기에 너무나 부족하다는 사실이었습니다.

선조위와 사참위 보고서들도 읽었습니다. 두 조사기구는 모두 세월호 침몰 원인에 합의하지 못했습니다. 다수 언론과 정치인들은 세월호참사로

304명이 희생된 이유보다 세월호 선체가 침몰한 원인에 더 집중했습니다. 어렵게 밝혀낸 수많은 조사 성과들은 외면하고 진상규명은 유가족들의 떼쓰기 요구였을 뿐이라 비난하기도 했습니다. 속이 상했습니다. 그래서 세월호참사 이후 10년 동안 밝혀진 것들이 무엇인지, 앞으로 무엇을 어떻게 바꾸어야 하는지 우리가 직접 정리하기로 결심했습니다. 100분이 넘는 긴 시간 동안 국가의 구조를 기다리던 아이들이 공포와 절망 속에서 외쳤을 질문에 우리는 대답해야만 했습니다.

2014년 4월 16일 세월호의 아침으로 돌아가기 위해 선내 CCTV를 보고 또 보았습니다. 살아있는 아이의 모습을 다시 만났습니다. 어찌나 반가웠던지 온종일 화면 속 아이의 모습을 반복해 보면서 온 식구가 함께 웃었습니다. 그리고는 목포 신항에 달려가 세월호 선체 안에서 아이가 걷던 복도와 계단을 걸었습니다. 아이가 앉아 있던 로비, 아이가 누워있던 방, 아이가 드나들던 매점이 있던 자리에서 그날의 모습을 떠올렸습니다. 출입구까지 몇 걸음이면 갈 수 있었을지 수십 번 자세를 바꿔 걸음 수를 세었습니다. 보고서에 기재된 시간대별 세월호의 기울기 각도와 침수 시각을 수없이 확인했습니다. 그렇게 우리는 아이들의 목소리로 질문을 던졌습니다. 그리고 그 질문에 답하기 위해 밝혀진 사실들을 시간순으로 다시 엮었습니다.

지면의 한계로 인해 지난 10년 동안 밝혀진 수많은 진실과 기록들을 모두 담지 못해 아쉽습니다. 또한 여전히 남겨진 미해결과제들이 많아 세월호참사의 진상을 온전히 밝히지 못한 것도 아쉬움으로 남습니다. 지난 기록들을 살펴보면서 확인할 수 있었습니다. 세월호 승객들을 모두 살릴 수 있었던 기회가 너무나 많았고, 살릴 수 있었던 시간도 무척 길었다는 것을. 그 사실을 꼼꼼하게 확인하고 정리하느라 꼬박 3년이 걸렸습니다.

이 책이 나오기까지 함께해 준 모든 분께 감사드립니다. 초안을 읽고 귀한 의견을 주신 분들, 바쁜 일정에도 선뜻 추천사를 써주신 분들, 시도 때도 없이 던졌던 질문에 언제나 친절히 답해주셨던 분들, 누구보다 지난 10년간 피해자들 곁에서 함께 진상규명을 외쳐 주셨던 수많은 국민들 덕분에 이 책이 나올 수 있었습니다.

이 책을 준비 중이던 2022년 10월 29일, 이태원참사로 우리는 159명의 소중한 국민을 잃었습니다. 세월호참사 당시 박근혜 정부처럼 윤석열 정부는 이태원참사의 진상규명을 가로막고 있습니다. 박근혜 정부의 최후가 윤석열 정부의 미래가 될 것입니다. 진실을 감추는 자들이 침몰할 뿐, 진실은 결코 침몰하지 않습니다. 그때까지 우리는 이 싸움을 계속할 것이고, 마지막 한 조각의 진실이 밝혀질 때까지 포기하지 않을 것이기 때문입니다.

다시 봄이 왔습니다. 부디 사랑하는 가족을 빼앗긴 참사 유가족들의 마음에도 곧 봄이 오기를 소망합니다. 이 책을 읽어주시는 여러분의 공감과 연대가 그 봄을 앞당길 것입니다. 감사합니다.

2024년 봄날에 『책임을 묻다』 저자 일동

아이들에게
바치는
세월호참사
10주기 보고서

열 번째 봄입니다. 시간이 흘러도 아픔과 그리움은 지워지지 않습니다. 가슴 시린 시간을 버텨오신 유가족들께 연대의 마음을 보냅니다. 참사의 진상 규명은 치유와 회복의 첫걸음입니다. 온갖 훼방 속에서도 진실을 위해 모든 것을 바친 건 유가족들이었습니다. 세월호의 아이들, 희생자, 유가족들에게 우리는 많은 빚을 졌습니다. 참사가 반복되지 않는 안전한 나라를 만드는 것은 남은 우리 모두의 책임입니다. 4월 16일, 그날의 약속을 잊지 않겠습니다. 끝까지 함께하겠습니다.

김동연 | 경기도지사

올해 4월 16일은 세월호참사 10주기다. 준형, 건우, 호성 등 숨진 학생들의 부모들이 쓴 『책임을 묻다』의 한쪽 한쪽에는 피눈물이 배어 있는 듯하다. 필자들은 세월호참사 발생 후 선원들과 해경은 어떻게 행동했는지, 그리고 청와대, 기무사, 국정원 등 국가권력이 어떻게 움직였는지, 검찰과 법원은 어떤 판단을 했는지를 촘촘히 기록하고 있다. 새삼 10년 전 텔레비전 화면에서 침몰하는 세월호를 보며 치밀었던 분노가 다시 솟아오른다. 세월호참사 후 진상규명과 전 사회적 차원의 방지책이 미진했기에 이태원참사가 일어났다고 생각한다. 세월호는 현재진행형이다.

조국 | 조국혁신당 대표

2019년 특수단 단장인 임관혁 검사는 "백서를 쓰는 심정으로 모든 의혹을 철저히 조사하겠다."고 했지만, 검찰의 백서는 백지를 묶은 종이뭉치에 불과했다는 혹평을 피할 수 있을까? 이 책은 세월호참사 10주기를 맞아 '가만히 있으라'는 권력의 경고에도 불구하고, 참혹한 시대에 살아남은 자로서의 책임과 의무를 다하고자 하는 이들이 국가를 대신하여 쓴 백서이자 징비록이다.

임은정 | 검사

2014년 4월 16일, 304명을 앗아간 세월호참사와 '침몰한 진실'을 인양하기 위해 지난 10년간 한국 사회가 걸어온 길을 기록한 책이다. 세월호가 왜, 그렇게 빠르게 침몰했는지, 청와대와 해양경찰이 얼마나 무능하게 구조 골든타임을 흘려 보냈는지, 그리고 그 잘못을 감추기 위해서 행정부가 얼마나 집요하게 진상규명을 방해하고 피해자를 감시했는지, 그런데도 검찰과 법원이 얼마나 무책임하게 면죄부를 남발했는지 낱낱이 파헤쳐 냈다. '아이들에게 바치는 세월호참사 10주기 보고서'만큼 이 책을 적확하게 설명하는 표현은 없을 듯하다. 세월호참사와 그 후 실패를 거듭해온 진상규명의 과정을 마주하는 일은 고통스럽다. 그러나 나는 이 책을 손에서 끝까지 놓지 못했다. 그것이 별이 된 아이들 앞에서 우리가 되뇌던 '잊지 않겠습니다. 기억하겠습니다.'라는 약속을 조금이나마 지키는 것이라 믿었기 때문이다. 다시 우리 곁에 찾아온 4월 16일, 그 10년 전 다짐을 떠올릴 당신에게 이 책을 권한다.

정은주 | <한겨레> 기자

10년이 흘렀습니다. 우리 천사들 학교도 졸업하고 군대도 다녀 왔을텐데요… 교복 입은 아이들만 보면 마음이 아파오는 것은 그대로입니다. 국가는 왜 구조하지 않았을까요? 의문도 그대로입니다. 세월호가 정치적이라고 합니다. 선거에 영향을 미친다고 합니다. 가만히 있으라는 말도 그대로입니다.

10년이 지났습니다. 아직도 세월호참사 피해자 가족들은 방송국 앞 차디찬 길바닥에서 눈비를 맞고 있습니다. 그때는 교통사고라더니 이제는 세월호를 논하지도 말라고 입을 틀어 막습니다. 10년이 지났습니다. 진실을 알아야 합니다. 책임을 물어야 합니다. 하지만 아직도 우리 사회는 가만히 있습니다. 아이들에 대한 미안함도 부끄러움도 그대로입니다.

주진우 | 기자

책을 덮고도 유난히 마음에 남는 구절이 있다. 승객 탈출 업무에 나선 선원은 숨졌고, 도망간 선원은 살았다는 사실을 정리해둔 일지다. '구조'와 '도주'로 나뉜 세계에선, 해야 할 일을 한 사람만 희생당했다. 선원만이 아니다. 고위공직자가, 대통령이, 국가가 책임자 자리에서 내뺐다. 그래서 우리는 세월호참사를 겪고 감히 아이들에게 어른들의 말을 들으라고 할 수 없게 되었다. 그럼에도 여기, 온몸으로 그 세계에 저항하며 앞으로 나아가려 한 이들이 있다. 세월호참사 유가족들과 변호사들이 수사·재판 기록을 바탕으로 지난 10년을 치열하게 복원해 놓았다. 깊은 감사를 전한다.

김은지 | <시사IN> 기자

이 책은 세월호참사 피해자 유족들과 변호사들이 참사 이후 10년간의 모든 사건 관계 자료들과 수천 장에 이르는 판결문을 피해자의 관점에서 새로 읽고 검토한 후 압축하여 다시 쓴 기록이다. 이 책에 실린 내용 중 피해자 학생들의 목소리를 빌어 참사 당시 상황을 생생하게 전달하는 부분, 자식을 잃은 유족이 비할 바 없는 아픔 속에서도 진상을 밝히기 위해 끝없이 노력하고 투쟁하는 부분은 다시 읽어 보아도 여전히 마음을 아리게 하고, 깊이 공감할 수밖에 없게 만드는 힘이 있다. 누구나 알다시피 세월호참사의 정확한 원인은 아직 밝혀지지 않았고, 참사 당시의 잘못된 정부의 대응이나 구조적 상황은 여전히 반복될 우려를 낳고 있다. 이 책이 세월호참사로 실종된 우리 사회의 안전망을 제대로 다시 세우는 데 기여하리라 믿는다.

이석태 | 전 세월호참사 특별조사위원회 위원장

원고를 받고 나서 며칠 동안은 책 목차만 보고 책 내용을 읽을 수 없었습니다. 목차를 보니 대강 어떤 내용인지 짐작이 갔고, 그래서 더 읽기가 힘들었는지도 모릅니다. 그런데 책을 읽자고 마음을 먹고 읽기 시작하니 금방 읽게 되었습니다. 책을 읽으면서 4·16세월호참사특별조사위원회(세월호특조

책임을 묻다

위)의 비상임위원으로, 가습기살균제사건과4·16세월호참사특별조사위원회 (사참위)의 위원장으로 일했던 때가 자꾸 떠올랐습니다. 특히 세월호특별법을 제정하기 위하여 국회를 드나들었던 기억과 세월호특조위 시절의 청문회 준비 과정에서 힘들었던 순간들이 스쳐 지나갔습니다.

이 책은 주로 세월호참사와 관련한 정부의 책임에 대한 글입니다. 글쓴이들이 밝힌 바와 같이 세월호특조위, 선체조사위, 사참위 등의 조사기록과 검찰의 수사기록 그리고 형사 사건에 대한 법원의 판결문을 분석하여 독자들이 쉽게 이해할 수 있도록 해설한 책입니다. 이 책에는 선사와 선원, 해경, 청와대, 기무사와 국정원, 4·16세월호참사특별조사위원회, 검찰, 법원 등 많은 사람들과 국가 기관들이 나오며, 등장하는 사람들이 수를 셀 수 없을 정도로 많습니다. 그러한 기관과 사람들이 얽히고 설켜서 만든 실뭉치를 꼬이거나 끊어지지 않게 풀어내는 것은 생각보다 훨씬 어려운 일입니다. 그런데 이 책은 너무나도 쉽게 그 실뭉치를 풀어냈습니다.

우리 사회에서 2014년 4월 16일 어떤 참사가 있었고, 그동안 무엇을 밝혀냈는지, 앞으로의 과제가 무엇인지를 시간순으로 일목요연하게 잘 정리하였습니다. 이를 위하여 조사위원회들과 검찰 등이 결과물로 내놓은 내용 및 도표와 그림을 적절하게 인용하고 있습니다. 준형이와 건우 이야기가 희생자의 당시 상황을 눈에 보이듯 보여주고, 건우 엄마와 호성 엄마, 그리고 건우 아빠와 준형 아빠 이야기가 피해자의 절규와 우리 모두에게 하고 싶은 말을 절절하게 보여줍니다.

이 책은 세월호참사에 관심이 있는 누구라도 쉽게 읽을 수 있습니다. 하지만 이렇게 읽기 쉽게 쓰기 위하여 글쓴이들이 얼마나 애를 썼을지 생각하면 무겁게 읽어야만 하는 책입니다. 감사할 따름입니다.

장완익 | 전 가습기살균제사건과4·16세월호참사특별조사위원회 위원장

이 책은 희생자와 유가족의 이야기로 각 장을 시작하고 있습니다. 이 새로운 방식을 통해 쉽게 끝까지 읽을 수 있었습니다. 무엇보다 사참위 보고서에서 느끼기 어려운 피해자의 간절하고도 생생한 목소리를 느낄 수 있었습니다. 안전한 사회를 바라며 잘못한 사람에게 응분의 책임 묻기를 원하는 평범한 국민의 입장에서 볼 때 이 책은 사참위에서 만든 보고서보다 훨씬 더 세월호참사를 쉽게 이해할 수 있게 정리되었습니다. 이 책을 통해 지금도 억울해하는 피해자의 눈물을 닦아주고, 참사가 남의 일이라고만 생각했던 국민들의 시각이 바뀔 수 있기를 바랍니다.

문호승 | 전 사회적참사특별조사위원회 위원장

2004년 인도양 쓰나미가 삼켜버린 19만 명의 생명이 세계를 향해 그러했듯이, 2014년 세월호참사가 앗아간 304명의 생명이 '한국에서 재난에 대처하는 일은 곧 인권의 문제'라는 것을 알려주었음을 사람들은 잘 모릅니다. 세월호참사가 가습기살균제 참사와 더불어 법원이 인정하는 생명의 가치 기준을 획기적으로 높여놓았다는 것을 사람들은 거의 알지 못합니다. 세월호참사가 재난 대응에 대한 많은 안전기준을 바꾸고, 심리치료 등 피해자 지원 분야에서 크고 작은 긍정적인 변화들을 가져왔다는 것을 사람들은 제대로 인식하지 못합니다.

그리하여 304명의 소중한 생명과 생존자들, 그리고 피해가족들의 희생을 통해 바로 우리의 인권이 확장되고, 우리 생명의 가치가 높아지고, 대한민국의 안전기준과 피해자에 대한 지원 수준이 달라져 이미 너무도 많은 선물을 받았다는 것을 사람들은 더더욱 잘 모릅니다.

이 책은 세월호참사 피해가족과 그 조력자들인 저자들이 오랫동안 진상

책임을 묻다

규명을 위해 노력하고 관련 자료를 공동으로 학습하고 토론한 소중한 결과물입니다. 이 책은 한순간 한순간을 기억해내고 때로 상상하며 자료 하나하나를 꼼꼼히 살펴 삶에서 시작해 죽음에 이르는 과정을 보여주고, 죽음에서 시작해 수많은 질문을 던지고 답하는 과정에 여러분을 초대하고 있습니다. 이 책의 편찬에 참여한 이들이 그 과정을 하나하나 되돌아보며 얼마나 고통스러웠고, 견디기 어려웠을지 상상하기 힘듭니다.

세월호 피해가족의 글 중 이처럼 한 발짝 더 앞에 다가서서 던지는 글은 흔치 않고, '왜 304명이 희생되었으며 그 책임은 누구에게 있는가'라는 질문을 이처럼 찬찬히 정리해 낸 조력자들의 글 또한 쉽게 보기 어렵습니다.

참사 대응의 전 과정에서 다양한 입장과 의견이 있을 수 있습니다. 우리는 '여기가 끝이다'라고 감히 선언하지는 말아야 합니다. 밖에서 곁으로 다가갈 수는 있지만 '공감한다'고 거짓말하지는 말아야 합니다. 피해가족들의 시간은 다르게 흐릅니다. 피해가족들은 특별한 사람들이 아니라 특별한 상황에 놓인 보통 사람들입니다.

2014년 5월 16일, 촌각을 다투며 피해가족들의 의견과 생각의 조각들을 모으고 모아 정신없이 피해가족의 입장문을 써 내려갔습니다. 저는 그 입장문의 내용이 아직도 여전히 피해가족들의, 그리고 이 책 저자들의 마음이라고 감히 생각합니다.

"저희는 인간의 존엄성이 존중되고, 모든 사람의 안전이 보장되는 나라를 만들고 싶습니다. 국가에 대한 믿음과 사회에 대한 신뢰를 회복하고 싶습니다. 참사로 희생된 수많은 소중한 생명들은 오랜 기간 차디찬 바다 밑에서 우리의 치부를 하나씩 하나씩 드러낸 영웅들입니다. 이들을 단순한 희생자, 피해자로 만들 것인가, 아니면 영웅으로 만들 것인가는 온전히 살아있는 자들의 몫입니다. 모두 함께 힘을 모아 주십시오."

황필규 | 전 사회적참사특별조사위원회 비상임위원

다큐멘터리 <부재의 기억>은 '기억'하기 위한 작은 몸부림이라고 생각했다. 진상규명은 잊지 않는 것에서 시작한다고 믿었다. 29분은 짧았다. 흩어져 있는 진실의 조각들은 더 모아지고, 정리돼야 했다. 『책임을 묻다』가 그런 책이다. 반갑고 고마웠다. 수많은 자료와 마주하면서 겪었을 고통이 고스란히 전해져 온다. 현실을 직시하겠다는 다짐 역시 강렬하게 느껴져 온다. '아이들에게 바치는 10주기 보고서'인 『책임을 묻다』를 읽으며 대한민국이 더 단단해졌으면 하는 바람을 가져 본다.

이승준 | 다큐멘터리 <부재의 기억> 감독

세월호참사가 일어난 지 10년이 다 되어가지만, 진상규명과 책임자 처벌이 제대로 이루어지지 않았다고 다들 이야기한다. 하지만 어떤 부분이 그렇느냐는 질문에 정확한 대답을 할 사람은 많지 않을 것 같다. 물론 '사회적참사특별조사위원회' 보고서를 일독하고 신문기사와 방송을 일일이 찾아 보면 된다. 이 책은 그 수고를 대신한다. 읽고 이해하기 편하도록 시간의 흐름에 따라 무엇이 잘못되었는지를 차분하게 설명한다. 하지만 이 책을 읽으면서 세상에 대한 분노와, 희생자를 생각하며 드는 아픔이 다시 한번 커지는 것은 어쩔 수 없이 치러야 하는 비용이다.

이철호 | LA 내일을여는사람들 회원

세월호참사가 일어난 지 벌써 10년, 그동안 우리 사회는 다양한 형태의 노력을 통해서 다시는 그와 같은 참사가 재발되지 않기를 소망해 왔습니다. 그러나 세상의 변화는 그리 호락호락하지 않은 것 같습니다. 잊지 않겠노라는 약속도 세월의 흐름에 따라 점차 퇴색되어 가고 있습니다. 생명이 존중되고 일상이 안전한 사회를 만들기 위한 여러 노력들도 지지부진합니다. 진상규명과 책임자 처벌의 요구에 대한 결과는 어떻습니까? 특조위, 사참위 활동을 통해 어느 정도 진실에 접근한 듯 보이지만, 여전히 풀리지 않은 의문들이 산재해 있습니다. 책임자 처벌의 결과는 더 참담하지요. 그러니 이태원참사, 오송참사와 같은 어이없는 참사가 연이어 발생한다 해도 하등 이상할 것 없는 그런 사회가 되어 버리고 말았습니다.

　그러나 여기서 절망하거나 포기할 수는 없지요. 언제나 역사는 절망을 딛고 일어선 소수의 남은 무리로 인하여 진보한다는 믿음이 있기 때문입니다. 지난 10년을 돌이켜 보면 세월호참사 희생자 유가족들이야말로 소수의 남은 무리 역할을 충실히 수행해 오셨습니다. 자식을 잃은 고통 속에서도 오직 진실을 밝히고, 책임자를 처벌하고, 더 나아가 안전한 사회를 만들기 위해 생업까지 포기한 채 10년 세월을 헌신해 오셨습니다.

　이 책은 이들의 헌신 덕분으로 세상에 나오게 되었습니다. 특히 몇몇 유가족들은 수천 장의 판결문과 사참위 보고서들을 함께 읽고 의견을 나누어 이 책의 방향과 골격을 잡았다고 합니다. 따라서 이 책을 읽으면 그날 참사의 원인과 과정, 이후 진상규명, 책임자 처벌에 관한 우리 사회의 민낯을 일목요연하게 볼 수 있고, 더 나아가 우리에게 남겨진 과제가 무엇인지를 바로 깨닫게 해 줍니다. 그런 의미에서 이 책은 지난 10년 동안 그들이 부여안고 싸워온 투쟁의 보고서요, 결과물이라 해도 과언이 아닐 것입니다.

이제 곧 세월호참사 10주기를 맞이하게 됩니다. 매년 그래 왔던 것처럼 우리 사회 곳곳에서 별이 된 304명의 영혼을 기억하고 추모하는 일에 성심을 다할 것이고, 다른 한편으론 10년이란 긴 세월 동안 곳곳에서 슬픔과 고통을 견디며 살아온 유가족들을 위로하고 격려하는 일에도 최선을 다할 것입니다. 더 나아가 일상이 안전한 사회를 만들기 위해 더욱 헌신하겠습니다.

김광준 | 416재단 이사장

『책임을 묻다』는 다양한 내용을 담고 있습니다. 방대한 자료들을 정리한 자료집 성격도 있고, 피해 가족의 고통을 전하고 있기도 합니다. 그리고 참사 초기부터 가족들과 함께한 여러 연구자의 성과도 담겨 있습니다. 수많은 재판의 판결문 등을 분석하여 세월호참사가 진행된 시간별 상황, 해경 지휘자들의 무능, 무책임, 정권 핵심 권력자들의 무책임한 모습 등을 보여줍니다. 책임을 져야 할 당시 권력자들과 책임을 물어야 할 사법부가 얼마나 무책임한가를 보면서, 분노하지 않을 수 없습니다.

『책임을 묻다』는 꼭 필요한 때에 나왔습니다. 세월호참사 10주기가 되면서 지난 성과와 한계에 대해 질문을 받습니다. 10년 동안 피해 가족들과 시민들이 진상규명과 책임자 처벌을 외쳐왔는데 어떤 성과가 있느냐가 핵심입니다. 이에 대해 416연대를 비롯해 관련 단체에서도 소책자로 만들었지만, 소책자라는 분량의 한계도 있습니다. 10주기를 앞두고 성과와 부족한 점을 집중해서 다루는 자료집이 필요했습니다. 그런데 필요한 때에 『책임을 묻다』가 발간된다고 하니 다행입니다.

『책임을 묻다』가 한 줄기 빛이 되고 희망이 되기를 기대합니다. 사참위는

'명확한 결론을 내리지 못해 송구하다.'고 사과하면서 활동을 마쳤습니다. 조사기구는 피해가족들과 시민들의 간절한 염원과 피나는 노력의 산물이었습니다. 가족과 시민들의 노력이 그렇게 미완의 결론으로 끝이 났으니 참담했습니다. 그러나 사참위가 남긴 방대한 자료들을 통해 미완의 결론을 정리하고 앞으로 나아갈 수 있게 되었습니다. 이 책에 동의할 수 없는 분들도 있을 것입니다. 그럼에도 이 책은 최종 결론을 향한 첫걸음입니다. 앞으로 『책임을 묻다』가 민간 연구의 좋은 도약대가 되리라 기대합니다.

　『책임을 묻다』는 공적 조사기구 이후 진상규명 작업의 좋은 사례가 될 것입니다. 사참위 이후에는 시민들이 중심이 되어 진상규명을 하게 될 것입니다. 민간 연구자들은 서로 협력하여 소기의 성과를 일구어 내야 합니다. 그 성과에 기초해서 공적 조사기구의 추가 조사 작업을 다시 시도할 수 있게 될 것입니다. 그리고 다른 재난 참사에 관한 연구로 이어질 것입니다. 지금은 민간 연구가 필요한 시기입니다. 다양한 입장도 중요하지만 공동 협력이 더욱 절실합니다. 민간 연구자들이 서로 협력하여 진상규명에 한 발짝 더 다가갈 수 있기를 기대합니다.

박승렬 | 416연대 대표

　10년이 지났다. 세월호만 뭍으로 끌려나왔을 뿐 바뀐 것은 많지 않다. 우리가 이제라도 침몰과 실패의 이유를 조금이나마 알게 된 것은 기억의 풍화 작용과 힘들게 싸우면서 결코 물러서지 않은 유족들과 시민들의 노력 덕분이다. 참사를 조사하고 수습하는 과정은 세월호를 닮았다. 수습과정은 침몰의 연속이었고, 방해와 은폐의 작업은 집요했다. 수습하는 데는 오합지졸었으나, 무마하는 데는 일사분란했다. 수많은 재판이 '혐의없음'으로 결론지었으나, 그것은 여전히 '의지없음'의 다른 말일 뿐이다. 세월호참사는 세월의 힘에 무너질 수 없는 기억이다. 봄이 오고 꽃이 필 때마다 다시 살려내야 할 기억이다. 그러려면 끊임없이 기록하고 말해야 한다. 그 서글프고도 아픈 싸움의 기록이 여기에 있다.

이상헌 | 국제노동기구(ILO) 고용정책국장

이 책은 유가족들의 비통한 목소리로 만든 세월호참사 보고서다. 그들은 '내 아이'들을 호명하며 각자도생의 길로 내몰린 현시대 우리 모두를 소환한다. 기억하는 자만이 진실과 정의를 말할 수 있다.

한상희 | 참여연대 대표

책임을 묻다

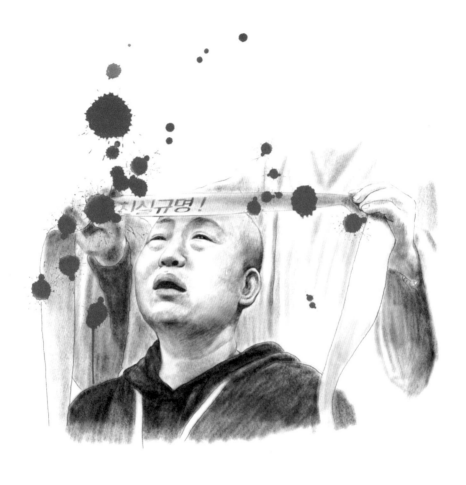

참사	2014년 4월 16일에 발생한 세월호 침몰사고는 사고, 사건, 참사 등의 다양한 용어로 명명되고 있습니다. 이 책은 세월호 침몰사고가 사회적 참사로서 가진 의미에 중점을 두고 있으므로 '참사'라는 단어를 사용하기로 합니다. 단, 선사, 선원의 잘못에 더해 해경의 구조방기, 국가기관의 진상규명 방해 시도 등까지 이루어지며 참사화 되기 이전 단계의 세월호 침몰사고를 명명할 때에는 '사고'라는 단어를 사용하기도 합니다.
희생자	희생자는 「4·16세월호참사 진상규명 및 안전사회 건설 등을 위한 특별법」의 희생자 규정(제2조 제2호)에 따라 세월호참사 당시 세월호에 승선하여 사망하거나 생사가 분명하지 않은 사람을 의미합니다.
피해자	피해자는 「4·16세월호참사 피해구제 및 지원 등을 위한 특별법」의 피해자 규정(제2조 제3호)에 따라 희생자와 그 유가족, 생존자와 그 가족을 모두 포함하는 의미로 사용하였습니다.

<국가기관 및 기구>

BH	Blue House, 청와대 혹은 대통령
NSC	National Security Council, 국가안전보장회의
기무사	국군기무사령부
실수비	대통령비서실장 주재 수석비서관회의
중대본	중앙재난안전대책본부
지검	지방검찰청. 예를 들어, 서울중앙지방검찰청은 서울중앙지검으로, 광주지방검찰청은 광주지검으로 축약해서 표기합니다.
해경	해경 조직은 동일하게 축약해서 표기합니다. 예를 들어, 해양경찰청은 해경청으로, 서해지방해양경찰청은 서해지방해경청으로, 목포해양경찰서는 목포해경서 등으로 축약해서 표기합니다.
해수부	해양수산부

<세월호참사 관련 조직>

416가족협의회	4·16 세월호 참사 가족협의회. 세월호참사의 피해자들이 모인 피해자 단체로, 세월호 탑승자를 기준으로 약 150여 가정의 세월호참사 희생자 가족과 생존자 및 그 가족들이 진상규명과 안전사회 건설을 공동의 목표로 삼고 함께 하고 있습니다.
검경합수부	검·경합동수사본부. 세월호참사 직후 수사를 담당하였습니다.
국조특위	세월호 침몰사고 진상규명을 위한 국정조사특별위원회. 세월호참사의 진상규명을 목적으로 국회에서 만든 특별위원회입니다.
사참위	사회적 참사 특별조사위원회. 「사회적 참사의 진상규명 및 안전사회 건설 등을 위한 특별법」에 기해 설립된 조사기구로, 2018년 12월 공식 출범했습니다.
사참위진상소위	사회적 참사 특별조사위원회 내의 4·16세월호참사진상규명소위원회
선조위	세월호 선체조사위원회. 「세월호 선체조사위원회의 설치 및 운영에 관한 특별법」에 기해 설립된 조사기구로, 2017년 7월 조사를 개시했습니다.
특수단	검찰 세월호참사 특별수사단. 세월호참사 발생 5년 7개월만인 2019년 11월 출범한 검찰의 세월호참사 특별수사단입니다.
특조위	4·16 세월호 참사 특별조사위원회. 「4·16세월호참사 진상규명 및 안전사회 건설 등을 위한 특별법」에 기해 설립된 조사기구로, 2015년 1월 공식 출범했습니다.

2017년 3월 31일,
진도 앞바다에 가라앉아 있던 세월호가 돌아왔다.
화이트마린호에 실려 왼쪽으로 누운 세월호가 시야에 들어오자
유가족들은 통곡했다.

"친구들 모두 찾아줄게, 약속할게."
영석 엄마가 절규했다.

"가만두지 않을 거야. 절대로 가만두지 않을 거야!"
호성 엄마가 소리쳤다.

목포신항을 둘러싼 철망에서 노란리본이 제 몸을 흔들며 함께 울었다.
세월호는 뭍으로 돌아왔지만 304명의 승객들은 집으로 돌아오지 못했다.

이른 봄날의 꽃망울처럼 쉴 새 없던 웃음소리와 재잘거림을 품고
인천항을 출발했던 세월호는 목적지인 제주에 닿지 못했다.
일본에서 건너와 처음 그 이름을 새긴 바다로
온통 부서지고 찢긴 채 돌아온 것이다.[1]

---

1 2012년 10월 6일 인천과 제주를 오가는 내항여객선으로 청해진해운이 일본에서 수입해 들여온 나미노
   우에호가 증개축을 한 곳은 영암 CC조선소였다. 이 곳에서 청해진 해운은 2012년 10월 7일부터 2013년
   2월 16일까지 여객실을 늘리고 배 앞머리 오른쪽 램프를 없애는 등 증·개축을 했다.

책임을 —————————————

묻다

1부 —————————————

선사와
선원

준형이 이야기

안녕하세요. 단원고 2학년 8반 장준형입니다. 음… 저는 원래 인사를 잘한다고 어른들한테 칭찬을 많이 받았는데 수학여행 가던 날 아침에 아빠랑 동생들에게 인사도 못하고 나온 것이 내내 마음에 걸리네요. 제가 집을 나섰을 무렵에 새벽시장에서 일하는 아빠는 이미 출근하셨거든요. 핸드폰이 고장나서 아빠한테 전화하기는 힘들었고, 곤히 잠들어 있는 동생들은 차마 깨울수가 없었어요. 뭐, 전날 밤에 미리 인사했으니까 다들 내가 없으면 수학여행 간 줄 알겠지 했지만, 그날은 이상하게 마음이 불편했어요. 친구한테 폰을 빌려 아빠한테 전화할까 잠시 망설이다가 그냥 말았어요. 일하느라 바쁘실 텐데 도착해서 문자하면 되겠거니 생각했죠. 뭐, 3일 후면 돌아올 거니까 돌아올 때 아빠가 주신 용돈으로 초콜릿 사 오면 다들 좋아하겠지 한 거죠. 물론 집을 나와 학교에 도착한 순간부터는 아무 생각 없이 마냥 신이 났죠.

헤헤…

 7교시를 다 마치고 나서야 버스를 탔어요. 수업 시간이 어찌나 길게 느껴
지던지 참나, 수학여행 가는 날까지 수업을 하다니, 너무하다고 친구들이랑
투덜거리기도 했던 것 같아요. 6시 무렵 인천항에 도착했어요. 버스에서 내
려 세월호를 본 순간 정말 깜짝 놀랐어요. 우와 정말 배가 크더라구요. 이렇
게 큰 배는 처음 봤어요. 얼마나 설레던지… 진짜 모든 게 다 처음이었거든
요. 친구들과 수학여행을 가는 것도, TV에서만 보던 큰 여객선을 직접 타보
는 것도, 제주도를 가보는 것도요. 게다가 돌아올 때는 비행기를 타고 온다
니 집에 가면 잘난척쟁이 여동생에게 자랑 좀 해야겠구나, 생각만으로도 어
깨가 근질근질했어요.

 그런데 갑자기 안개 때문에 수학여행을 못 갈 수도 있다는 이야기가 돌았
어요. 하아… 정말 엄청 실망했는데 다행히도 일단 배에서 저녁을 먹기로 했
다는 말을 듣고 좋았죠. 방에 가서 짐을 내려놓고 식당에 모여 밥을 먹었어
요. 밥은 학교 급식보다 훨씬 더 맛있었는데, 아마도 친구들과 여행가는 길
이라 그랬겠죠? 밥 먹고 나서 선생님이 반장들에게 기다렸다가 수학여행을
갈지 아니면 집으로 돌아갈지 의견을 물어봤대요. 당연히 가야죠. 이번에 취
소되면 영영 수학여행을 못 가잖아요. 중학생 때도 신종플루인지 뭔지 때문
에 못 갔는데 이번에도 못 가면 억울하잖아요. 내 평생 처음이자 마지막이
될 수학여행인데요. 게다가 이렇게 큰 배가 뭐 무슨 일이 있겠어요?

 조마조마하면서 기다리는데 결국 수학여행을 가기로 결정했다는 소식을
들었어요. 얏호! 두두두두 짠! 드디어 배가 떠나기 시작했어요. 예! 아싸! 우
리방 애들도 모두 좋아서 소리를 질렀죠. 옷을 갈아입고 친구들은 삼삼오오
모여서 배 안을 둘러보기 시작했어요. 저요? 저는 아무것도 안 하고 침대에
누워 발가락만 꼼지락거려도 실실 웃음이 나오더라구요. 히히 좋았어요. 평

소랑 비슷한 농담을 해도 괜히 더 웃긴 것 같고 똑같은 과자랑 음료수도 배 안에서 먹으니까 더 맛있게 느껴지던 걸요. 다들 어제보다 더 크게 웃고 떠들다 같이 모여서 림보게임을 했어요. 그리고 그거! 마침내 불꽃놀이를 본 겁니다. 한마디로 정말 끝내줬어요. 말로만 듣던 그 명장면을 내 두 눈으로 직접 보다니 핫! 여기저기서 친구들은 사진 찍느라고 난리가 났죠. 저는 핸드폰이 고장 나서 갤럭시탭을 가져왔거든요. 그래서 직접 사진을 못 찍는 게 좀 아쉽긴 했지만 괜찮았어요. 사진이야 언제든 또 와서 찍으면 되니까요. 다음엔 동생들이랑 아빠랑 같이 와서, 아니 솔직히 여친이랑 같이 와야겠다 생각했어요. 큭큭. 뭐, 어쨌든 그렇게 수학여행의 첫날밤이 지나갔어요.

방으로 돌아와 친구들이랑 장난도 치고 이야기도 나누다가 새벽녘이 되어서야 잠깐 잠들었던 것 같아요. 그래도 제가 우리 방에서 제일 먼저 일어났어요. 눈뜨자마자 씻고 내려가 3층 소파에 앉아서 밥 먹을 순서를 기다리는데, 고창석 선생님이 반별로 차례차례 들어가라고 하시는 거예요. 그래서 다시 방에 올라갔다가 우리 반 애들이랑 같이 내려왔어요. 미역국에 밥 말아서 한 그릇 다 먹고, 나오는 길에 매점에서 아이스크림이나 하나 사 먹을까 하다가 그냥 말았어요. 용돈 받은 걸로 아빠랑 동생들 줄 초콜릿 사야 하니까요. 게다가 아침에 친구한테 빌려 입었던 겉옷을 돌려주고 나니 어쩐지 좀 으슬으슬 춥기도 했어요. 4층으로 올라와 레크레이션룸에서 놀다가 다시 방으로 들어갔어요. 생각해보니까 수학여행 오기 며칠 전부터 잠을 너무 못 잤더라구요. 이제 정말 조금만 가면 제주도에 도착할 테니 그전에 좀 쉬어야겠다 싶어서 잠깐 누워 눈을 감았는데, 정말 잠깐 눈을 감았거든요.

그런데 깜짝 놀라서 깼어요. 우당탕탕 소리가 나면서 내 머리가 침대 모서리에 부딪힌 거예요. 아찔했지만 다행히 머리에 피가 날 정도는 아니어서 정신을 차리고 일어나 앉았어요. 너무 놀라서 부딪힌 곳이 아픈지도 모르겠더라구요. 친구들도 다들 놀라서 난리가 났어요. 옆방 7반 애들은 한꺼번에 넘어져서 서로 포개지고 어떤 애들은 창문에 부딪히기도 하고 캐리어도 막 떨어지고 그랬대요. 이게 무슨 일인가 어리둥절해하는데 방송이 나왔어요.

"승객 여러분께 잠시 안내 말씀드리겠습니다. 현재 자리에서 움직이지 마시고 안전봉을 잡고 대기하여 주시기 바랍니다. 이동을 하시면 지금 위험하오니 안전봉을 잡고 대기해 주시기 바랍니다."

방송을 듣고 10초쯤 우린 아무 말도 못했어요.

그때 옆에 있던 친구가 말했죠. "젠장할 무슨 일이 생겼는지 알려주지도 않고…"

그러자 또 다른 친구가 대답했어요. "어쨌든 움직이면 위험하니까 이동하지 말라는 거 아닐까?"

그러더니 또 얼마 있다가는 단원고 학생들은 절대 이동하지 말고 있으라고 하는데 기분이 좀 나쁘더라구요.

그래서 제가 말했어요. "우이씨, 왜 콕 집어서 단원고 학생들이라고 하는 거야. 우리가 막 돌아다녀서 배가 기운 것도 아니고…"

조금 있다가 다시 방송에서 구명동의를 입고 있으라고 했어요. 저도 친구들이 건네준 구명조끼를 입었어요. 바닥이 벽이 되고 벽이 천장이 되어갔어요. 창문 너머 저 아래 있던 바닷물이 점점 올라오고 있었어요.

무서웠냐구요? 에이, 무섭긴요. 놀라긴 했지만 별일이야 있겠나 싶었죠. 방송에서 기다리라니까 일단 기다리다가, 구조대가 와서 나오라고 하면 잽싸게 출입구까지 갈 자신이 있었거든요. 제가 서 있는 곳에서 출입구까지 열 걸음이면 충분했어요.

그런데요. 30분이 지나도록 계속 기다리라고만 하는 거예요. 배는 자꾸 기울어 가는데 움직이지 말라는 방송은 계속 나오고. 무섭진 않은데 점점 불안해지긴 했어요. 아침을 너무 많이 먹었나 속이 불편한 것 같고 숨쉬기도 좀 답답해지는 것도 같았어요. 그러다 옆을 보니 한 친구가 곧 울 것 같은 얼굴인 거예요. 옆구리를 쿡 찌르며 키득키득 웃으니까 친구도 같이 웃더라구요. 그랬어요. 속으로는 불안하고 답답했지만 우린 다 남자니까 남자답게 울지 않고 불편해하는 친구는 잡아주고 도와주면서 있었어요. '야 이거 진짜 무슨 초특급 재난영화에서 보던 장면인 것 같은데 여기서 나가면 동생들한테 이 얘기해줘야지.' 생각도 했던 것 같아요. '다들 놀라고 불안해했지만 나는 겁먹지 않고 끝까지 용감하게 버티다 탈출했다'고 말하면 여동생이 나를 좀 멋있다고 생각하지 않을까 상상도 잠깐 했구요. 음… 사실 출발하기 전에 짐 쌀 때 여동생이 사놓은 새 양말을 제가 가져왔거든요. 큭큭. 그치만 지금 이 상황을 여동생이 알면 양말보다 저를 더 걱정하겠죠? 무사히 돌아가면 그깟 양말 때문에 저한테 뭐라 하진 않겠죠? 제 여동생이 좀 까탈스럽지만 또 이 오빠를 엄청 좋아하니까 지금쯤 무지 걱정하고 있을 거예요. 암만요.

그런데 시간이 흐르면서 솔직히 저도 좀 겁이 나기 시작했어요. 배는 자꾸 기울어 가는데 아! 제가 비록 배를 처음 타보긴 했지만 이렇게 배 안에만 있는 건 좀 아닌 것 같았어요. 창문 너머로 바다가 아까보다 점점 더 가까워지는데 이러다 갑자기, 여기 복도로 물이 들어오면 어쩌지 하는 생각이 들었거든요. 그치만 하나도 겁이 안 나는 것처럼 멋지게 서 있으려고 애썼어요. 내가 하는 모든 걸 다 따라하는 남동생이 생각났어요. 짜식! 형은 이런 상황에서도 겁내지 않고 인싸답게 행동했다구! 하면 아마 그 녀석 저를 정말 우러러 볼 거예요. 하하 평소엔 좀 귀찮기도 했는데 갑자기 남동생이 보고 싶었어요. 다음에 축구할 때 따라온다 하면 암말 안 하고 데리고 가야겠다 생각했죠.

그때 방송에서 해경이 오고 있다는 소리가 들렸어요. 10분 후면 도착한다고 했던 것 같아요. 화장실 너머 복도에 있던 아이들이 헬기가 왔다는 말도 했어요. 아! 그럼 그렇지. 이제 조금만 더 버티면 딜출할 수 있을 거야. 여기 제가 서 있는 곳에서 출입구까지 진짜 얼마 안 걸리니까, 좀 있다가 나오라고 하면 친구들이랑 같이 밀어주고 당겨주면서 충분히 나갈 수 있었어요. 저는 평소에 축구도 농구도 열심히 해서 하체 힘이 좋았거든요. 게다가 아침밥도 든든히 먹었겠다, 뭐 출입구까지 나가는데 까짓거 1분도 안 걸릴 거야 했다구요. 정말이에요. 1분이면 여기 복도에 있는 우리 다 나갈 수 있었을 거예요. 물론 수영을 못해서 물에 빠지는 건 좀 걱정이 되긴 했지만 구명조끼를 입고 있으니까요.

무엇보다 해경이 온다니까 당연히 해경들이 우리를 도와주겠죠. 아빠는 항상 어른들이 아이들을, 형들이 동생들을 먼저 나서서 도와줘야 하는 거라고 그랬거든요. 안 그런 어른들도 있지만 여기 배에 있는 선원들이나 해경들은 다 우리 아빠처럼 멋진 어른이지 않을까요? 옛날에 아빠가 타이타닉이란 영화 이야기를 해 주셨는데 엄청 재미있다고 해서 저도 한번 본 적이 있어요. 영화에서 보면 선장이랑 선원들이 승객들 먼저 탈출시키고 자기들은 끝까지 남더라구요.

옆에 있던 친구가 걱정하기에 제가 말했어요. "짜샤! 선원들이나 선장이 배를 제일 잘 아니까 우리한테 나가라고 말하면 그때 나가면 되는 거야. 탈출 순서도 아이들과 노인분들 다음이 우리니까 조금만 더 기다리면 된다구."라고 말해줬죠. 친구가 입을 삐죽이며 대답했어요. "그런데 좀 이상하잖아. 방송에서 한 번도 선장 목소리가 안 나왔거든?"

그러게요. 뭐 승객들 탈출시키느라 바빠서 그런 거겠죠? 그러고 보니 또 이상한 게 있었어요. 왜 선생님들 말고 다른 어른들은 안 보이는 거죠? 선원들이 한두 명이 아닐 텐데 다들 어디서 뭐 하길래 안 보이는 걸까요? 어라!

방송이 또 나왔어요. 해경이 오고 있으니 현재 위치에서 움직이지 말라네요. 창문을 보니 바다가 아까보다 훨씬 더 가까워지고 있어요. 이쪽 출입구가 열려 있어서 이러다가 배가 더 기울어지면 여기로 물이 쏟아질 텐데.

다시 친구가 묻네요. "그런데 선원들은 어디 있는 거야? 왜 코빼기도 안 보여?"

제가 대답해줬어요. "영화에서처럼 여자들 먼저 탈출시켜야 하니까 여자애들 방 쪽에 다 있겠지."

"에이, 이상하잖아? 여자애들한테 탈출하라고 말했으면 분명히 걔네들이 우리한테 말을 했겠지."

그러게요. 왜 다들 아무 이야기가 없는 걸까? 여자애들이 자기들끼리만 탈출할 리는 없고 분명히 우리한테 이야기할 텐데 이상했죠. 우리는 힘센 남자들이고 저기 선생님도 계시니까 우리더러 나가라고만 하면 우리 힘으로 나갈 수 있는데 말이에요. 아, 진짜 이러다가 저쪽 출입구가 물에 잠겨버리면 안되는데. 어… 이상하네요. 방송도 이제 더 안 나와요. 어? 출입구가 잠긴 것 같아요. 하아… 어쩌지? 어떡하지?

지금 도대체 선원들은 다 어디 있는 건가요? 왜 안 보이는 거죠? 왜 우리한테 나오라는 말이 없는 거죠? 설마 우리에게는 가만히 있으라고 기다리라고 해놓고 선원들만 나간 건 아니겠죠? 우리를 버리고 먼저 도망간 건 아니겠죠? 이렇게 기다리다가는 가만히 있다가는 우리 다 죽을 수도 있는데, 그걸 알고 있을 텐데 자기들만 도망가지는 않았겠죠? 어른인데… 전문가들인데… 설마… 도대체 지금 선원들은 어디서 뭘 하고 있는 건가요?

선사

무조건 많이 신고
대충 묶어라

청해진해운	
유병언	회장
김한식	대표이사
김영붕	상무이사
이성희	제주지역 본부장
안기현	해무이사(안전관리 담당자)
남호만	물류팀장
한국해운조합 인천지부 안전운항 관리자	
전정윤	한국해운조합 인천지부 안전운항 관리자
전종호	한국선급 선임검사원

1. 안개 속으로 출항

인천항 여객터미널. 안내 전광판에 매표 준비 중이라는 글자가 새겨졌다. 선박명 '세월호', 출항 시각 '18:30', 도착지 '제주도', 개출구 '2', 운임 '71,000' 기항지 '직항'.

2014년 4월 15일 18:00경 경기도 안산 단원고등학교 2학년 학생 325명이 연안부두에 도착했다. 제주도로 수학여행을 떠나기 위해 세월호에 탑승하러 온 학생들이었다. 들뜬 표정으로 친구들과 번갈아 사진을 찍으며 장난을 치는 아이들의 웃음소리가 항구를 가득 채웠다.

18:35경 대합실 안내 전광판에 '안개 대기'라는 글자가 계속 떠 있었다. 출항 예정 시간을 이미 넘겨버린 시각. 여전히 짙게 깔린 안개로 인해 세월호는 출항 여부가 불투명한 상태였다.

책임을 묻다

청해진해운 사무실에서는 출항을 두고 의견이 나뉘고 있었다.

"밤 11시까지 출항하지 못하면 전액 환불해야지 않겠어요?"

"뭔 소립니까? 시정주의보(안개주의보)가 풀리면 새벽에라도 출항해야죠. 참나, 한가한 소리 하시네."

청해진해운을 먹여 살린다고 생각하던 물류팀은 평소보다 매출이 높은 기회를 놓치지 않으려 했다. 평소 매출액은 5천만 원 정도였으나 이날은 화물 운임 수입이 6,200만 원을 넘었기 때문이었다.

<출항 전 여객선 안전점검 보고서(세월호 2014. 4. 15.)[1]>

1 「사참위 종합보고서」, 60쪽.

세월호에는 13:00경부터 차량과 화물이 실리기 시작했다. 한국선급이 승인한 세월호의 화물 최대 적재량은 1,077톤이었다. 그러나 이날 세월호에 실린 화물량은 2,214톤[2]이었다. 승인된 것보다 2배가 훌쩍 넘는 무게였다.

17:00경 세월호 삼등항해사 박한결이 인천운항관리실 문을 열었다. 선박운항관리자 전정윤에게 「출항 전 여객선 안전 점검보고서」 두 장을 내밀었다. 평소처럼 실제 상황 점검 없이 박한결이 대충 작성한[3] 보고서였다.

전정윤은 말없이 서류를 받았다. 보고서의 점검 사항인 '선체 상태', '기관 상태', '통신 상태', '화물 적재 상태', '선박 홀수[4] 상태', '구명설비[5] 상태' 모두 '양호'에 동그라미가 되어 있었다.[6] 현원(전체 탑승 인원), 여객(승객), 일반화물, 컨테이너, 자동차 항목은 빈칸이었다. 2011년 9월 27일, 한국해운조합은 점검보고서에 빈칸이 있으면 서명하지 말라는 업무 지시를 내렸다. 하지만 전정윤은 세월호를 제대로 점검했는지, 빈칸에 적어야 할 숫자가 얼마인지 묻지 않고 서명했다. 오래된 무서운 관행이었다.

19:13경 단원고 수학여행단 학생들이 세월호에 탑승하기 시작했다.

20:35경 인천 VTS[7]가 시정주의보(안개주의보)를 해제한다고 알렸다. 전정윤은 이 소식을 청해진해운에 전했다. 청해진해운은 차량과 화물을 더 실

2　「사참위 종합보고서」, 56쪽.
3　「선조위 조사결과보고서Ⅲ」, 231쪽.
4　배가 물에 떠 있을 때 물속에 잠기는 부분의 수직 거리, 배의 밑바닥(용골)부터 수면까지의 거리.
5　선박·비행기 등이 사고가 났을 때 인명을 구하기 위해 갖춘 설비.
6　「사참위 종합보고서」, 60쪽.
7　해상교통관제시스템. 배가 오가는 것을 살피고 충돌이나 좌초 등의 위험을 감지하는 24시간 관제센터.

었다. 그러나 이미 세월호 출항 점검을 끝냈다고 생각한 전정윤은 세월호에 직접 올라가 달라진 '화물 적재 상태'를 다시 점검하지 않았다. 부둣가에서 세월호의 만재흘수선[8]이 수면에 잠겼는지만 확인했다.

운항관리실로 돌아온 전정윤은 인천해경 상황실에 전화를 걸었다. 인천운항관리실이 세월호 출항을 긍정적으로 생각한다고 인천해경에 전했다. 인천해경도 동의했다. 출항 허가가 떨어지자 전정윤은 이 사실을 청해진해운 사무실에 알렸다. 이때라도 세월호에 올라 「출항 전 여객선 안전 점검보고서」에 적혀진 항목들이 맞는지 확인해야 했지만, 전정윤은 하지 않았다.

20:58경[9] 세월호 뒤쪽에 설치된 화물 출입문(선미 램프)이 올라가면서 길게 '뿌우' 소리가 났다. 세월호가 움직이기 시작했다. 학생들은 환호성을 질렀다. 엄마, 아빠에게 출발 소식을 전하는 문자도 보냈다. '꺄노, 꺄하! 배 간다 배가 가!' 세월호는 어두운 밤바다를 향해 천천히 나아갔다.

세월호의 고박[10](固縛)을 담당한 우련통운 직원과 청해진해운 해무팀 담당자들이 멀어져가는 세월호를 향해 손을 흔들었다.

---

8 흘수란 배가 바다 위에 떠 있을 때, 물에 잠겨 있는 부분의 깊이로 바닷물의 수면에서 배의 최하부까지의 수직 거리를 의미한다. 만재흘수선이란 선박에 적재될 화물 중량의 한계를 나타내는 선이다. 즉, 여객이나 화물을 배에 싣고 안전하게 항해할 수 있는 최대한도의 흘수선이라는 뜻으로 선박의 양쪽에 특정한 선으로 표시한다. 해수면이 정해진 만재흘수선보다 높으면 선박은 복원성을 상실하게 되어 바다에 가라앉을 수 있다.

9 예정된 출발 시간보다 2시간 30분 늦은 시각이었다.

10 화물이나 컨테이너를 선박에 고정시키는 것과 화물을 컨테이너에 넣고 고정시키는 것을 고박이라고 한다.

2. 침묵의 눈 CCTV와 차량 블랙박스

21:39경 삼등항해사 박한결이 전정윤을 호출해 점검보고서의 빈칸을 채울 숫자들을 불렀다.

"현원 474명, 여객 450명, 선원 24명, 일반화물 657톤, 자동차 150대입니다."

"오케이, 알겠어요."

전정윤은 불러준 숫자들을 받아 적었다.

인천 부두와 세월호에 설치된 CCTV는 박한결이 불러준 숫자가 모두 엉터리라는 사실을 알고 있었다. CCTV는 이날 오후 1시부터 화물과 차량이 실리는 모습을 빠짐없이 기록하고 있었다. 세월호 화물칸에 실린 차량의 블랙박스도 말없이 세월호 내부를 지켜보고 있었다.

세월호는 5층 구조로 만든 배였다. 5층은 세월호 승무원들이 타는 곳이다. 자동차의 운전석과 같은 기능을 하는 조타실이 맨 앞에 있다. 4층과 3층에는 일반 승객과 학생들이 이용하는 객실, 식당, 주방, 안내소가 있다.

세월호에 화물을 실을 수 있는 공간은 트윈 갑판[11](중간 갑판), 선수(뱃머리) 갑판, C갑판(2층), D갑판(1층), E갑판(지하) 총 5곳이었다. C갑판(2층)은 선수 갑판과 화물칸으로 나뉘었다. D갑판(1층)은 램프(차량 출입구)를 따라 들어오면 바로 나오는 화물칸으로, C갑판(2층)과 경사로(경사진 통로)로 연결된다. E갑판(지하)은 세월호 화물칸 중 가장 아래에 있었다.

---

11 일반 화물선에서 주로 볼 수 있는 것으로 화물칸을 상하로 나누는 중간 갑판이다.

책임을 묻다

\<세월호 선체 구조[12]\>

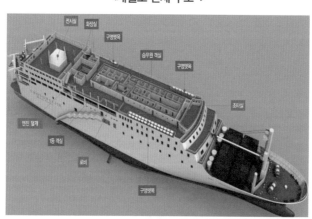

선교 갑판(5층)

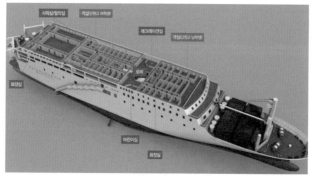

A갑판(4층)

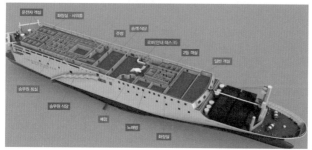

B갑판(3층)

---

12 「선조위 종합보고서」, 30~33쪽.

여기에는 배를 움직이게 하는 기관실이 있고, 배의 균형을 잡아주는 평형수 탱크[13]가 여러 개 있었다.

승인된 운항 조건에는 트윈 갑판 양쪽 끝에 자동차를 6대씩 2열로 총 12대, 전체 무게 14.40톤까지만 실을 수 있었다. 그러나 실제로 이날 트윈 갑판에 실린 자동차는 총 33대, 무게는 41.46톤이었다. 화물을 실어서는 안 되는 차량 이동용 경사로에도 7대의 차량을 실었다.[14]

선수 갑판에는 빨간 컨테이너가 2단으로 쌓여 있었다. 45개의 컨테이너였다. 컨테이너 사이 공간에 철제 빔, 파이프, 철근이 있었다. 컨테이너는 로프를 이용해 대충 감아놓기만 한 상태였다. 하역업체가 철근을 컨테이너 사이에 집어넣어 버려 고정을 제대로 했는지 확인하기도 어려웠다. C갑판(2층) 화물칸에는 자동차와 화물차들이 빽빽하게 들어차 있었다. 차량은 모두 100대에 가까웠다. 그중 절반이 넘는 차량이 제대로 고정되어 있지 않았다. 트럭은 체인으로 고정했지만, 이마저도 관련 규정에서 승인한 방법인 화물고박배치도[15]와 달랐다. 트럭마다 앞바퀴와 뒷바퀴에 각각 2개씩 체인으로 묶었는데, 20톤 이상의 대형 트럭에는 아무 효과가 없었다.

D갑판(1층)에도 자동차와 화물차를 실었다. 화물고박배치도에는 1열당 6대만 실을 수 있었지만, 실제로는 9대가 있었다. 중앙에서 뱃머리와 가까운

---

13 평형수 탱크(ballast tank)는 배가 운항에 적합한 상태로 떠 있기 위한 것이다. 이 탱크에 들어가는 물을 선박 평형수라고 한다. 화물의 선적량에 따라 평형수를 넣거나 빼서 선박의 컨디션을 조절한다. 선박에 화물을 적게 실었을 때는 평형수 탱크에 물을 많이 넣어 배를 가라앉히고, 반대로 짐을 너무 많이 실었을 때는 물을 적게 넣어 배가 가라앉지 않도록 조절한다. 무거운 화물이 한쪽에 많이 실렸을 때는 반대쪽 평형수 탱크에 물을 더 많이 넣어서 균형을 유지한다.

14 「사참위 종합보고서」, 56쪽.

15 화물의 종류에 따라 어느 갑판에 실어야 할지에 관한 계획을 작성하고, 그에 따라 화물을 배치하는 계획이 화물배치도다. 일반적으로 도면으로 표현된다. 예를 들면, E갑판(지하)에 일반화물, D갑판(1층)에는 일반화물, 승용차, 트럭, C갑판(2층) 컨테이너, 승용차, 일반화물, 트윈 갑판(중간 갑판)에 승용차를 싣는다는 계획을 말한다. 배치되는 화물의 특성에 따라 고정 방법으로 라싱밴드 4개, 컨테이너 고박 장치 등을 구체적으로 표시한 도면을 고박배치도라고 한다.

책임을 묻다

양쪽에는 철근을 실었다. 이 역시 제대로 묶어두지 않았다. 그 옆에 대형 건조기(디스크 드라이어) 2대가 트레일러 위에 실려 있었다. 대형 건조기를 실은 트레일러 사이에 시멘트 트레일러가 있었고, 그 옆에 디스크 건조기를 실은 트레일러가 한 대 더 있었다. 가장 큰 디스크 건조기는 트레일러 무게까지 합해 73톤이 나갔다. 작은 디스크 건조기는 트레일러 포함 40톤이었다. 전날 오하마나호[16]는 이 디스크 건조기들을 싣는 것을 거부했다.

신보식 선장은 "이게 너무 커서 한쪽으로 중량물이 다 쏠리는데 아무리 맞춰도. 오하마나호 선장이 거부한 이유가 뭐겠습니까? 뭐가 균형이 안 맞으니까 했겠지."[17]라고 말했다. 이 화물들은 배가 갑자기 기울면 그 기울기(횡경사[18])를 더하기에 충분했다.

세월호의 가장 아래쪽인 E갑판(지하)에는 무려 30여 개의 컨테이너와 사료, 잡화를 실었다. 무거운 컨테이너를 맨 아래 칸에 싣는 것은 얼핏 복원성에 좋은 영향을 미치는 것으로 보인다. 그러나 고정장치가 없었던 이 컨테이너들은 세월호가 크게 기울면 한꺼번에 기울어진 방향으로 쏠릴 수 있었다.

적재량을 2배 이상 초과한 화물들로 무거워진 세월호의 만재흘수선을 지키기 위해 선원들은 평형수를 뺐다.[19] 증개축으로 세월호는 무게중심이 높아져 더 많은 평형수를 채워야만 했다.[20] 그러지 않으면 제대로 물 위에 떠 있을 수조차 없었다.

선사는 평형수 대신 더 많은 화물을 실었다. 배가 기울 때 화물이 움직이

---

16 세월호와 번갈아 인천—제주를 오가던 카페리선이다.

17 해경지휘부 사건 수사기록, 11,826쪽, 검찰 김문홍 피의자신문조서(2019. 12. 23.)

18 배가 왼쪽 또는 오른쪽으로 기울어진 정도.

19 선원사건 1심, 11회 공판조서, 36~37쪽, 신보식 증인신문 부분(2014. 8. 26.)

20 증개축 이전에 비해 반드시 채워야 할 평형수는 370톤에서 1,703톤으로 1,324톤 증가했다. 세월호는 배 밑바닥에 평형수를 충분히 넣지 않으면 제대로 물 위에 떠 있을 수조차 없는 배였다. 「선조위 종합보고서 열린안」, 36쪽.

면 위험하므로 실린 화물들은 제대로 묶어야 했다. 하지만 선사는 더 촘촘히 쌓고 더 많이 싣는 것에만 관심이 있었다. 오래된 무서운 탐욕이었다.

3. 승객 안전보다 선사의 이윤

편법 증개축

세월호 선원들은 신보식 선장이 '세월호에 화물이 많이 실리면 배의 흔들림이 심해진다.'라는 말을 자주 했다고 전했다. 세월호를 증개축하면서 문제가 생겼다고도 했다. 청해진해운은 2012년 10월 세월호를 일본에서 수입해 전남 영암에 있는 (주)C.C조선에서 증·개축했다. 여객정원을 늘려 수익을 높이기[21] 위해서였다.

증개축 과정에서 유병언의 사진을 전시하는 공간도 만들었다. 세월호 4층과 5층 사이에 구멍을 내서 큰 사진을 두 층에 걸쳐 걸 수 있게 하는 설계도면이 나왔다. 세월호 복원성에 문제가 될 것이라고 했지만, 선사는 무시했다. 반면 비상 상황 시 승객들의 탈출 경로와 지정된 비상소집 장소[22]를 표시하는 안내문은 단 한 장도 걸지 않았다.

화물 컨테이너를 더 실으려고 세월호 선수 오른쪽에 있던 차량 출입문(카램프)도 제거했다. 제거된 부분의 무게는 약 40톤이었는데 10톤의 철판으로만 밀폐했다. 빠져나간 약 30톤의 무게는 고려하지 않았다. 그러자 세월호는 운항 도중 자꾸 왼쪽으로 기울어졌다.

청해진해운은 증·개축을 맡은 (주)C.C조선에게 수시로 변경을 요구했다. 변경 요구에 따라 수정된 도면은 다시 승인받아야 했다. 그런데 재승인을 받

---

21 청해진해운 사건 수사기록, 6쪽, 검찰 안기현 3회 피의자신문조서(2014. 4. 21.)

22 A갑판 양쪽 옆과 B갑판 왼쪽에 있는 개방 갑판으로 비상시 이곳에 집결해 바다로 탈출할 수 있도록 준비하는 곳이다.(「선조위 종합보고서 열린안」, 38쪽.)

으려면 비용이 더 들었다. 결국 청해진해운은 담당 기관인 한국선급에서 최초 도면만 한 번 승인받고 이후에 변경 수정한 도면은 추가로 승인받지 않았다. 한국선급이 승인한 최초 도면은 세월호가 침몰한 뒤 실종자를 찾기 위해 선내를 수색하는 잠수사들에게 길잡이 역할을 하지 못했다. 승인된 도면과 증·개축을 거치며 완성된 실제 세월호 선내 구조가 많이 달랐기 때문이었다.

부실한 경사시험[23]

2013년 1월 24일 전남 목포항 외항 부두에 신성 선박설계 담당자, (주) C.C조선 직원들, 청해진해운 해무이사 안기현, 세월호 선장 이준석과 선원들이 모였다. 세월호 경사시험(복원성 시험)을 지켜보기 위해서였다. 신성설계에서 재하청을 받은 하나선박설계 대표 이호철이 오전부터 경사시험을 시작했다. 오후 2시. 한국선급 목포지부 선박 검사원 전종호는 이호철이 넘겨준 자료가 맞는지 직접 확인하지 않고 그냥 승인했다.

청해진해운은 경사시험을 완료한 후에도 선박 개조 공사를 계속했다. 한국선급은 공사가 끝나기도 전에 세월호의 복원성[24] 검사 결과를 승인했다.

승인된 검사 결과에 따라 여객정원은 804명에서 921명으로 117명 늘어났

---

23 경사시험은 배 위에서 중량물의 위치를 옮겨 배가 기울어지는 각도를 측정해 선박 자체의 무게인 경하중량과 무게중심을 구하는 시험이다. 이 경사시험의 데이터가 있어야 선박의 복원성을 계산할 수 있다. 가장 기본적이면서도 중요한 시험이다.

24 복원성이란 배가 기울어졌다가 다시 원래의 평형 상태로 돌아오려는 성질을 의미한다. 배의 안전성을 가늠하는 가장 기본이고 중요한 척도이다. 복원성은 선박의 복원성 측정 시험 또는 계산식을 통해 평가된다. 복원성 시험은 선박을 일부러 기울어지게 만들어 선박의 무게중심 위치를 측정하는 경사시험, 선박을 동요시켜 선박의 횡요주기를 측정하는 동요시험 등을 통해 이뤄진다. 복원성 계산은 화물을 싣지 않았을 때 또는 화물을 실었을 때의 무게중심과 침하(트림)값을 이용한 계산식이 활용된다. 그러므로 무게중심(G)과 침하값은 복원성 계산과 평가에서 중요한 요소이다. ([해양수산부고시 제 2020-8호] 「선박복원성 기준」, 국가법령정보센터)

다. 세월호 자체의 무게는 239톤 증가했다. 무게중심은 64.2cm 이상[25] 올라 갔다. 무게중심이 올라갔다는 것은 그만큼 복원성이 약해져 위험도가 높아 졌다는 의미였다.

화물 과적, 고박 불량

신보식 선장은 잇달아 세월호 사고를 경험하면서 과적하면 안 된다는 문제 제기를 여러 차례 했다. 청해진해운 물류팀장 남호만은 신보장 선장의 이야기를 무시했다. 적자를 줄이기 위해[26] 최대한 화물을 많이 실으라고만 강요했다.

남호만은 "너희는 화물을 이것밖에 못 싣느냐."며 화물을 꽉꽉 채워서 실으라고 직원들을 다그쳤다. "우리나라 카페리[27] 중에서 규정대로 싣는 배가 어디에 있느냐. 규정대로 실으면 장사 하나도 안 된다."라는 말까지 했다. 화물 하역업체인 우련통운 직원들에게도 종종 "하역회사는 너희들 말고 얼마든지 많이 있다. 지시에 따르지 않으면 가만두지 않겠다, 잘라 버리겠다."라고 했다.

해운사는 일반적으로 하역[28]과 고박을 별도의 전문 업체에 나눠 맡긴다. 항만 운송 관련 사업자는 업종별로 구분해 면허를 따기 때문이었다. 청해진해운은 둘로 나누어야 할 계약을 하나로 묶어 경비를 아꼈다. 우련통운에게 하역과 고박을 모두 떠맡겼다. 우련통운은 반드시 있어야 할 고박(고정) 면

---

25 선조위 보고서 내인설은 83.2cm, 열린안은 64.2cm 상승했다고 제시했다.

26 제주와 인천을 한 차례 왕복할 때마다 대략 4천만 원 넘는 손실이 청해진해운에 계속 쌓여갔다.

27 여객을 태우거나 자동차를 실어 운반하는 배. 일반적으로 자동차를 운반하는 배를 말한다. 화물을 싣는 방식을 기준으로 로로선(roll-on/roll-off ship)으로 표현한다. 로로선은 선박의 선수미(船首尾)나 선측(船側)에 설치되어 있는 입구를 통하여 트럭이나 지게차를 이용하여 컨테이너, 자동차 등을 차량출입문(카램프)으로 화물을 실을 수 있도록 만들어진 배를 말한다.

28 하역은 화물수송 과정에서 화물을 싣고 내리는 모든 현장처리작업을 의미한다.

허가 없었다.

세월호에 화물을 싣기 위해서는 화물적재계획이 필요했다. 일등항해사가 어떤 화물을 얼마나, 어떻게 적재할지 계획을 세워야 했다. 하지만 세월호 일등항해사 강원식은 화물 운송 목록을 받아본 적이 없었다. 당연히 화물적재계획을 세울 수가 없었다. 청해진해운 물류팀이 출항 직전까지 화물을 받았기 때문이었다. 청해진해운 대표이사 김한식은 회의 때마다 "물류팀이 잘해야 한다. 물류팀 때문에 우리가 다 산다."며 과적을 부추겼다.

증·개축을 한 후 세월호에 채워야 할 평형수는 크게 늘어났다. 신보식 선장은 "기본적으로 2, 4, 5번 평형수 탱크는 꼭 채워야 한다. 그거 건드리면 안 된다."고 강조했다. 그런데 화물을 너무 많이 실어 최대 화물적재량을 넘기면 만재흘수선이 물에 잠겼다. 그러면 만재흘수선을 눈으로 확인하는 운항관리자가 출항을 금지할 수 있었다. 남호만은 노골적으로 신보식 선장에게 '물(평형수)'을 빼서 만재흘수선을 맞추라고 지시했다. 평형수를 뺀 상태로 세월호를 운항하면 극도로 위험했다. 세월호 선원들은 항구를 떠난 후 다시 평형수를 채우곤 했다. 2014년 4월 15일에도 일등항해사 강원식은 만재흘수선을 맞추기 위해 평형수를 조정했다.[29]

참사의 전조들

모든 참사에는 전조 징후가 있기 마련이다. 세월호도 2014년 4월 16일 이전 참사의 전조 징후로 보이는 사고들이 여러 차례 있었다.

2013년 11월 29일 08:20경. 세월호는 제주항으로 가던 중 추자도 아래 화도 부근에서 오른쪽으로 방향을 틀었다. 순간, 사방에서 밀려오는 높은 너울

---

29 청해진해운 사건 수사기록, 22쪽, 검찰 강원식 5회 피의자신문조서(2014. 5. 7.)

성 파도를 만났다. 세월호는 순식간에 왼쪽으로 15도 기울었다. 승객 117명이 타고 있었고, 차량 150대, 화물 776톤이 실려 있었다. 배가 기울어지면서 D갑판(1층) 컨테이너를 묶고 있던 밴드가 풀려 한쪽으로 쏠렸다. 컨테이너 위에 있던 양주와 벽돌들이 떨어져 깨졌다.

일등항해사 강원식은 사고보고서를 작성해 선사에 제출했다. 4~5미터 너울성 파도에 배가 크게 기울었고, 화물이 고정되지 않아서 한쪽으로 쏠렸다는 사실을 청해진해운 임원들은 모두 알게 되었다. 그러나 선사는 오히려 하역회사 담당자들에게 규정을 위반해서라도 화물을 더 실으라고 지시했다. 컨테이너 위에 화물을 올리는 경우 제대로 고정하는 대신 그 위에 대충 그물만 올려두라고 했다.

2014년 1월 20일 18:30경. 제주항에 풍랑주의보가 발효됐다. 당시 세월호 선장은 이준석이었다. 30분간 출항을 시도했으나, 강한 바람 때문에 세월호는 인천항으로 출발하지 못했다. 19:50경 다시 출항을 시도했다. 풍속 18~21m의 강한 바람 때문에 이번에도 출항하지 못했다. 2번째 실패였다. 제주해경은 안전상 무리니까 출항하지 말라고 통보했다. 20:30경부터 화물기사들이 출항하든지, 아니면 손해배상을 하라고 요구했다. 세월호는 제주해경에 다시 출항하겠다고 사정했다. 22:30경. 제주해경은 출항을 허가했다. 23:00경. 풍속이 15~18m로 낮아졌다. 세월호는 30여 분 동안 예인선을 이용해 여러 차례 출항을 시도한 끝에 가까스로 제주항을 떠날 수 있었다. 세월호 제주지역본부장 이성희는 출항 지연 경위서를 작성해 제출했다. 증개축으로 세월호의 무게중심이 이동했고, 이로 인해 화물을 싣고 내릴 때 배가 기울어 안전사고 위험이 있다는 내용이었다. 이번에도 역시 선사는 무시했다.

4. 세월호는 열린 배였다

세월호 기관 구역인 E갑판에는 수밀문과 5개의 맨홀이 있다. 수밀문은 바닷물이 선내로 들어오지 못하게 막아주는 문이다. 혹여 배가 넘어지더라도 가라앉지 않고 바다에 떠 있도록 해주는 역할을 하므로, 출항할 때마다 반드시 닫아야 한다. 그런데 세월호 선원들은 수밀문을 항상 열어 둔 채 운항했다. 고장이 잦다는 이유였다.

맨홀은 선원들이 기기 내부 점검을 위해 드나드는 통로이다. 덮개를 너트로 여닫게 되어 있다. 수밀문과 마찬가지로 침수를 막기 위해 운항 시에는 반드시 닫아야 한다. 하지만 세월호 선원들은 맨홀을 드나드는 작업이 빈번하다는 이유로 늘 열어 두었다.

2014년 4월 15일 21:24경. 증개축으로 복원성이 취약해진 세월호에 화물이 기준보다 2배 이상 넘게 실렸다. 이 화물들은 제대로 고정하지 않아 쉽게 움직일 수 있는 상태였다. 반드시 채워야 할 평형수는 빼고 닫아야 할 수밀문은 모두 열어둔 채 세월호는 위험천만한 운항을 하고 있었다. 길이 145미터, 너비 22미터, 무게 6,825톤의 이 거대한 여객선에는 476명의 사람이 있었다. 인생 첫 수학여행을 나선 단원고 2학년 학생들, 인천에서 온 자전거 동호회 회원들, 제주도에서 새로운 삶을 시작하기 위해 떠난 가족들 등 다양한 승객들의 기대를 품고 세월호는 막 인천대교 아래를 지났다.

선원

나만 살면 된다

이준석	교대 선장
신보식	선상(휴가 중)
강원식	일등항해사
신정훈	일등항해사 견습
김영호	이등항해사
박한결	삼등항해사
조준기	삼등조타수
박경남	일등조타수
오용석	이등조타수
박기호	기관장
손지태	일등기관사
이수진	삼등기관사
강혜성	여객부 매니저
김문익	조리부 조리수
이묘희	조리부 조리원

1. 어어, 안 돼. 안 돼. 안 돼

4월 16일 06:30경 동틀 무렵 세월호는 목포 먼바다 앞을 지났다. 4층 객실에서는 일찍 잠에서 깬 학생들이 가족들에게 이른 안부를 전하고 있었다.

07:30경 5층 선원 객실에서 눈을 뜬 삼등항해사 박한결은 조타실로 갔다. 잠시 후 조타수 조준기가 들어왔다. 당직을 마친 일등항해사 강원식과 조타수 박경남은 각자의 선실로 돌아갔다.

08:15경 맹골수도 진입 직전, 이준석 선장이 조타실을 나갔다. 선장을 대신해 조타 지휘를 맡은 박한결은 신보식 선장의 말을 떠올렸다. 신보식 선장은 평소 "맹골수도는 물살이 세고 좁아 위험한 곳이니까 타[1]를 수동으로 잡고 미리미리 변침[2]을 해야 한다."고 말했었다.

박한결이 청해진해운에 입사한 것은 겨우 4개월 전이었다. 세월호는 제주와 인천을 오가며 매번 맹골수도를 통과했는데, 맹골수도 해상은 인천으로 올라갈 때와 제주도로 내려갈 때 차이가 컸다. 박한결은 제주에서 인천으로 올라가는 길에 맹골수도를 지날 때만 당직을 맡았다. 인천에서 제주로 내려가는 길에 당직을 맡아 맹골수도를 지나는 것은 처음이었다. 전날 출항 시간이 늦어진 탓이었다. 조타기를 잡았던 조준기도 이 구간에서는 늘 일등항해사 강원식의 지휘를 받았다. 삼등항해사 박한결 지시에 따라 조타를 하는 것은 이번이 처음이었다. 선장 신보식은 평소 세월호가 맹골수도를 통과할 때마다 자신이 직접 지휘했다.

08:20경 박한결이 조준기에게 말했다. "아저씨, 수동 잡으세요." C데크 화물칸 앞쪽에 걸려있던 쇠사슬이 오른쪽으로 기울었다. 맹골수도로 들어오면서 세월호가 왼쪽으로 회전하는 구간이었다.

08:37경 그사이 이준석 선장과 기관장 박기호가 조타실로 들어와 있었다. 잠시 후 이준석 선장은 박한결에게 "잘 보고 가라."는 말만 남긴 채 다시

---

1 세월호의 조타기를 가리킨다. 조타기는 선박의 진행 방향을 조정하기 위한 수단의 하나로서 방향타를 의미한다.

2 변침(變針)은 여객선이나 항공기 운항 등에서 주로 사용하는 용어로 항로를 변경하는 것을 말한다.

조타실을 나갔다. 삼영호와 두우패밀리호가 세월호를 스쳐 지나갔다.

08:39경 세월호는 맹골수도를 거의 빠져나왔다. 속력은 19노트, 뱃머리 방향은 130도였다. 세월호는 병풍도와 관매도 사이 해역을 지나가고 있었다.

08:46경 박한결은 조준기에게 "아저씨, 140도요."라고 변침을 지시했다. 조준기는 "140도, 써!"라고 답했다. 타를 오른쪽으로 5도 정도로 돌렸다가 중립인 0도로 되돌렸다. 이를 2~3회 반복했다. 자이로컴퍼스[3]를 보니 정침[4]이 되지 않고 140도 위쪽으로 눈금이 흘러갔으나 조준기는 "140도, 써!"라고 먼저 대답했다. 전에도 139도와 141도를 왔다 갔다 하다가 타를 가운데로 잡으면 눈금이 140도에 맞춰졌기 때문이었다. 레이더에 세월호 뱃머리 방향이 140도를 가리키자 박한결은 "아저씨, 145도요."라고 지시했다.

08:48경 이번에는 눈금이 140도에 멈추지 않았다. 141도, 142도, 143도 계속 오른쪽으로 돌아갔다. 조준기가 "어어, 안 돼. 안 돼. 안 돼." 소리쳤다. 조준기의 말이 끝나기 무섭게 세월호 뱃머리는 오른쪽으로 빠르게 돌았고, 동시에 왼쪽으로 기울어졌다. 세월호 선수에 쌓아둔 컨테이너들이 쏟아져 내렸다. 박한결은 악을 쓰며 외쳤다. "아저씨, 반대로요! 반대로!" 조준기는 타를 조정하는 핸들을 왼쪽으로 돌렸지만, 세월호는 계속 오른쪽으로만 돌아갔다.

3 　동서남북 방위를 파악하는 항해 장비.
4 　뱃머리 방향이 원하는 대로 맞춰지고 변침으로 기운 배가 바로 서서 타력이 0이 되는 것.

<u>08:49:18경</u> 세월호는 급격히 기울기 시작했다. 13초 후 C갑판(2층)에 있는 차량 블랙박스로 '쾅'하는 굉음이 전달되었다. 곧이어 C갑판에 실린 차량이 대규모로 이동하기 시작했다.[5] 08:49:51경 세월호는 51도까지 기울었다.

2. 힐링 펌프가 작동하지 않습니다

세월호가 기울자 박한결은 선내 전화로 이준석 선장에게 알리려다 엔진텔레그래프[6] 왼쪽 옆으로 미끄러졌다. 조타수 조준기는 오른손으로 조타기 핸들을 잡고, 왼손으로 조타대 옆면을 잡은 채 버티고 있었다. 조타실에 가장 먼저 들어온 이등항해사 김영호가 "힐링(탱크)[7] 조작 버튼 눌렀어?"라고 물었다. 박한결은 고개를 저었다. 김영호는 엔진텔레그래프 쪽으로 가서 힐링 버튼을 눌렀다. 평형수를 왼쪽에서 오른쪽으로 옮기려는 시도였다. 전에도 세월호가 기울었을 때 이런 방법으로 바로 세운 적이 있었다. 그러나, 이번에는 힐링 버튼을 아무리 눌러도 평형수의 양을 나타내는 눈금이 움직이지 않았다. 평형수를 옮기는 방법으로는 기울어진 세월호를 다시 세울 수 없었다.

곧이어 선장 이준석, 조타수 오용석과 박경남, 일등항해사 강원식, 신정훈이 들어왔고, 세월호에서 공연했던 외국인 가수 부부도 들어왔다. 그때까지 조타실에 있던 기관장 박기호에게 이준석은 "아직 엔진 돌아가고 있어? 빨

---

5   이 모습은 C갑판(2층)에 있는 차량 블랙박스를 통해 확인할 수 있었다.

6   엔진텔레그래프는 엔진을 작동시키는 조작 버튼을 말한다. 자동차처럼 액셀을 밟으면 속도가 점점 더 올라가는 것이 아니라, 엔진 샤프트에 4개의 단계로 구분된 분당 회전수를 지정하여 한 단계씩 올리고 내릴 수 있는 형태로 조작된다.

7   평형수를 싣는 밸러스트 탱크 중에 좌우 균형을 맞추는데 최적화되어 있는 탱크를 말한다. 화물로 선박의 좌우 균형을 맞추기 어려운 선박에서는 힐링탱크를 활용하여 좌우균형을 맞춘다. 선박의 좌우 균형이 맞아야 선박과 화물의 손상을 방지하고 효과적으로 조종할 수 있다. 당시 세월호가 왼쪽으로 기울어졌기 때문에 균형을 회복하기 위해서 힐링탱크 조작버튼을 눌러봤냐는 질문이었다.

리 엔진 스톱해."라고 지시했다. 김영호 대신 박경남이 다시 힐링 버튼을 눌렀다. 그러나 역시 이번에도 힐링펌프는 작동하지 않았다. 기관장 박기호는 "힐링 펌프가 작동하지 않습니다.", "발전기가 나갔습니다."라고 말했다.

박기호의 말에 조타실에 있던 선장과 선원들은 공포를 느꼈다. 발전기가 나갔고 힐링 펌프로 바로 세울 수 없다면 기울어진 세월호는 곧 침몰할 것이 명백했다. 선원들은 모두 알고 있었다.

3. 빨리 튀어 올라와!

__08:51경__ 엔진 소음이 사라지자, 박기호는 조타실 직통전화로 기관실에 전화해 "빨리 튀어 올라와!"라고 지시했다. 선장의 지시도 없는 상황에서 다짜고짜 기관부 선원들에게 탈출 지시를 한 것이다. 선원들이 승객 구호 의무를 저버리고 먼저 도주를 시작한 최초 행동이었다. 기관실 수밀문과 맨홀은 모두 열려있었다. 기관실 선원들은 선내로 들어오는 바닷물을 막기 위해 이 문들을 닫아야 했지만, 내버려 둔 채 곧장 조타실로 올라왔다.

__08:54경__ 세월호 일등항해사 강원식은 세월호가 곧 침몰하리라고 직감했다. 그는 조타실 앞쪽에 있는 VHF[8] 통신기를 들었다. 채널은 12번에 맞추었다. 12번은 제주VTS의 번호였다. 세월호의 위치가 제주VTS(제주해상교통관제센터)에 더 가깝다고 생각했기 때문이었다.

__세월호 강원식__ 항무제주, 세월호 감도 있습니까?
__제주VTS__ 예, 세월호, 항무제주.

---

8   VHF(Very High Frequency, 초단파무선통신)는 선박과 육상이 음성통신을 하는 장치이다. 통신 가능 거리는 약 144km~360km이며, 해경과 관제센터, 선박, 비행기가 수신·청취할 수 있다.

세월호 강원식 저기 해경에다 연락 좀 해주십시오. 본선 위험합니다. 지금 배 넘어가 있습니다.

4. 현재 자리에서 절대 이동하지 마시고 대기하여 주시기 바랍니다

그 시각, 세월호 선내에 안내방송이 울려 퍼졌다.

"승객 여러분께 잠시 안내 말씀드리겠습니다. 현재 자리에서 움직이지 마시고 안전봉을 잡고 대기하여 주시기 바랍니다. 이동을 하시면 지금 위험하오니 안전봉을 잡고 대기해주시기 바랍니다."

<u>09:04경</u> 강원식은 그제야 세월호 사고 관할 구역이 진도VTS라는 것을 깨달았다. VHF 채널을 다시 67번에 맞추었다. 직전에 진도VTS는 세월호가 침몰 중이라는 사실을 전달받았다. 진도VTS가 먼저 세월호를 불렀고, 강원식이 답했다.

진도VTS 세월호, 세월호! 여기 진도VTS. 귀선 지금 침몰 중입니까?
세월호 강원식 예, 그렇습니다. 해경 빨리 좀 부탁드리겠습니다.

<u>09:06경</u> 선내대기 방송이 다시 나왔다. 이번에는 단원고 학생들을 꼬집어 대기하라고 했다. "선내 단원고 학생 여러분께 안내 말씀드립니다. 현재 위치에서 절대 이동하지 마시고 대기하여 주시기 바랍니다."

<u>09:13경</u> 강원식은 박경남에게 진도VTS와의 교신을 넘기고 휴대폰을 챙기러 선실에 갔다. 조타실에서 걸어 나가는 강원식을 보며 박경남은 진도VTS 질문에 답했다.

진도VTS 세월호 현재 승객들 탈출이 가능합니까?

세월호 박경남 지금 배기 많이 기울이(가지고) 사람이 움직일 수가 없어(가지고) 탈출 시도가 어렵습니다.

<u>09:14경</u> 조타실 선원들이 개인물품을 챙기러 선실과 조타실을 오가는 사이 승객들에게는 가만히 있으라는 안내방송이 반복되었다. "현재 위치에서 절대 움직이지 마세요. 움직이지 마세요. 움직이면 더 위험하니까 움직이지 마세요."

<u>09:21경</u> 진도VTS가 세월호 선원 신정훈에게 방송을 통해 승객들에게 구명동의 착용을 안내하라고 말했다.

진도VTS 경비정 도착 15분 전입니다. 방송하셔서 승객들에게 구명동의 착용토록 하세요.

세월호 신정훈 네, 현재 그 방송도 불가능한 상태입니다.

진도VTS 방송이 안 되더라도 최대한 나가셔서, 구명동의를 꼭 착용하도록 하고 옷을 두껍게 입고 최대한 많이 입을 수 있도록 조치 바랍니다.

그 시각 세월호 선내에는 승객들에게 움직이지 말고 대기하라는 안내방송이 거듭되고 있었다. 방송은 조타실에도 들렸다. 조타실에는 선내 방송이 즉시 가능한 장비들이 있었다. 하지만 조타실에 있는 선원들은 누구도 신정훈의 거짓말에 문제를 제기하지 않았다. 여객부 직원 강혜성이 하는 선내대기 방송을 말리지도 않았다.

책임을 묻다

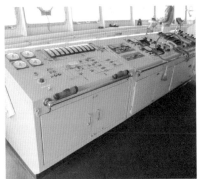

조타실 배전반 선내 방송 장치[9](빨간 박스 안)   조타실 선내 전화기[10](빨간 원 안)

09:22경 민간선박 둘라에이스호 선장이 세월호 조타실 선원들을 향해 말했다.

둘라에이스호 문예식 라이프링(구명튜브)이라도 착용시키고 띄우십시오, 빨리.
세월호 박경남 지금 탈출을 시키면 구조가 바로 되겠습니까?
둘라에이스호 문예식 맨몸으로 하지 마시고 라이프링이라도 착용을 시키셔서 (승객들) 탈출을 시키십시오, 빨리!

선원 신정훈은 둘라에이스호 선장의 (승객들을) 탈출시키라는 말을 진도 VTS(해경)의 지시로 이해했지만 무시했다.

09:26경 이 교신을 듣고 있던 진도VTS가 승객 탈출 여부는 선장이 결정하라고 말했다. 경비정이 10분 이내, 헬기가 1분 후 도착할 예정이라는 정보도 주었다. 이준석 선장은 아무 말도 하지 않았다.

---

9 [사참위 직나-1, 2] 「조사보고서」, 469쪽.
10 [사참위 직나-1, 2] 「조사보고서」, 471쪽.

09:28경 "선실이 더 안전하겠습니다. 단원고등학교 학생들에게 다시 한 번 말씀드리겠습니다." 방송이 또 나왔다.

시간	안내 방송[11]	출처
08:52:29 ~08:52:49	· 승객 여러분께 잠시 안내 말씀 드리겠습니다. 현재 자리에서 움직이지 마시고 안전봉을 잡고 대기하여 주시기 바랍니다. 안전봉을 잡고 대기해 주시기 바랍니다. 이동을 하시면 지금 위험하오니 안전봉을 잡고 대기해 주시기 바랍니다.	박수현 휴대전화 동영상 20140416_085227(1).mp4
08:53:19 ~08:53:46	· 선내 승개 여러분들께 다시 한 번 안내 말씀 드리겠습니다. 현재 있는 자리에서 이동하지 마시고 *** 바랍니다. 현재 있는 자리에서 이동하지 마시고 안전봉을 잡고	박수현 휴대전화 동영상 20140416_085227(1).mp4
08:53:53 ~08:54:03	· 현재 ** 자리에서 이동하지 마시고 *** 현재 위치에서 움직이지 마시기 바랍니다.	박수현 휴대전화 동영상 20140416_085227(1).mp4
08:54:39 ~08:54:57	· 다시 한 번 승객 여러분께 안내 말씀 드립니다. 현재 계신 위치에서 *** 현재 계신 위치에서 *** 현재 자리에서 이동하시면 위험하오니 ***	박수현 휴대전화 동영상 20140416_085227(1).mp4
08:56:08 ~08:56:21	· 승객 여러분께 다시 한 번 안내방송 드립니다. 현재 계신 위치에서 움직이지 마시고 주변에 잡을 수 있는 봉이나 물건을 잡고 대기해 주시기 바랍니다.	박수현 휴대전화 동영상 20140416_085227(1).mp4
08:57:22 ~08:57:27	· ***께 안내방송 드립니다. 현재 위치에서 절대 움직이지 마시기 바랍니다.	박수현 휴대전화 동영상 20140416_085227(1).mp4
09:06:33 ~09:07:14	· 선내에 단원고 학생여러분 및 승객여러분들께 다시 한 번 안내말씀 드립니다. 현재 위치에서 절대 이동하지 마시고 대기해 주시기 바랍니다. 다시 한 번 안내말씀 드립니다. *** 절대 이동하지 마시고 구명동의가 착용 가능하신 승객 여러분들께서는 구명동의를 착용해 주시기 바랍니다. 다시 한 번 안내말씀 드립니다. 구명동의가 착용가능하신 승객여러분들께서는 구명동의를 착용해 주시고 *** 승객 여러분들께서는 현재위치에서 절대 이동하지 마시고 대기해 주시기 바랍니다.	박수현 휴대전화 동영상 20140416_085953.mp4
09:07:39 ~09:08:16	· 선내 다시 한 번 안내말씀 드립니다. 구명동의가 손에 닿으시는 분들께서는 다른 승객들께 전달, 전달하셔가지고 입으실 수 있도록 조치를 취해주시고 현재 위치에서 절대 이동하지 마시고 대기해 주시기 바랍니다. 다시 한 번 안내 말씀 드립니다. 현재 위치에서 절대 이동하지 마시고 구명동의가 가까운 곳에 있으신 분들께서는 전달, 다른 승객분들께 구명동의를 전달하셔서 다른 분께도 구명동의가 착용할 수 있도록 도와주시기 바랍니다. 현재 위치에서 절대 이동하지 마시기 바랍니다.	박수현 휴대전화 동영상 20140416_085953.mp4
09:14:12 ~09:14:21	· ****현재위치에서 절대 이동하지 마세요. 움직이지 마세요 움직이면 더 위험하니까 움직이지 마세요.	김동수 휴대전화 동영상 -1609512839.mp4

11　[사참위 직나-1, 2] 「조사보고서」 464~466쪽.

시간	안내 방송	출처
09:14:21 ~09:14:22	·움직이지 마세요	김동협 휴대전화 동영상 20140416_091421.mp4
09:14:38 ~09:14:41	·단원고등학교 학생들에게 다시 한 번 안내말씀 드리겠습니다.	김동수 휴대전화 동영상 -1609512839.mp4
09:14:38 ~09:15:01	·*** 위치에서 이동하지 마시고 *** 바랍니다	김동협 휴대전화 동영상 20140416_091421.mp4
09:15:38	·현재 *** 해경 구조정과 *** 어선들이 ***	김동협 휴대전화 동영상 20140416_091421.mp4
09:26:37 ~09:26:48	·선내에 승객여러분들께 안내말씀 드립니다. 해경 구조정 및 어선 접근중. 10분 후 도착예정입니다. ***	김동협 휴대전화 동영상 20140416_092435.mp4
09:28:43 ~09:29:23	·*** ·*** 어린이 ·*** 어린이 3층에서 *** 움직이지 말고 기다려 주시기 바랍니다. ·현재 위치에서 *** 안전하게 *** 현재 해경 ** 접근중이오니 현재 위치에서 이동하지 마세요.	김동협 휴대전화 동영상 20140416_092843.mp4
09:29:43 ~09:30:01	·*** 안전하게 안전하게 기다려 주시기 바랍니다. 다시 한 번 말씀드립니다. 현재 해경 *** 어선 접근중입니다. *** 안전하게 기다려 주시기 바랍니다. (학생: 해경 도착했어)	김동협 휴대전화 동영상 20140416_092843.mp4
09:37:53 ~09:38:19	·선내 안내 말씀 드리겠습니다. 현재 구명동의를 착용하신 승객분들께서는 현재 구명동의에 매여 있는 끈이 제대로 묶여 있는지 다시 한 번 확인하셔서 잘 묶으시기 바랍니다. 다시 한 번 안내말씀 드리겠습니다. 구명동의를 착용하시고 계신 승객분들께서는 구명동의에 매여 있는 끈이 잘 묶여 있는지 확인을 다시 한 번 하시기 바랍니다.	박예슬 휴대전화 동영상 20140416_093710.mp4
09:37:54 ~09:38:19	·안내 말씀 드리겠습니다. 현재 구명동의를 착용하신 승객분들께서는 현재 구명동의에 매여 있는 끈이 제대로 묶여 있는지 다시 한 번 확인하셔서 잘 묶으시기 바랍니다. 다시 한 번 안내말씀 드리겠습니다. 구명동의를 착용하시고 계신 승객분들께서는 구명동의에 매여 있는 끈이 잘 묶여 있는지 확인을 다시 한 번 하시기 바랍니다.	신승희 휴대전화 동영상 20140416_093754.mp4
09:42:46 ~09:42:53	·현재 위치에서, 현재 위치에서 이동하지 마시고 대기해 주시기 바랍니다.	한승석 휴대전화 동영상 20140416_094246_ 20150407032813.mp4
09:45:35 ~09:45:48	·*** ·현재 위치에서 대기하시고 더 이상 밖에 나오지 마시기 바랍니다. ·현재 위치에서 안전하게 기다리시고 더 이상 밖으로 나오지 마시기 바랍니다.	김동협 휴대전화 동영상 20140416_094526. mp4 = 검찰 음질개선 영상(동영상-20140416_094526_(타임코드)+안내방송개선(에코25)-).wmv)
09:45:37 ~09:45:46	·현재 위치에서 안전하게 기다리시고 더 이상 밖으로 나오지 마시기 바랍니다.	검찰 음질개선 영상(동영상-20번(타임코드)+안내방송개선(에코25).wmv)

세월호는 계속 기울어져 좌현[12]이 거의 해수면에 닿아가고 있었다. 승객들을 비상대기 갑판으로 유도해야만 하는 시점이었디. 하지만 선원들은 움직이지 않았다. 선장 이준석은 조타실 해도대 옆을 잡고 침묵했다. 이준석이 아무런 조치를 하지 않는데도 선원들은 승객들을 비상대기 갑판으로 나오게 하자고 건의하지 않았다. 세월호 안내소에서 조타실에 어떻게 해야 하냐고 물었지만, 선장과 선원들은 아무 대답을 하지 않았다.

그때 누군가 바다로 뛰어들면 조류가 세서 살기 어렵겠다는 이야기를 꺼냈다. 둘라에이스호 선장이 세월호 근처에서 탈출한 승객들을 구조하겠다고 말했지만, 일등항해사 신정훈은 그것이 어렵다고 생각했다. 다른 선원들도 같은 생각을 했다. 말하지 않았을 뿐이었다. 해경이 도착하면 승객 구조 책임이 해경에게 넘어간다는 이야기도 나왔다.

09:36경 진도VTS가 세월호 선원들에게 침수상태를 물었다. 세월호 선원들은 침수상태 확인은 불가능하고, 좌현으로 탈출할 수 있는 사람들에게 탈출하라는 방송을 했다고 답했다. 거짓말이었다. 탈출 방송은 없었다.

세월호에는 승객 전원을 수용하고도 남을 만큼 충분한 넓이의 비상대기 갑판이 있었다. 선원들이 진짜로 탈출하라는 방송을 했더라면, 선내에 있던 승객들은 비상대기 갑판으로 나와 생존할 수 있었다.

5. 아, 저기 봐라. 기관부 먼저 탈출한다

09:27경 헬기 511호가 세월호 상공에 도착했다. 대기하고 있던 승객들이 헬기 소리를 들었다. 해경 구조정이 도착했다는 소식도 선내로 전달됐다. 곧

---

12   선박의 뱃머리를 기준으로 왼쪽을 좌현, 오른쪽을 우현이라고 부른다. (해양수산부 공식블로그)

배 안에서 나오라는 안내를 할 거라고 승객들은 기대했다.

09:35경 123정이 사고해역에 도착했다. 안내방송이 또 나왔다. "해경이 오고 있으니 현재 위치에서 움직이지 마세요."

09:38경 123정이 구명보트를 내렸다. 구명보트는 곧바로 세월호 좌현 3층 비상대기 갑판 난간 쪽으로 향했다.

그때까지 3층 기관부 객실 복도에서 기관부 선원 박기호, 손지태, 이수진은 캔맥주를 나누어 마시고 있었다. 삼등기관사 이수진은 세월호 오른쪽에서 헬기 소리가 들리자, "이쪽까지 못 올 수도 있겠다."는 생각에 울음을 터트렸다. 기관장 박기호가 담배라이터를 집어던지며 말했다. "일단 밖으로 나가자."

동시에 우당탕 소리가 났다. 기관부 객실 앞 통로로 조리부 선원 이묘희 씨가 굴러떨어졌다. 잠시 후 또 다른 조리부 선원 김문익 씨가 떨어졌다. 김문익은 전기창고에 부딪혀 머리에 피를 흘렸다. 박기호는 식당 아줌마(이묘희 씨)의 상처 부위를 확인하라고 일등기관사 손지태에게 말했다. 꼼짝도 하지 않는다고 손지태가 답했다. 그대로 두면 이묘희와 김문익은 선내에 갇혀 죽을 수도 있었다.

쓰러진 두 사람을 그 자리에 그대로 남겨두고 박기호와 기관부 선원들은 갑판으로 나갔다. 구명보트를 향해 손을 흔들었다. 기관부 선원들은 비상시에 승객들을 구조하기 위해 구명뗏목을 터뜨리거나 미끄럼틀을 내리는 임무가 있었다. 하지만 그들은 모두 자신들의 임무를 내팽개쳤다. 세월호에 도착한 123정이 가장 먼저 구조한 사람들은 이 기관부 선원들이었다.

09:42경 기관부 선원들이 모두 도주했다. 그 순간에도 선내에서는 안내 방송이 나오고 있었다. "현재 위치에시 이동하지 마시고 안전하게 대기하시기 바랍니다."

조타실에 있던 선원들도 해경이 도착한 것을 보았다. 마음이 급해졌다. 일등항해사 강원식과 박경남은 구명뗏목을 터뜨리겠다는 핑계로 왼쪽 출입문 쪽으로 나갔다. 그러나, 구명뗏목을 터뜨리는 시도는 하지 않았다. 조타실 옆 윙브릿지에 내려온 박경남의 눈에 구명보드가 기관부 선원들을 태우고 떠나는 모습이 보였다. "아, 저기 봐라. 기관부 먼저 탈출한다." 박경남이 소리쳤다.

순간 조타실 안은 술렁거렸다. 선장과 선원들 누구도 선내에 갇혀 퇴선 명령을 기다리는 승객들을 떠올리지 않았다. 삼등항해사 박한결은 해경 구조정이 오자 너나 할 것 없이 서둘러 조타실 밖으로 나왔다고 말했다. 구명뗏목이 터졌다고 하더라도 선원이 먼저 탔을 것이라고도 했다. 조타실 해도대 옆을 잡고 있다가 뒤처진 이준석은 선원들이 먼저 나가자 맘이 급해져 서두르다 발을 헛디디며 바닥에 뒹굴었다.

09:45경 선장이 팬티 바람으로 탈출했다. 123정이 직접 세월호 조타실에 다가가 선장과 선원들을 옮겨 태웠다. 그 시각 "현재 위치에서 안전하게 기다리시고 더 이상 밖으로 나오지 마시기 바랍니다."라는 선내 방송이 세월호 조타실까지 울렸다. 도주하는 선원들에게도, 123정 해경들에게도 이 방송이 들렸다.

선장과 선원들은 알고 있었다. 승객들이 그대로 선내에 갇혀 있다가는 전부 죽을 수도 있다는 것을. 도주 직전 조타실에 있는 비상 벨조차 누르지 않았던 강원식은 123정에 탄 후에야 승객들이 생각났다고 말했다. 마지막으로 조타실을 나온 조준기는 함께 승객을 구조하자는 해경 박상욱의 제안을 단번에 거절했다.

갑판부 선원들 전원이 조타실을 벗어나자마자 세월호 선내 3층 로비에 바닷물이 들어오기 시작했다. 순식간에 4층 복도까지 물이 찼다. 좌현 갑판으로 향한 문은 더 이상 탈출구가 되지 못했다. 밀려드는 거센 물살이 살려달라는 승객들의 외침을 집어삼켰다. 그사이 123정에 도착한 선원들은 해경이 건네준 담요를 두르고 따듯한 물과 커피를 마셨다.

09:56경 세월호 뱃머리 방향 좌현 출입구가 물에 잠기기 시작했다. 준형이는 4층 객실 앞 복도에서 당장이라도 로비 쪽으로 혹은 우현 갑판[13]으로 이동할 준비를 마치고 퇴선 방송을 기다리고 있었다.

---

13 4층 선수 좌우현 복도에서 대기하던 승객들은 복도를 따라 수평으로 이동하는 데 어려움이 없었다. 해수가 좌현 복도에 들어오기 전인 약 10:10경까지 이들은 4층 로비로 나갈 수 있었을 것으로 추정된다. 퇴선 지시만 있었다면 4층 로비 우현 출입구를 통해 갑판으로 나가 탈출하였을 것이다. (「사참위 진상소위 보고서」, 174~175쪽.)

\<선원의 임무와 실제행동[14]\>

직위	이름 (나이)	비상사태 시 역할	실제 행동	도주 여부
선장	이준석 (69)	선내총지휘 승무경력 27년 9월	승객들에게 선내대기 지시만 하고 선원들과 도주, 승객들을 선내에 갇히게 만듦	도주
일등 항해사	강원식 (42)	현장지휘 우현 미끄럼틀 승무경력 20년 5월	최초 구조요청을 진도VTS가 아닌 제주 VTS로 해 사고 전파에 차질 빚음 청해진해운 직원과 통화만 함	도주
	신정훈 (34)	일등항해사 보조 우현 슈트 투하 승무경력 3년 7월	제주운항관리실과 교신, SSB 도주하는 선원에게 구명조끼 전달 다른 선원의 진도VTS와 교신에 끼어들어 원활한 교신방해	도주
이등 항해사	김영호 (47)	선장보좌, 좌현 미끄럼틀, 구명뗏목 승무경력 2년 4월	진도VTS와 교신 여객부에 선내대기방송 무선지시	도주
삼등 항해사	박한결 (26)	선장보좌 비상통신 승무경력 2년 1월	비상부서배치표상 의무 실행하지 않음 힐링펌프 조정하다 실패 보고 조타실 좌현 출입구에서 울고 있었음	도주
일등 조타수	박경남 (60)	조타수, 구명뗏목 승무경력 5년 9월	진도VTS와 교신 조타실 좌현 출입구에서 바깥쪽 쳐다만 봄	도주
이등 조타수	오용석 (58)	좌현 구명뗏목 승무경력 9년 11월	이등항해사가 VHF 교신 시 통신기기 전달 GPS 위치를 알려줌 도주하는 선원 위해 출입문에 고무호스 묶어줌	도주
삼등 조타수	조준기 (56)	우현 구명뗏목 사다리투하	조타기 잡고 있었음	도주
기관장	박기호 (54)	기관실 총지휘 승무경력 24년 11월	조타실에서 엔진정지 기관실에 있던 기관부 선원도주 지시 3층 기관부 객실복도에 대기하다 도주	도주
일등 기관사	손지태 (58)	우현 미끄럼틀 구명 뗏목 승무경력 21년 3월	3층 기관부 객실복도에 대기하다 도주	도주

---

14 '운항관리규정, 비상부처배치표, '퇴선'부분에 정한 역할과 실제행동', 『세월호, 그날의 기록』, 진실의 힘,
2016, 570~571쪽.

직위	이름 (나이)	비상사태 시 역할	실제 행동	도주 여부
삼등 기관사	이수진 (26)	기관장 보좌 승무경력 1년 4월	3층 기관부 객실복도에 대기하다 도주	도주
조기장	전영준 (61)	우현 미끄럼틀 구명 뗏목 승무경력 23년 11월	3층 기관부 객실복도에 대기하다 도주	도주
일등 조기수	이영재 (56)	좌현 미끄럼틀 구명 뗏목 승무경력 28년 8월	3층 기관부 객실복도에 대기하다 도주	도주
이등 조기수	박성용 (59)	우현 비상사다리 승무경력 27년 7월	3층 기관부 객실복도에 대기하다 도주	도주
삼등 조기수	김규찬 (62)	우현 비상사다리 승무경력 10년 4월	3층 기관부 객실복도에 대기하다 도주	도주
사무장	양대홍 (45)	승객유도 안내방송	5층, 4층, 3층 다니며 승객 탈출 유도	사망
사무원	강혜성 (32)	승객유도	선내대기 안내방송 4층으로 승객유도	탈출
	박지영 (22)	승객유도	3층 안내데스크에서 조타실에 무전 3층 좌현 출입문으로 승객 탈출 유도 4층으로 승객이동 대피유도	사망
	정현선 (28)	승객유도	4층에서 승객들 좌현 출입문 탈출유도	사망
이벤트 담당직원	안현영 (28)	선원 아님 비상시 역할 없음	승객들 3층에서 4층으로 이동대피 유도	사망
조리장	최찬열 (58)	승객유도	곧바로 도주	도주
조리수	김문익 (61)	승객유도	3층 기관부 객실 복도로 떨어짐	사망
조리원	이묘희 (56)	승객유도	3층 기관부 객실 복도로 떨어짐	사망
	김종임 (51)	승객유도	곧바로 도주	도주

2부

해경

건우 이야기

안녕하세요. 단원고 2학년 5반 김건우입니다. 세울 '건'에 펼칠 '우'를 씁니다. 우리 엄마가 지어주신 이름이에요. 이름이 멋지다 보니까 우리 반에도 저랑 이름이 같은 친구가 한 명 더 있어요. 그 친구는 작은건우 저는 큰건우로 불리죠. 뭐 제가 키가 더 커서 큰건우는 아니구요. 번호가 뒷번호라 큰건우라고 부르는 것 같아요. 흠흠⋯ 뭐, 키는 그렇게 크지 않지만 제가 마음은 큰 편이기도 하고, 우리 집에서는 제가 큰아들이니까 큰 건우가 맞기는 하죠, 하하.

4월 16일 아침 저는 좀 바빴어요. 우리 엄마아빠는 잘 모르시겠지만 제가 친구들과 있을 때는 말도 많고 잘 노는 편이거든요. 아침에 눈 뜨자마자 나와서 친구들이랑 여기저기 구경하러 다녔어요. 갑판에서 바다를 바라보는데 날씨도 좋고 물결도 잔잔했어요. 기분이 들뜨고 너무 신났죠. 하하… 아, 그리고 친구들이 자꾸 저한테 같이 매점에 가지고 해서 꽤 여러 번 갔다 온 것 같아요. 아침밥을 잔뜩 먹어서 사실 저는 별로 배가 안 고팠는데 그냥 친구들이랑 돌아다니는 게 좋아서 계속 3층 계단을 오르내렸어요.

그러다 음, 아침 8시 반이 막 지났을 때쯤엔가 제 친구 재욱이가 컵라면 먹고 싶다고 자기랑 매점에 한 번만 더 같이 가달라고 조르는 거예요. 좀 귀찮긴 했지만 제가 원래 재욱이 부탁은 절대 거절하지 못하는 편이라 같이 가줬지요. 매점에서 재욱이가 음료수도 사줬어요. 맞다! 그러고 보니 음료수를 꺼내려다 하마터면 아기들이랑 부딪힐 뻔했었는데. 그때 그 여자아기는 잘 지내고 있겠죠?

하여튼 매점을 나와 제 방으로 가려는데 이번에는 또 재욱이가 자기네 방에 가서 같이 먹자고 하는 거예요. 하여간 재욱이는 정말 너무 저를 좋아해요. 그래서 재욱이 방에 같이 갔다가 저는 제 방으로 다시 왔어요. 도착하기 전에 화장실도 가고 옷도 갈아입고 짐 정리도 좀 해야겠다 싶어서요. 그때가 8시 45분이 막 지난 시간이었던 것 같아요.

그런데요. 화장실에 갔다 나오는데 갑자기 배가 기우는 거에요. 좀 비틀거리긴 했지만 잽싸게 벽을 잡고 방으로 오는데 배가 또다시 확 기울었어요. 어디선가 쿵쿵 소리도 들려왔고 사람들 비명소리도 들렸어요. 저는 저희 방 문 바로 옆 벽에 부딪혔지만 다행히 넘어지지는 않았어요. 벽에 등을 대고 서서 보니 다들 놀라서 난리가 났더라구요.

누군가가 그러는데 중앙홀에 있던 아이들이 미끄러졌데요. 다행히 계단을 붙잡고 있던 아이들을 친구들이 잘 끌어 올려줬어요. 안쪽에 있던 7반 애들 방에서도 문 앞으로 아이들이 한꺼번에 미끄러졌나 봐요. 준우가 좀 걱정되긴 했지만 그래도 피가 줄줄 나거나 어디가 부러질 만큼 크게 다친 아이들은 없는 것 같았어요. 재욱이랑 제훈이도 성호도 다들 무사한 것 같았어요. 아! 지금까지 말한 친구들은요. 저랑 제일 친한 다섯 명의 친구들이에요. 그래서 제일 먼저 걱정이 됐던 거죠.

친구들 안부를 확인하고 안심하면서 복도에 서 있는데 옆 반에 있는 누군가가 그랬어요. 여기가 만약 밖이었으면 우리 다 죽었겠다고. 그 말을 들으니 저도 갑판에 있던 애들이 걱정됐어요. 나도 내 친구들도 다들 갑판에 안 나가고 안에 있어서 다행인데 아직 안 들어온 애들 어쩌냐구요. 그때는 그렇게 생각했어요. 그랬네요. 에휴……

그때 안내방송이 들렸어요. 현재 자리에서 움직이지 말고 대기하라더군요. 이동하면 위험하다고도 그랬어요. 저는 처음 배를 타는 거지만 그 방송을 하는 사람은 배를 타는 게 직업이니까 제일 잘 알 거잖아요. 야! 이거 장난 아니구나 싶었어요. 멀미가 난 듯 속이 울렁거렸지만 침을 꿀꺽 삼키고 친구가 건네준 구명조끼를 받았어요. 무슨 구명조끼가 완전 오래된 것도 많고 그나마도 모자랐지만 다들 누구 한 명 욕심내거나 싸우지 않았어요. 오히려 서로 양보해가며 챙겨주고 중앙홀에 있는 애들한테도 전달했어요. 그렇게 하나둘 전달하다 보니 저는 구명조끼를 미처 챙겨 입지도 못했어요. 곧 구조될 거라 생각해서 그리 크게 걱정하진 않았어요.

9시 20분쯤 됐나 전기가 나갔나 봐요. 불이 다 꺼지고 비상등만 켜졌어요. 그래도 우리 쪽은 창문으로 햇빛이 들어와 괜찮은데 재욱이가 있는 쪽은 더 어두운 것 같았어요. 아빠 생각이 났어요. 우리 아빠는 전기공사 회사에 다니는 전문가예요. 우리 아빠가 있으면 이런 전기 문세 정도야 낭상 해셜할 수 있을 텐데 아빠한테 전화해 볼까 아니면 문자라도 해 볼까 하다가 말았어요. 아까부터 옷 주머니에 넣어뒀던 휴대폰이 계속 울렸는데. 사고 소식을 이미 아셨을 테니 엄마 아빠가 저한테 전화하시는 거라고 생각했지만, 구명조끼 전달하고 친구들 살피느라 전화를 받을 새가 없었어요. 물론 주변에 엄마랑 통화하는 친구들도 있었지만 저는 엄마한테 전화도 문자도 못했어요. 우리 엄마가 겁이 많아요. 우리 엄마 눈이 동그랗고 크잖아요. 눈 큰 사람이 은근 겁이 많거든요. 괜히 전화해서 엄마 놀라 가지고 심장 나빠지면 어떡해요. 어차피 살아서 나갈 건데 호들갑 떨어서 엄마 놀라게 하지 말자 그랬던 거죠.

잠시 후에 헬기 소리가 들렸어요. '아 이제 곧 나오라고 하겠구나.' 생각했어요. 헬기가 오고, 검은 옷 입은 사람도 보였어요. 아마 특공대원이겠죠? 아 진짜 영화에서처럼 특공대는 검은 옷을 입고 있더라구요. 창문 위로 그 사람이 지나가는 게 보였어요. 그런데 이상했어요. 특공대가 왔는데 계속 움직이지 말고 기다리래요. 배는 벌써 거의 70도는 더 기운 것 같은데 저기 재욱이네 쪽은 창문이랑 바다가 거의 붙었다는데 자꾸 기다리기만 하래요. 아니 해경 구조정이 오고 어선들도 온다면서요. 아휴… 답답해 미치겠네.

중앙홀에 있던 아이들이 그러는데 갑판에 있는 사람들만 데려가는 것 같대요, 이러다가 여기 우리는 남겨두고 해경들이 다 가버리는 거 아니냐는 말도 나왔어요. 벌써 3층에는 물이 차기 시작했다는데 어쩌지? 움직일까? 아 어쩌지? 어 그때, 누가 소리쳤어요. 해경 배가 지나갔다고. 자기가 봤다구요.

우리를 못봤나? 그치만 아까 헬기에서 내려온 아저씨는 우리 창문을 밟고 지나갔으니까 우리가 여기 있는 거 알았을 거예요. 분명히.

그런데 왜 해경들이 바깥에만 있고 창문을 깨고 들어오지 않는 거지? 특공대는 원래 창문 같은 거 깨고 밧줄 잡고 좌악 내려와서 사람들 구하고 그러지 않나? 아 뭐지? 왜 아무도 나오라는 소리를 하지 않는 거지? 토할 것 같기도 하고 가슴도 답답하고 정말 미칠 것 같았어요.

그때 네 맞아요. 그때, 9시 45분쯤 되었던 것 같아요. 방송에서 또 더 이상 밖으로 나오지 말라고 나왔어요. "현재 위치에서 안전하게 기다리시고 더 이상 밖으로 나오지 마시기 바랍니다." 이렇게 두 번이나 반복하는 거예요. 그리고는 방송하던 사람도 어디로 가버린 건지 한동안 방송이 나오지 않았어요. 방송도 끊기고 전기도 끊겼는데 해경도 특공대도 우리한테 오지 않아요. 아무도 그 누구도요. 점점 불안해졌어요. 어쩌지? 어떡하지? 조금씩 움직여서 출입구 쪽으로 나가 볼까?

어느새 10시가 넘었고 갑자기 방송에서 누군가 아기를 찾는다는 말이 나왔어요. 어떤 아저씨들이 중앙홀 키즈룸에 있는 아이들 쪽으로 소방호스를 내려주면서, 복도에 있던 우리한테도 그 소방호스를 잡고 건너오라고 했지만 우리는 아기들 먼저 보내겠다고 말했어요. 맞아요. 아까 매점에서 저랑 부딪힐 뻔했던 그 아기들이요. 소방호스로 묶어서 여자 아기를 먼저 올려 보냈어요.

어! 그사이 벌써 재욱이네 방이 있던 쪽 창문이 깨졌나 봐요. 물이 엄청나게 빠른 속도로 들어오기 시작했어요. 순식간에 우리 쪽으로도 물이 차오르기 시작했구요. 아, 이럴 줄 알았으면 엄마아빠한테 전화라도 할 걸 후회했지만 주머니 속에 핸드폰을 꺼낼 겨를도 없었어요. 물이 너무 빠르게 차오르기 시작했거든요. 잠수해서 출입구까지 가야겠다 생각했어요. 심호흡을 하고 몸을 숙였는데 파도 때문인지 갑자기 바닷물이 뱃머리 쪽으로 좌악 빨려들어가면서 오히려 몸이 뒤로 밀려났어요. 객실 출입구 벽을 꽉 잡고 버티다가 제가 머물던 방으로 들어가게 됐어요. 손가락이 부러지도록 온 힘을 다했는데 방문도 닫혀 버렸어요. 안되겠다 싶어 친구들에게 수건이든 옷이든 닥치는 대로 달라고 했어요. 물이 들어오면 안 되니까 문틈을 막아야 한다고. 부러진 손가락이 아픈지도 모르고 열심히 막았다구요. 제 친구 성호도 그랬대요. 창문으로 해경 배가 보이길래 사다리로 창문을 막 두드렸대요. 우리 좀 보라고, 제발 창문 좀 깨고 우리 좀 구해 달라구요. 그런데요. 해경이 그냥 가버리더래요. 해경이 자기들을 본 척도 안 하고 그냥 가버리더래요.

 기다리라면서요. 밖으로 나오지 말고 대기하라면서요. 그래놓고 밖에 나온 사람들만 데려가고 안에서 기다리던 우리는 본 척도 안 했어요. 조금만 더 견디고 있으면 배 안으로 들어와서 우리를 구해줄 거라고. 엄마 아빠도 다시 만날 수 있을 거라고 믿었는데. 대체 해경은 왜 우리한테 와서 나오라고 말하지 않나요? 우리가 안에 있는 거 알았잖아요. 알면서 알고 있으면서 왜요, 왜?

책임을 묻다

해경

그걸 내가 왜 해야 해?

		김경일	정장(경위)
123정		김종인	부정장(경위)
		최완식	기관장
		그 외 탑승 해경 및 의경 총 10명	

		김문홍	서장(총경)
		조형곤	상황담당관(경감)
	목포해경	백남금·이병윤	상황실장(경위)
		문명일	상황요원(경사)
		그 외 상황요원 총 2명	
		이재두	3009함 함장
	서해해양 경찰청	김수현	청장(치안감)
		김정식	경비안전과장(총경)
		유연식	상황담당관(총경)
		김석균	청장
해경 지휘부	해경 본청	최상환	차장
		이춘재	경비안전국장(치안감)
		여인태	경비과장(총경)
		임근조	상황담당관
	헬기	양기철	511호 기장(경감) 등
		김재전	512호 기장(경위) 등
		고영주	513호 기장(경위) 등
	진도VTS	김형준	센터장(경감)
		정영민	관제사
		그 외 소속 해경 총 8명	
	제주VTS	김진	관제사
	제주해경	박원부	상황담당관

책임을 묻다

1. 최초 신고 "살려주세요"

08:52경 전남소방본부 119상황실 전화벨이 울렸다.

최덕하 살려주세요!
119 여보세요. 네 여기 119상황실입니다.
최덕하 여기 배인데 여기 배가 침몰되어 가지고…

세월호 4층 좌현 객실에 있던 단원고 최덕하 학생이 119에 전화를 걸어 제일 처음 한 말은 "살려주세요."였다.

08:54경 신고를 접수한 전남 119상황실은 곧바로 목포해경 상황실에 연락했다. 부실장 고성은이 전화를 받았다.

고성은 감사합니다. 목포해경 상황실입니다.
조상현 예, 수고하십니다. 여기 119상황실인데요. 배가 지금 침몰하고 있다고 저희한테 신고가.
고성은 위치 어디요? 위치.
조상현 서거차도라고 뜨고 있거든요. 신고자 전화번호 드릴게요. 신고자분 해양 경찰 나왔습니다. 바로 통화 좀 하세요.
고성은 여보세요. 여기 목포해경 상황실입니다. 지금 침몰 중이라는데 그 위치 말해주세요. 위치 배가 어디 있습니까?

고성은은 주변에 있던 근무자들이 모두 들을 수 있도록 큰소리로 복창했다. 지금 침몰 중이라는 단어가 울려 퍼진 순간 상황실 내부의 모든 시선이 그에게 집중되었다.

B조 상황실장 백남근이 고성은에게 다가와 말했다.

"배가 지금 어디 있는지 위치를 물어봐."

C조 상황실장 이병윤은 CVMS(통합선박감시시스템)[1]를 보고 세월호 위치를 확인했다. 그 시각 세월호에 가장 가까이 있는 해경 함정이 123정이라는 사실도 파악했다.

<u>08:58경</u> 이병윤은 123정 정장인 김경일에게 연락했다. "서거차도 근해에 승선 인원 350명인 여객선이 침몰하였으니 즉시 이동하라."

<u>09:01경</u> B조 상황요원 이치만은 컴퓨터로 위성통신망인 KCG메신저[2] 문자방을 개설했다. "현재 여객선 침몰 중이라는 신고 관련입니다. 세월호 여객선 약 300여 명 승선." 그는 해경본청 상황실을 비롯해 각 지방청 상황실들을 초대하여 세월호 침몰 소식을 알렸다. 곧바로 세월호 부근에서 조업 중인 어선들을 동원하기 위해 목포 어업정보통신국에 구조협조를 요청했다.

<u>09:05경</u> B조 상황실장 백남근은 해경이 공통으로 사용하는 TRS(무선주파수)[3]로 모든 세력에게 출동을 지시했다. "모든 국, 여기는 목포타워, 현 시각 전남 관매산 남쪽 남서 2.7마일에서 여객선 침몰 중, 모든 선박은 그쪽으

---

1   CVMS는 전자지도에 함정, 항공기, 어선, 여객선 등의 위치가 표시되고 관련 정보를 확인할 수 있는 시스템이다. 선박명이나 항공기명을 입력하여 위치를 빠르게 찾을 수 있고 어선의 경우에는 선장, 선원의 전화번호 주소 등도 확인할 수 있다. (『사참위 진상소위 보고서』, 166쪽.)

2   KCG메신저는 해경이 사용하던 문자상황보고시스템을 말한다. 카카오톡처럼 1:1대화를 할 수도 있고 단체방을 만들어서 다수의 참가자가 대화를 나눌 수도 있다. 그러나 세월호 침몰 현장에서 구조행위를 하고 있던 123정은 이 장비가 없었다. (『사참위 진상소위 보고서』, 165쪽.)

3   TRS는 해경의 핵심 통신장비 중 하나로 해경 상황실, 해경 함정, 해경 항공기 등에서 사용한다. TRS는 일반 핸드폰처럼 사용할 수도 있고 특정 그룹 번호로 설정해두면 같은 그룹의 단말기끼리 서로 무전기처럼 사용할 수도 있다. (『사참위 진상소위 보고서』, 165쪽.)

로 출동해 주기 바랍니다." 최초 신고 이후 10여 분 만에 해경본청을 비롯한 관련 구조 세력 다수에게 사고 소식과 출동 지시가 전파되었다.

2. 제주해경

08:54경 제주해상교통관제센터(제주VTS[4]) 관제실에 다급한 전화가 걸려 왔다. 세월호 일등항해사인 강원식이었다. "해경에다 연락 좀 해주십시오. 본선 위험합니다. 지금 배가 넘어가고 있습니다."

전화를 받은 제주VTS 관제사 김진은 강원식에게 세월호 위치를 물었다.

"지금 배가 많이 넘어갔습니다. 움직일 수가 없습니다. 빨리 와주십시오. 여기 병풍도 옆에 있습니다." 강원식이 답했다.

김진은 제주해경서 상황실로 전화해 사고 소식을 알렸다.

"지금 세월호가 병풍도 동쪽 1마일 부근에서 기울어져 멈춰 있습니다. 구조 요청 바랍니다."

08:58경 제주해경 상황실은 세월호 위치가 목포해경 관할 구역임을 확인하고 09:01경 목포해경서 상황실에 연락했다. 목포해경서 상황실은 이미 소식을 알고 있으며 세월호와 연락을 시도하고 있다고 대답했다.

옆에서 통화 내용을 듣고 있던 상황담당관 박원부는 생각했다. '우리 관할도 아니고, 목포해경이 도와 달라고도 안 했는데.'[5] 그는 제주해경서장에게 보고하지도 제주해경청에 상황을 알리지도 않았다. 헬기, 함정, 122구조대를 즉각 출동시키지도 않았다.

---

4   해상교통관제시스템, 배가 오가는 것을 살피고 충돌이나 좌초 등의 위험을 감지하는 24시간 관제센터.

5   「감사원 보고서」(2014. 10. 10.), 77쪽, 「감사원 박원부 문답서」(2014. 5. 26.), 3~8쪽을 바탕으로 각색한 내용.

<u>09:08경</u> 제주해경청은 그제야 함정들과 헬기 513호에게 출동 지시를 내렸다. 관할 구역만 목포해경일 뿐 제주항에서 세월호까지 거리는 목포항과 동일한 50해리였다.

3. 해경본청 사고 인지

<u>09:00경</u> 해경본청 상황실장 황영태는 KCG메신저로 상황을 알게 되었다. 곧장 목포상황실로 전화를 걸어 선박 이름이 세월호라는 것을 확인했다.

<u>09:01경</u> 황영태는 서해지방해경청 상황실에 전화했다.

황영태 본청 실장인데요. 관매도 남서방 거기서 세월호라는 여객선이 침몰하고 있다는데 그게 맞나요?

서해지방해경청 상황실 예. 지금 방금 저희도 연락받았습니다.

황영태 그 근처에 가까이 있는 함정이 뭐 있어요?

서해지방해경청 상황실 예, 100톤급 하나 있습니다. 바로 그쪽으로 이동하도록 하겠습니다.

통화를 끝낸 황영태는 다시 한번 목포해경서로 전화해 승객들에게 구명동의를 입으라고 안내하라는 지시를 내렸다. 목포해경서 상황실은 이미 그렇게 조치했다고 대답했다.

책임을 묻다

4. 목포해경서 상황실 문명일

09:04경 세월호 여객부 선원 강혜성은 자신의 휴대폰으로 122[6]에 전화를 걸었다. 목포해경서 상황실 요원 문명일이 통화 중인 고성은을 대신해 전화를 받았다.

강혜성 세월호 안내소 직원입니다.

문명일 세월호 직원이에요? 혹시 그 사람 같은 거, 사람이 빠졌습니까? 지금 현재.

강혜성 예. 지금 사람이 배가 기울어서, 사람이, 한 명이 바다에 빠졌구요.[7]

문명일 사람이 한 명 빠졌어요? 지금 구명동이나 그런 거 빨리 다 여객선…

강혜성 지금 저희가 배가 40도 45도, 지금 기울어서 도무지 움직일 수 있는 상황이 안 돼요.

문명일 움직일 상황… 그러면 지금 빠진 사람은 어떻게 됐습니까? 지금 현재.

강혜성 일단은 저희가 볼 순 없어요. 빠진 상황만 알아요. 지금…

문명일 예, 알겠습니다. 지금 저희 경비정 있는 대로 다 이동하고 있거든요. 좀만 참으시고 다들 구명동의를 입으라고 다 전파를 해주십시오.

강혜성 지금 입을 수 있는 상황이 안 돼요. 배가 기울어서 움직일 수가 없어요.

문명일 움직일 수가 없어요? 예 알겠습니다. 그러면 최대한 안전할 수 있게 그쪽, 언제든지 하선할 수 있게 바깥으로 좀 이동할 수 있게 그런 위치에 잡고 계세요 일단은… 여보세요?

강혜성 지금 선내에서 움직이지 마시라고 계속 방송하고 있구요.

문명일 예예, 그렇게 해주세요. 지금 전화하신 분이 세월호 선원이신가요? 선원?

---

6   122는 해양긴급신고전화번호. 신고자가 122를 누르면 신고자의 소재지 관할 해경상황실로 자동 연결되고 신고내용을 파출소, 함정, 항공기, 유관기관 등에 전파할 수 있는 시스템. 유무선 전화 뿐 아니라 문자 메시지도 가능하다.

7   단원고 양승진 선생님은 세월호가 처음 기울기 시작한 08시 49분경 3층 로비에서 바다로 빠졌다. 그러나 해경은 양승진 선생님을 구조하기 위한 어떤 행위나 지시도 하지 않았다.

강혜성 예. 여객, 여객 영업 직원이에요.

문명일은 강혜성에게 승객들을 바깥으로 이동할 수 있는 위치에 있도록 하라고 말했다. 강혜성은 문명일의 지시와 정반대로 지금 자기가 승객들에게 배 안에서 움직이지 말라고 방송 중이라고 대답했다.

해경이라면 누구나 '배가 많이 기울어서 움직일 수가 없는' 지경이면 재빨리 승객들을 비상대기 갑판으로 이동시키는 것이 급선무임을 알고 있었다. 그러니 문명일은 강혜성의 방송내용을 바로잡아 주어야 했다. 즉, 선내대기 방송을 멈추고 즉시 승객들에게 갑판으로 이동하라는 방송을 하라고 다시 말해야 했다. 그런데 그는 강혜성에게 오히려 승객들을 향해 배 안에 대기하라는 방송을 계속하라고 말한 것이다.

더 나아가 문명일은 강혜성과 통화로 알게 된 ① 세월호 승객 1명이 바다에 빠졌고 ② 이미 배는 움직일 수 없을 만큼 기울었으며 ③ 선원들이 승객들에게 선내에서 대기하라는 방송을 하고 있다는 중요한 사실들을 단 한 가지도 상황실에 보고하지 않았다. 10분 뒤 이번에는 세월호에 타고 있던 단원고 여학생의 전화를 받았다.

09:14경

문명일 예, 해양경찰입니다. 말씀하세요.
신고자 여기 세월호인데요. 저희 지금 배가 기울어져 가지고 갇혔거든요.

이번에도 문명일은 승객들이 배 안에 갇혀 있다는 정보를 알게 되었으나, 더 알아보지도 상황실에 보고하지도 않았다.

해경청 훈령에는 사고 신고 전화를 받으면 해경이 현장에 도착할 때까지 전화가 끊어지지 않도록 반복적으로 질문하고 대화를 이어가라고 규정되어 있다. 그러나 문명일은 신고자에게 구조 세력이 빨리 가고 있다는 대답만 하고는 곧 전화를 끊었다. 상황실장에게 신고내용을 보고해야 하는 의무도 간단히 어겼다.

09:22경 이준석 선장에게서 해경이 언제쯤 도착할지 물어보라는 지시를 받은 이등항해사 김영호가 목포해경서 상황실에 전화했다. 이 전화도 문명일이 받았다. 김영호는 배가 50도 이상 기울었고 곧 넘어갈 것이라고 말했다. 문명일은 '안전하게 어디 좀 잡고 있으라'는 말만 하고 신고자가 누구인지 묻지도 않았다. 선원의 전화를 멋대로 일반승객이 건 중복 신고라 여기고는 배가 50도나 기울어졌다는 신고내용을 보고하지 않았다.

모든 핵심 정보를 혼자만 듣고 흘려버린 문명일에게 내려진 징계는 고작 1개월 감봉이었다.

5. 3009함 목포해양경찰서장 김문홍

09:00경 목포해경서장 김문홍이 3009함에 도착했다. 전날 서해로 나가 불법조업을 하던 중국어선 1척을 나포하고 512호 헬기로 돌아오는 길이었다. 헬기에서 내린 김문홍은 4층 조타실로 올라가 서해지방경찰청 안전총괄부장 이평현, 3009함장 이재두와 함께 커피를 마셨다.[8]

09:03경 3009함 부함장 박경채 경감이 사고 소식을 보고했다. "지금 맹

---

8 해경지휘부 사건 수사기록, 10,233쪽, 검찰 이평현 진술조서(2019. 12. 11.)

골도 근해에서 여객선이 침몰 중이랍니다." 3009함내 TRS를 통해 123정이 현상으로 이동한다는 복창소리가 들렸다.[9] 하지만 김문홍은 3009함 함장에게 관매도를 향해 전속력으로 이동하라고만 했을 뿐, 자신의 관할 함정인 123정 정장에게는 아무 지시를 하지 않았다.

김문홍은 2010년에 3009함 함장으로 만재도 해상에서 전복된 화물선의 인명을 구조한 적이 있었다.[10] 게다가 그는 진도군 조도면 출신으로 세월호가 침몰하고 있는 진도 앞바다를 누구보다 잘 아는 사람이었다.

09:05경 그는 TRS로 350명의 승객을 태운 세월호 여객선이 침몰 중이라 구조를 요청한다는 소식을 들었다.[11] 그때 목포해경서장 김문홍은 지역구조본부장으로 자신이 나서서 현장 지휘를 해야 한다는 사실[12]도 알고 있었다. 그는 즉시 헬기를 타고 사고 현장에 가서 직접 지휘해야만 했다. 헬기로 이동하면 사고 지점까지 30분 안에 도착할 수 있었다. 당시 3009함에는 항공구조사 여러 명이 있었고 자신이 타고 온 512헬기도 있었다. 하지만 김문홍은 헬기 출동을 명령하지도[13], 헬기를 타고 사고 현장으로 직접 가지도 않았다. 3009함에 있는 장비들[14]을 이용해 123정을 비롯한 현장 구조 세력을

---

9   해경지휘부 사건 수사기록, 11,826쪽, 검찰 김문홍 피의자신문조서'(2019. 12. 23.)

10 김문홍은 3009함 함장 시절인 2010년 12월 26일, 전라남도 신안군 흑산면 만재도 해상에서 뒤집힌 화물선에서 인명을 구조했다. 화물선이 뒤집혀 차가운 바다에 떨어져 있던 승조원을 모두 구조한 사건으로 국제해사기구로부터 '바다의 의인상'을 수여했다. 김문홍은 법적으로도 세월호 사고의 최초 현장지휘자였지만, 경력상으로도 당시 현장에 가서 구조 활동을 통솔할 수 있는 역량을 가진 지휘관이었다.

11 김문홍이 타고 있던 3009함 조타실에 있는 TRS에서 사고 소식이 반복적으로 들렸다.

12 수난구호법 제17조에는 '조난 현장에서의 수난구호 활동의 지휘는 지역구조본부의 장 또는 소방서장이 행한다'고 되어 있다. 해상 사고에서는 사고해역을 관할하는 해양경찰서장이 지역구조본부의 장(長)이 된다. 세월호 사고에서는 목포해경서장 김문홍이 최초의 현장지휘자였다.

13 김문홍이 타고 온 헬기 512호는 기장이 사고 소식을 듣고 스스로 결정하여 사고 현장으로 출동했다.

14 당시 3009함에는 TRS, VHF, SSB, KCG, 함정휴대전화 등 각종 통신장비가 모두 구비되어 있었다. 세월호와 123정에도 VHF, SSB 통신기가 있었다.

책임을 묻다

지휘하지도 않았다. 세월호와 교신을 시도하지도 않았다.

09:28경 김문홍은 3009함에서 헬기 511호의 첫 현장 보고를 들었다. 이때도 그는 구체적인 지휘를 하지 않았다. 김문홍은 서해지방해경청 상황실과 목포해경서 상황실이 컨트롤타워 역할을 하고 있어 개입할 생각을 하지 못했다고 말했다.[15]

09:37경 해경본청은 김문홍에게 '목포해경서장도 현장 복귀 지휘할 것'이라는 지시를 내렸다. 김문홍은 이 지시를 따르지 않았다.

현장에 도착한 구조 세력들이 연이어 승객 대다수가 배 안에 있고 배가 곧 침몰할 것 같다고 보고했지만, 그는 계속 침묵했다.

09:49경 123정 정장 김경일이 TRS로 '배가 잠시 후에 곧 침몰'이라며 세월호가 매우 위급한 상황임을 보고했다. 김문홍은 여전히 아무 말도 하지 않았다. 이 절박한 순간에 그는 현장 구조 세력을 지휘하는 대신 지인들과 통화를 했다.[16]

시각	대화 상대방	통화시간	대화 상대방 발신지
09:36	박〇〇(010-***-****)	8초	전남 목포시 〇〇동
09:40	박〇〇(010-***-****)	34초	전남 목포시 〇〇동
09:42	이〇〇(010-***-****)	13초	전남 목포시 〇동
09:51	이〇〇(010-***-****)	26초	전남 목포시 〇동

---

15 해경지휘부 사건 수사기록, 11,832쪽, 검찰 김문홍 피의자신문조서(2019. 12. 23.)

16 해경지휘부 사건 수사기록, 11,834쪽, 검찰 김문홍 피의자신문조서(2019. 12. 23.)

6. 진도VTS

__08:54경__ 진도VTS 관제모니터에서 세월호 표시가 사라졌다.[17] 관제실에 8명의 관제사가 있었지만 아무도 이 사실을 발견하지 못했다.

__09:06경__ 진도VTS는 서해지방해경청과 목포해경서 상황실의 연락을 받고서야 세월호 침몰상황을 알았다. 관제사 정영민은 즉시 VHF 채널 67번으로 세월호를 호출했다. 일등항해사 강원식이 응답했다. 세월호와 가까운 곳에 마침 둘라에이스호가 있다는 사실도 확인했다. 정영민은 둘라에이스호를 향해 구조협조 요청을 보냈다. "귀선 우현 전방 2.1마일에 세월호 여객선이 지금 침몰 중입니다. 귀선 구조협조 좀 부탁드립니다."

둘라에이스호 문예식 선장이 대답했다. "네, 알겠습니다. 그렇게 하겠습니다. 어떻게 이제 도와드릴지 Inform(정보)을 주십시오."

__09:18경__ 세월호 앞에 도착한 둘라에이스호 선장은 깜짝 놀랐다. 승객들이 한 사람도 보이지 않았다. 세월호는 침몰하기 직전이었다. 승객들이 무조건 배 안에서 빨리 갑판으로 나와야만 탈출이 가능했다. 문예식 선장은 급히 진도VTS에 말했다.

"저 배에서… 사람들이 탈출을 안 하면은 본선이 저 배에 Alongside(접안)를 할 수 없습니다. 그러니까 일단은 저희들이 최대한 안전거리 확보해서 하여간 주의해서, 선회하면서…"

---

17 관제모니터에서 세월호 표시가 사라졌다는 것은 세월호가 고장이 나서 멈추었거나 사고가 발생했다는 것을 의미한다. VTS는 선박의 좌초나 충돌 등의 위험을 추적 관찰해서 해양사고를 예방하는 역할을 하는 곳이다. 그러나 이날 진도VTS 관제사들은 무려 10여분이 지나도록 세월호가 관제모니터에서 사라진 것을 알지 못했다.

바다에 떠 있는 부유물 때문에 세월호 바로 옆에 자신의 배를 붙일 수 없으니, 최대한 안전거리를 확보하고 세월호 둘레를 돌면서 탈출한 사람들을 구조하겠다는 말이었다.[18] 문예식 선장은 세월호 선원들을 향해서도 말했다. 진도VTS도 듣고 있었다.

"지금 귀선에(세월호에) 우리 지금 둘라에이스입니다, 앞에 있는 바로. 귀선에 우리가 지금 Alongside(접안)를 못합니다. 인근에 있다가… 인명들이 탈출을 하면 인명구조하겠습니다!"

09:23경 세월호 조타수 박경남이 물었다. "본선이 지금 승객들을 탈출시키면 바로 구조를 할 수 있겠습니까?"

둘라에이스호의 문예식 선장이 먼저 대답했다. "라이프링(구명튜브)이라도 착용을 시키셔서 탈출을 시키십시오. 빨리!"

진도VTS 경비정 도착 15분 전입니다. 방송하셔서 승객들에게 구명동의 착용하도록 하세요.

세월호 네, 현재 그 방송도 불가능한 상태입니다.

진도VTS 방송이 안 되더라도 최대한 나가서 승객들에게 구명동의 착용 및 두껍게 옷을 입을 수 있도록 조치 바랍니다.

세월호 본선이 승객들을 탈출을 시키면은 옆에서 구조를 할 수 있겠습니까?

둘라에이스 라이프링이라도 착용을 시키셔서 탈출을 시키십시오!

세월호 지금 탈출을 시키면 구조가 바로 되겠습니까?

둘라에이스 맨몸으로 하지 마시고, 라이프링이라도 착용을 그 시키셔서 탈출을 시키십시오, 빨리!

---

18 당시 둘라에이스호는 세월호에서 떨어진 컨테이너 같은 부유물 때문에 300미터 이내로 접근하지 못했다.

09:24경 진도VTS 관제사 정영민은 답했다. "저희가 그쪽 상황을 모르기 때문에 선장님께서 최종적으로 판단을 히셔서 승객 탈출시킬지 빨리 결정을 해주십시오."

정영민의 이 답변은 진도VTS를 관할하는 서해지방해경청장의 지시에 따른 것이었다. 민간선박 둘라에이스호 선장의 빨리 승객들을 탈출시키라는 외침은 무시되었다. 선원은 해경에게, 해경은 선원에게 퇴선 결정을 미루는 사이 승객을 구조할 수 있는 황금 같은 기회가 날아갔다.

감사원 조사 당시 감사관은 김형준 진도VTS 센터장에게 물었다.

"선장에게 배에서 승객을 탈출시키라는 지시를 할 수는 없다고 하더라도 승객들을 선실에서 나와 비상 갑판에 대기하도록 조치하는 지시를 하지 않은 이유가 뭡니까?" 김형준은 "그런 생각은 하지 못했습니다."라고 답했다.[19]

그러나 같은 취지의 질문에 정영민은 이렇게 반문했다.

"지금에 와서는 결과만 놓고 보기 때문에 당시에 세월호 선장에게 승객들을 퇴선시키라고 지시했어야 한다고 쉽게 얘기할 수 있지만, 반대로 진도VTS에서 세월호 선장에게 승객들을 퇴선시키라고 지시했는데 세월호가 침몰하지 않는 상황이 발생하여 결국 진도VTS의 지시에 따라 배에서 퇴선한 사람들만 죽거나 실종되었다고 가정할 때 그때 책임은 누가 지겠습니까?"

그러자 감사관이 정영민에게 다시 물었다.[20]

"그렇다면 결국 귀하는 세월호 선장에게 퇴선 명령을 했다가 혹시라도 나중에 책임질 것이 두려워서 배가 침몰하고 있다고 하는데도 선장에게 승객들을 바로 퇴선시키라고 지시를 안 했다고 봐야 하나요?"

---

19 「감사원 김형준 문답서」(2014. 5. 26.), 23~24쪽.
20 「감사원 정영민 문답서」(2014. 5. 24.), 23쪽.

7. 서해지방해양경찰청장 김수현

<u>08:59경</u> 서해지방해경청 상황실은 목포해경서 상황실 전화를 받고 세월호 사고를 인지했다.

<u>09:03경</u> 서해지방해경청 상황실장은 목포항공대에 전화해 헬기 출동을 지시했다. 항공단과 특공대 출동 지시는 서해지방해경청 책임이었다. 서해지방해경청은 3009함에 있던 512호기에는 출동 지시를 내리지 않았다. 513호기도 목포해경서 상황실 연락을 받고 출동했다. 군산항공대에는 9시 37분이 되어서야 사고 지점의 좌표를 보냈다. 서해지방해경청 특공대에는 출동이 아닌 출동 대기만을 지시했다.

<u>09:05경</u> 서해지방해경청장 김수현이 상황실에 들어왔다. 광역구조본부장인 김수현은 자신이 관할하는 함정 및 헬기와 교신해 현장 상황을 파악하고 구조를 지휘할 책임이 있었다. 그러나 그는 아무것도 하지 않았다. 출동을 지시한 헬기에 정확한 승객수도 전달하지 않았다.

<u>09:16경</u> 서해지방해경청 상황실은 목포항공대에 전화해 구조 현장으로 이동 중인 헬기를 돌아오라고 요청했다.

최○○ 항공대 최경위입니다.
박○○ 예. 지방청 상황실입니다. 박경사인데요. 청장님이 헬기 요 앞으로, 팬 더 앞으로 좀 대랍니다.
최○○ 헬기가 지금 현장으로 갔는데요.
박○○ 아, 현장으로요?

최○○ 예. 그거 511호기가 구조하러 가고 512호기는 지금 3009함에 있어가지고 지방청장님힌데 댈 수가 없어요. 그럼 구조를 못 해요.

박○○ 예, 512호기도 지금 가거도 쪽에서 이쪽으로 지금 오고 있거든요.

최○○ 예, 2호기도 지금 바로 떠가지고 현장으로 가라 그랬거든요.

박○○ 그러면 지금 그 헬기 못 돌리는가요?

최○○ 아유, 구조하러 가는 게 더 급하지 않을까요?

09:24경 진도VTS 센터장 김형준은 세월호 선원이 "지금 탈출을 시키면 구조가 바로 되겠습니까?"라고 하는 교신을 들었다. 그는 이를 세월호가 승객 퇴선 여부를 문의하는 것이라고 판단해 즉시 서해지방해경청 상황실에 연락했다.[21]

김형준 세월호에서 승객 퇴선 여부를 묻는데 어떻게 할까요?

전화를 받은 부실장 이○○이 옆에 있던 상황담당관 유연식에게 김형준의 문의를 전했다.

유연식 그래? 여기서는 상황을 잘 모르니까, 현장 상황을 잘 파악할 수 있는 선장이 판단해서 탈출 여부를 결정하라고 해라.

이○○은 유연식의 말을 그대로 전했다.[22]

서해지방해경청장 김수현도 유연식에게 이 내용을 보고 받았다. 김수현은 아무 말도 하지 않았다. 그는 이미 9시 16분경 세월호가 50도나 기울었다는 보고를 듣고 '보통 문제가 아니구나'라고 생각했다. 배가 전복되면 퇴선 외

---

21 해경지휘부 사건 수사기록, 9,758~9,759쪽, 검찰 김형준 진술조서(2019. 12. 9.)

22 2019년형제99308호 특수단 불기소사건기록, 제13권, 이○○ 진술조서(2019. 12. 1.)

에 다른 구조대책이 없다는 것도 알고 있었다. 2019년 세월호참사 특별수사단 조사에서 김수현은 이렇게 말했다.[23]

검사 피의자가 세월호의 침몰이 불가피하다는 사실, 따라서 퇴선 외에는 다른 구조 방법이 없다는 사실을 인식하게 된 것은 언제인가요.

김수현 세월호가 50도 정도 기울었다는 진도VTS와 세월호의 09:16~09:18경 교신 내용을 보고받았을 무렵에는 세월호의 전복이 불가피하고, 퇴선외에는 사실상 다른 구조 방법이 없다는 점을 알았습니다.

이날 진도VTS에서 실시간으로 서해지방해경청에 전달한 정보는 아래와 같다.

09:06	세월호가 침몰 중이다.
09:09	세월호가 곧 넘어갈 것 같다.
09:11	구명벌이나 구명정을 아직 못 타고 있다. 배가 기울어서 움직일 수 없다.
09:12	승선원이 500명 가까이 된다.
09:16	세월호가 50도 이상 좌현으로 기울었다. 승객들에게 구명동의를 입고 대기시켰다.
09:24~26	세월호에서 승객들의 비상탈출 여부를 문의하였다.
09:27	승객이 너무 많아서 헬기만으로 구조가 안 될 것이다.
09:36	해경 함정과 상선이 50미터 가량 근접해 있다.

세월호와 직접 교신하며 파악된 이 중요한 정보들을 서해지방해경청은 해경본청에 보고하지도 관련 기관들에 전파하지도 않았다.

---

23 해경지휘부 사건 수사기록, 11,712쪽, 검찰 김수현 피의자신문조서(2019. 12. 20.)

8. 해경청장 김석균

　해경 본청상황실은 해상에서 사고가 발생하면 즉시 청와대 위기관리센터와 행정안전부를 비롯한 관계기관에 보고하고 전파해야 했지만 하지 않았다.

　09:19경　해경본청 상황실장 황영태는 목포해경서와 통화하며 세월호가 이미 50도 이상 기울어졌고 구명정은 내릴 수 없는 상태임을 파악했다. 때마침 회의를 마치고 나오던 경비국장 이춘재는 TV 속보로 세월호 침몰 상황을 알게 되었다. 이춘재는 즉시 해경청장에게 보고하라 지시하고는 상황실로 향했다.

　09:28경　해경청장 김석균은 해경본청 사고 인지 시점(09:00)으로부터 28분이 지나고나서야 본청 위기관리회의실에 들어왔다.

　09:36경　위기관리회의실에 있던 경비과장 여인태는 123정이 현장에 도착했다는 소식을 듣고 상황실로 내려가 123정장 김경일과 직접 통화했다.

여인태 지금 세월호 도착했죠?
123정장 예, 도착했습니다.
여인태 자, 그 배 상태 지금 어때요?
123정장 현재 지금 좌현으로 약 45도, 50도 정도 기울었습니다.
여인태 좌현 50도.
123정장 예, 그리고 50도 기울어졌고요. 지금 우리 헬기 2척이, 2대가 지금 제4구에서 지금 인원을 구조하고 있습니다.

여인태 갑판에 사람 보여요, 안 보여요?

123정장 현재 갑판은 안 보이고요. 사람이 보이는데 이게 단정으로 구조를 해야 할 것 같습니다.

여인태 사람들 그러면 바다에 뛰어내렸어요, 안 내렸어요?

123정장 바다에 사람이 하나도 없습니다.

여인태 자, 구명동의 보여요, 안 보여요?

123정장 구명동의는 그대로 다 있습니다. 하나도 투하 안 했습니다.

여인태 구명정 같은 거 있어, 없어?

123정장 구명정, 구명벌은 하나도 투하않고(안하고) 그대로 있습니다.

여인태 그러면 사람이 배에도 안 보이고 바다에도 하나도 없단 말이에요? 그러면 사람 전혀 안 보이고 배는 지금 한,

123정장 배는 좌현으로 50도 기울었고요.

여인태 침몰할 것 같아요, 안 할 것 같아요?

123정장 현재 봐서는 지금 계속 더 기울어지고 있습니다.

여인태 계속 기울어지고 있어?

123정장 예, 예.

여인태 아, 잠깐만 전화 끊지 마세요. TRS 돼요, 안 돼요?

123정장 TRS 되고 있습니다.

여인태 자, 지금부터 전화기 다 끊고 모든 상황은 TRS로 다 실시간 보고하세요.

여인태가 이 통화로 파악한 정보는 ① 세월호가 현재 45~50도 정도 기울었다 ② 세월호가 계속 기울고 있다 ③ 갑판과 바다에는 사람이 하나도 없다 ④ 구명동의, 구명정, 구명벌이 하나도 투하되지 않았다 등이었다.

이 중요한 현장 정보를 여인태는 해경본청 위기관리실 지휘부에만 보고했다. 서해지방해경청과 목포해경서 상황실에는 전하지 않았다. 또한 여인

태가 이 중요한 정보를 듣고도 김경일에게 내린 지시는 단 한 가지였다. 모든 상황을 TRS로 실시긴 보고하라! 승객 구조와 관련된 시시는 전혀 없었다. 여인태로부터 이 사실을 보고받은 해경본청 지휘부와 상황실은 엉뚱하게 TRS가 아닌 KCG메신저로 현장에 도착한 123정에게 구조지시를 내렸다.

<KCG메신저 지시 내용>

09:37	본청	현장상황 실시간으로 올리기 바람
09:39	본청	각 지방청별로 동원세력 보고할 것
09:39	서해청	123정 현장 사진 카톡으로 송신
09:44	본청	현장 상황 판단 선장과 통화 라이프 레프트 등 이용 탈출 권고 바람
09:45	본청	현장 출동 함정 여객선 라이프 레프트 및 구명벌 투하하라고 지시할 것
09:47	본청	123정 현장 사고 선박 내 승선하여 조치 바람
09:47	목포	잠시 후 침몰할 것으로 사료된다는 123정 TRS 내용
09:48	목포	**123정 코스넷(KCG메신저) 안 된다는 사항임**
09:50	본청	경찰관이 직접 승선하여 현장 조치 바람
09:52	본청	승객 전원 라이프 자켓 착용 필요시 해상 투신도 검토
09:52	목포	현재 약 50명 123정에 편승
09:55	본청	123정 직원 여객선 편승 여부?/ 여객선 편승했으면, 여객 퇴선 할 수 있도록 안내조치
09:56	본청	무조건 선내에서 나와 있도록 조치
10:03	본청	최대한 빠른 시간에 여객선 경찰관 편승할 것
10:04	본청	승객들이 선실에서 빠져나올 수 있는지 확인 바람 /해상으로 탈출 가능한지?
10:18	본청	여객선 자체 부력이 있으므로 바로 뛰어내리기보다는 함정에서 차분하게 구조할 것

본청: 본청상황실, 서해청: 서해청상황실, 목포: 목포상황실

문제는 123정에는 이상의 KCG메신저 지시 내용을 확인할 수 있는 시스

책임을 묻다

템인 코스넷이 아예 없었다는 것이다. 해경본청 경비국장 이춘재는 123정에 코스넷이 없다는 사실을 알고 있었다. 서해지방해경청도 목포해경서 상황실도 마찬가지였다. 그래서 목포해경서 상황실은 이 사실을 09:06경 "123정 코스넷 미설치", 09:48경 "123정 코스넷 안 된다는 사항임."이라고 2회에 걸쳐 보고했다. 그럼에도 그들 중 어느 누구도 코스넷이 아닌 다른 통신수단을 이용해 123정에 지시사항을 다시 전달하지 않았다. 그들은 지시사항이 123정에 제대로 전달되었는지 확인하지도 않았다.

김석균이 앉아 있던 책상 위에는 곧바로 123정에 연결 가능한 경비전화가 있었다. TRS 무선통신기도 놓여 있었다. TRS로 현장구조세력의 교신 내용이 실시간 보고되고 있었다. 그러나 김석균은 위기관리회의실에 있는 동안 책상에 놓인 경비전화와 TRS무선통신기를 사용하지 않았다. 당연히 구조지휘는 이루어지지 않았다.

<해경은 코스넷 사용의 문제점을 이미 알았고 대책도 세웠다>

김석균이 재직 중이던 2013년 6월 26일 작성된 해경의 '상황정보 문자시스템(가칭) 활성화 방안 보고'에는, 상황정보 문자시스템(KCG문자메시지) 운용상의 문제점으로 "메시지 내용 오인으로 상황 처리 시 오보 전달로 상황대처 실패 요인 발생"이라고 지적되었다. 시스템상 문제점으로 "소형정에 대한 문자 시스템 적용 불가, 소형정의 KOSNET 미설치로 문자 시스템 사용 불가" 등이 지적됐다.

<'상황정보 문자시스템(가칭) 활성화 방안보고' 중>

② 운용상 문제점	
상황발생시 문자시스템 임무요원 미지정	· 전담요원 부재로 상황처리에 대한 정보전달 누락 등 상황 처리에 취약 · 메시지내용 오인으로 상황처리시 오보 전달로 상황대처에 실패 요인 발생

③ 시스템상 문제점	
소형정에 대한 문자시스템 적용불가	· 소형정의 KOSNET 미설치로 문자시스템 사용불가
현장세력과 상황실 등 대화방 동시접속(5인 이상)에 따른 시스템 오류발생	· 1개의 대화방에 수인이 대화 참여시 네트워크 지연 및 강제 퇴장 (자동 로그아웃) 등 시스템 장애발생

이렇듯 코스넷의 문제점이 드러나자, 해경은 '현장 세력과 해경서 상황실 간 TRS통신망 등을 활용하여 교신'할 것을 개선대책으로 내놓았다.

따라서 개선대책에 따라 '여객선 구명보트 등 이선 장비 준비지시(9시 33분)', '라이프래프트 등 이용 탈출 권고 바람(9시 44분)' 등의 지시는 TRS 통신망을 통해 이루어졌어야 했다. 김석균과 해경지휘부는 자신들이 직접 만든 개선대책을 철저히 무시한 것이다.

09:37경 123정 정장 김경일의 현장 도착보고를 받은 김석균은 현장이 매우 급박한 상태임을 충분히 파악했다. 헬기 511호의 TRS 교신 내용(09:28경)과 123정 정장 김경일의 TRS 교신 내용, 여인태가 김경일과 2분 22초 동안 경비전화로 통화한 내용까지 모두 보고 받았기 때문이었다. 따라서 현장 상황 보고를 바탕으로 신속히 구조지휘를 해야 할 시간이었다. 그러나 그 시간 김석균은 업무용 휴대전화로 3분 47초가량 인터넷 접속을 했다.[24]

09:48경 해경본청 지휘부는 해경청장 김석균이 직접 헬기를 타고 사고현장에 가야 한다고 결정했다. '좌현으로 약 45도, 50도' 기운 세월호에서

---

24 이에 대해 김석균은 잘 기억이 안 난다거나 위기관리회의실에서 인터넷접속 할 상황이 아니라고 부인했다. (해경지휘부 사건 수사기록, 12,190~12,191쪽, 검찰 김석균 피의자신문조서(2019. 12. 27.))

'구명동의'가 '하나도 투하'가 안 되었다. '구명정'도 '안 터지고 그대로' 있다. '갑판'과 '바다'에 승객이 없는 것을 보니 승객이 모두 선내에 있다는 123 정 정장 김경일의 보고가 있었던 직후였다. 상황의 급박성과 이동 거리를 고려하면[25] 당시 해경청장은 현장이 아닌 해경본청에서 승객 구조지휘를 해야 했다. 그러나 김석균을 비롯한 해경지휘부에게는 승객 구조보다 해경청장이 현장을 지휘하는 그림이 훨씬 더 중요했다.

<본청 경비국장 이춘재와 서해청 상황담당관 유연식의 통화 내용>

이춘재	지금 여객선에 우리 항공구조단이 못 내려갑니까?
유연식	아직 못 내리고 앞에 선수만 남아 있다 그러는데, 지금은 내리지를 못합니다.
이춘재	아, 그러니까 진작 좀 내려서 그림이 됐어야 되는데 지금 그게 문제란 말이에요, 못 올라가면.

2014. 4. 16. 10:34:40

10:29경 김석균은 해경본청을 나와 헬기를 타러 영종도로 이동했다.

9. 123정장 김경일

08:58경 123정은 독거도 남방에서 경비업무를 하던 중 목포해경서 상황실로부터 출동 지시를 받았다.

09:00경 123정장 김경일이 함내 방송을 통해 승조원들을 집결시켰다.

"현재 병풍도 북방 2마일, 350명 승선원 세월호 침몰 중, 총원 인명구조 준비, 항해요원들 조타실로 올 것."

곧이어 부정장 김종인과 항해팀장 박성삼, 기관장 최완식이 조타실로 올

---

25 해경본청에서 사고해역까지 이동 시간은 1시간 30분 이상 걸렸다.

라왔다. 부정장 김종인은 SSB[26] 교신으로 "350명가량이 탄 여객선이 침몰 중이니 병풍도 근해에서 조업 중인 어선은 구조에 협조해 주시길 바란다." 고 알렸다. 어선들은 이 교신을 듣자마자 앞다투어 세월호를 향해 모여들기 시작했다.

123정은 출동 중 가장 중요한 임무인 세월호와 직접 교신은 하지 않았다. 해경 상황실을 통해 세월호 배 안 상황을 파악하지도 않았다.

09:29경 사고 현장에서 2마일 떨어진 곳에 도착한 김경일은 쌍안경으로 현장 상황을 살폈다. 세월호는 좌현으로 45도 이상 기울어져 있었다.

09:32경 세월호 사고 현장에 도착한 123정장 김경일은 몹시 당황했다.[27] 승객들이 모두 구명조끼를 입고 해상에 나와 있거나 갑판에 있을 줄 알았는데 아무도 보이지 않았다. 전기팀장 박상욱은 세월호는 금방이라도 침몰할 것 같은데 왜 아무도 갑판으로 나와서 구조 요청을 하지 않는 걸까 의아했다.[28]

많은 사람이 물에 빠져 있을 것을 예상해 그에 맞는 구조 준비를 했으나 현장은 완전히 다른 상황이었다. 왜 이런 상황이 일어났는지 파악하는 게 먼저였지만, 김경일은 이번에도 세월호에 연락해 배 안의 상황을 확인하지 않았다.

---

26 SSB는 단측파대를 사용하는 통신장비 중 하나로 해경 상황실, 해경 함정 해경 항공기, 어선, 여객선 등이 보유하고 있다.

27 대법원 2015도11610 증거기록 제10권, 피의자 김경일 신문조서(2014. 7. 29.)

28 해경 사건 수사기록, 2,956쪽, 검찰 박상욱 2회 진술조서.

10. 헬기들

511호기는 09:02경 목포상황실을 통해 출동 지시를 받았다. 기장 양회철, 부기장 김태호, 항공구조사 박훈식, 김재현 등이 탑승했다.

513호기는 09:08경 TRS를 통해 350여 명이 승선한 여객선이 침수 중이니 출동하라는 지시를 받고 제주 연안 상공에서 출발했다. 기장 고영주, 부기장 이성환, 항공구조사 류규석 등이 함께 있었다.

3009함에 있던 512호 기장 김재전은 09:10경 목포항공대와 통화하다가 사고 소식을 알게 되었다. 09:17경 512호기는 부기장 김태일, 항공구조사 권재준 등을 태우고 사고 지점을 향해 이륙했다.

각 헬기에는 TRS와 관제 교신을 위한 VHF장비가 있었다. VHF 항무망 채널 16번으로 진도VTS와 제주VTS는 세월호의 위치, 승객수를 알려 주었다. 세월호에서 해경을 호출하는 교신도 여러 차례 오갔다. 헬기들은 도착 이전부터 VHF장비를 이용해 현장 상황을 충분히 파악할 수 있었다.

09:17	제주	2014년 4월 16일 08:55경 병풍도 동쪽 1마일 해상 병풍도 동쪽 1마일 해상 원인미상 선체가 갑자기 좌현 쪽으로 기울어져 긴급 구조요청입니다.
09:27	진도	여기는 진도 연안VTS 현재 병풍도 북동방 1.7마일 해상에 여객선 세월호가 침몰 중에 있습니다.
09:30	진도	진도VTS에서 알립니다. 현재 병풍도 근처 승객을 400명 태운 여객선이 침몰 중에 있습니다.
09:40	진도	각국 각선 여기는 진도연안VTS 현재 병풍도 북동방 약 1.6마일 해상 북위 34도 11분 동경 125도 57분 해상에 450명 이상 승선한 여객선 세월호 세월호가 좌현 60도 이상 기울어진 상태로 침몰 중에 있습니다.

진도: 진도VTS, 제주: 제주VTS

또한 이들은 이동 도중 TRS를 통해서도 당시 상황을 파악할 수 있었다.

09:20	서해청 상황실 유연식	모든 지휘를 대형 함정 도착 시까지 귀국(123정)이 하고, 귀국이 가서 인원이 450명이니까.
09:28	511호기 부기장 김태호	배 우측으로 기울어져 있고 지금 대부분 선상, 선상과 배 안에 있음. 해상에는 지금 인원이 없고 인원들이 전부 가운데 있음.
09:45	123정장	여기는 123. 현재 승선객이 승객이 안에 있는데 배가 기울어 가지고 현재 못 나오고 있답니다.

하지만 헬기 승무원들은 모두 이동 중 관련 교신을 듣지 못해 세월호에 다수의 승객이 탑승하고 있는 줄 몰랐고, 선내에 승객들이 많다는 사실은 구조작업이 완전히 끝나고서야 알았다고 주장했다.

출동 헬기들은 이동 중 탑재된 장비를 통해 현장 상황을 파악해야 한다. 상황에 맞는 조치를 하기 위해 교신을 시도해 교신 내용을 청취할 의무가 있다. 그러나 각 헬기의 기장들은 사고 지점으로 이동하는 동안 세월호, 123정, 해경 상황실과 교신을 시도하지 않았다.

'다수의 승객들이 세월호 안에 있다는 사실'을 몰라서 선내로 들어가 퇴선 안내를 하도록 지시하지 않았다고 헬기 기장들은 변명했다. 정확히 말하면, '다수의 승객들이 세원호 선내에 있다는 사실'을 알 수 있었던 숱한 기회들을 그들은 모두 외면했다.

11. 청와대와 해경지휘부의 구조방해

<u>09:19경</u> 청와대 위기관리실에서 해경본청에 전화를 했다.

청와대 위기관리상황실 예, 수고하십니다. 청와대 위기관리상황실인데요.
본청상황실 예, 예.
청와대 위기관리상황실 진도에 여객선 조난신고 들어왔습니까?
본청상황실 예, 예. 지금 저희 현황 파악 중입니다. 지금.

청와대 위기관리상황실 아, 심각한 상황인가요?

본청상황실 현재 지금 심각한지 배하고 통화 중인데요. 일단 배가 좀 기울어서 침수 중이고 아직 침몰은 안 됐고요.

청와대 위기관리상황실 침수 중인데, 현장에 구조대는 있습니까?

본청상황실 예. 지금 급하게 파악해서 조치하고 있습니다.

청와대 위기관리상황실 어디 저기 카메라 나오는 거는 없죠?

본청상황실 예, 아직 없습니다.

이 전화를 시작으로 해경상황실과 123정에는 청와대, 국정원, 해수부, 안행부, 해군 등 여러 기관에서 전화가 폭주하기 시작했다. 전화벨은 1분 간격으로 끊임없이 울렸다. 하나같이 영상을 요구하고 동원 세력, 선박의 제원, 항로와 같은 온갖 질문들을 쏟아부었다. 그 많은 질문들 중에 승객 구조 여부를 묻는 질문은 없었다. 세월호가 완전히 침몰할 때까지.

<u>09:32경</u> 서해지방해경청 상황담당관 유연식이 TRS로 123정에게 지시했다. "P123. 모바일 영상회의시스템 가동. 모바일 영상회의시스템 가동." 100톤급 함정인 123정에는 모바일 영상회의시스템 자체가 없었다.

<u>09:34경</u> 해경본청 상황실장 황영태가 목포해경서 상황실에 전화를 걸었다.

황영태 123정 도착했죠? 영상시스템 돼요?

목포상황실 지금 가동시키겠습니다.

황영태 지금까지 안 하고 뭐 했어요.

청와대는 대통령에게 전달할 보고서를 작성한다면서 본청상황실에 계속 진화를 길었다. 10시 30분까지 청와대는 해경 핫라인으로 20회 이상 보고를 요구했다. 물론 청와대는 승객 구조 여부와 해경이 어떻게 구조를 하고 있는지 묻지 않았다. 보고서 작성에 필요한 세부 정보만 집요하게 물었다. 현장을 확실히 봐야 정확한 보고를 할 수 있다며, 오직 대통령 한 사람을 위한 현장영상을 끊임없이 요구했다. 이 요구는 서해지방해경청과 목포해경서 상황실을 거쳐 123정에 반복적으로 전달되었다.

모든 구조 세력의 관심이 청와대 보고서를 채우기 위한 현장 영상 확보와 세부 사실 파악으로 바뀌었다.

09:35경 123정이 현장에 도착한 직후 해경본청 경비과장 여인태는 김경일과 2분이 넘는 통화를 했지만, 정작 그가 내린 지시는 TRS로 실시간 보고하라는 것뿐이었다. 서해지방해경청은 TRS로 20번 가까이 보고하라고 독촉했다. 123정에 ENG카메라가 없다는 보고를 듣고는 모바일 사진이나 영상이라도 보내라고 다시 재촉했다.

해경청장 김석균은 구조 현장을 지휘하는 것보다 청와대에 보고하는 일에 더 신경을 썼다. 검찰 특수단 수사 과정 중 김석균은 '상급부서에 보고하는 것'이 자기 역할이라고 당당히 주장했다.

12. 123정, 사고 현장에 도착했지만

09:35경 김경일은 세월호 좌현에서 500미터 떨어진 지점에 123정을 정지시켰다. 승조원들에게 고무단정을 내리라고 지시했다. 고무단정에 탑승한 보수팀장 김용기와 안전팀장 박은성에게 어디로 가서 어떻게 구조하라는

책임을 묻다

지시는 하지 않았다.

　09:38경　고무단정은 세월호에 가까이 다가가 기관실 선원 5명을 구조했다.

　09:41경　두 번째 출발한 고무단정은 나머지 기관실 선원 2명과 일반인 승객 3명을 구조해 123정에 옮겼다. 이로써 기관실 선원은 전원 구조되었다.

　09:44경　세 번째로 출발한 고무단정에서 승조원 이형래가 세월호 좌현 난간을 넘어 3층 갑판으로 올라갔다. 바로 위쪽 4층 좌현 선수 출입문이 열려 있었다. 출입문 안쪽 4층 로비와 복도에는 단원고 학생들이 선생님의 통제에 따라 퇴선 지시를 기다리고 있었다. 준형이와 건우도 그곳에 있었다.

09:44경, 123정 승조원 이형래를 세월호에 승선시키고자 접안하는 123정 고무단정[29]

이형래가 올라간 갑판 3미터 앞쪽에는 3층 로비와 연결된 출입문이 열려

29　[사참위 직나-1, 2] 「조사보고서」, 335쪽.

있었다. 열린 문 안쪽으로 방송 장비가 있는 안내데스크가 보였고, 승객 20여 명이 해경 구조를 기다리고 있었다. 이형래는 출입문을 그냥 지나쳐 곧장 5층 갑판으로 이어진 계단으로 향했다. 조타실 앞 5층 갑판까지 50여 미터를 별다른 장비 없이 1분 만에 도착한 이형래는 구명벌을 발로 툭툭 건드렸다. 두 달 전에 점검과 정비를 마쳤다는 구명벌은 좀처럼 떨어지지 않았다. 해상으로 떨어진 구명벌 2개 중 하나는 그나마 펼쳐지지도 않았다.

09:45경 김경일은 TRS로 보고했다.

"여기는 123. 현재 승선객이 승객이 안에 있는데 배가 기울어서 가지고 현재 못 나오고 있답니다. 그래서 일단 직원 한 명을 재선시켜 안전 유도하게끔 하겠습니다."

123정이 직접 세월호 조타실에 다가가 선장과 선원을 옮겨 태웠다. 선내 대기 방송이 세월호 조타실까지 울려 퍼지고 있었다. 123정 해경들도 이 선내대기 방송을 들을 수 있었다. 그러나 이 방송을 듣고 멈추라거나 문제를 제기하는 사람은 아무도 없었다.

09:45:40경 김경일이 다시 TRS로 보고했다.

"현재 123 선수를 여객선에 접안해 가지고 밖에 지금 나온 승객 한 명씩, 한 명씩 지금 구조하고 있습니다."

김경일이 구조하고 있다는 승객은 조타실에 있던 선원들이었다. 그 사이 세월호 3층에 물이 들어오기 시작했다. 로비에 있던 승객 중 일부가 스스로 탈출해 이형래를 내려주었던 고무단정에 올라탔다.

09:48경 김경일이 TRS로 보고했다.

"여기는 123. 현재 본국이 좌현 선수를 접안해(가지고) 승객을 태우고 있는데 경사가 너무 심해(가지고) 사람들이 지금 하선을 못하고 있습니다. 아마 잠시 후에 침몰할 것으로 예상됩니다."

09:49경 박상욱이 고무호스를 잡고 조타실로 올라갔다. 문턱에 발을 디디고 앉아 안을 들여다 보았다. 비상벨까지 거리는 멀지 않았다. 5미터 거리에 인터폰도 있었다. 비상벨을 누르거나 인터폰을 들고 퇴선 방송을 하면 더 많은 승객들이 갑판으로 나올 수 있었다. 박상욱은 그저 조타실 안을 한번 쓰윽 둘러보고는 문에 걸려있던 밧줄고리를 풀어 챙겨 들고 다시 미끄러져 내려왔다. 먼저 내려와 있던 선원 조준기에게 구명조끼를 입혀주고 함께 바다에 뛰어들어 123정으로 향했다.

09:59경 김경일이 TRS로 말했다.
"여기는 123. 현재 여객선 상태 좌현이 지금 완전히 침수돼(가지고) 좌현 쪽으로 뛰어내릴 수 없습니다. 그리고 현재 완전히 눕힌 상태라서 항공에 의한 구조가 가능할 것 같습니다, 이상."

10:06경 123정은 다시 세월호에 접근해 3층 다인실 유리창을 깨고 일반인 승객 6명을 구조했다. 바로 위 4층 다인실에는 단원고 남학생 50여 명이 구조를 기다리고 있었다. 123정은 4층 다인실 유리창을 두드려 나오라는 신호를 보내거나 유리창을 깨려는 시도조차 하지 않았다.

10:12경 123정이 세월호에서 멀찍이 물러났다. 이미 4층 객실 우현까지 바닷물이 들어오고 있었다. 출렁거리는 파도 너머로 4층 객실 안에 있던 학

생들은 창문을 향해 은색 철제 사다리를 던지고 또 던졌다. 물살에 떠밀려 가까스로 탈출한 승객들은 현상에 있던 민간 어선들이 앞장서 구조했다.

10:15경 김경일이 TRS로 보고했다.

"약 80도 정도 기울었기 때문에 저희 경찰 다 나왔습니다. 현재 침수가 돼 가지고 현재 90도입니다. 90도."

그 시각 세월호 선내에서 카톡이 전송되었다.

"기다리래, 기다리라는 방송 뒤에 다른 안내방송은 안 나와요."

13. 항공구조사들

09:26경 511호 헬기가 세월호에 도착했다. 기장 양희철은 이미 세월호가 45도 이상 기울어진 상태임을 눈으로 확인했다. 세월호 주변 바다에 표류하고 있는 승객은 한 명도 보이지 않았다. 갑판에도 승객들은 없었다.[30] 511호 부기장 김태호가 '지금 인원들 대부분 선상과 배 안에 있다'고 보고했다. 당장 승객들에게 퇴선 명령을 내리지 않으면 익사하리라는 예상이 가능했다. 그런데도 기장 양희철은 항공구조사들에게 승객들이 선내에서 나올 수 있도록 유도하라고 지시하지 않았다.

09:32경 항공구조사 박훈식과 김재현이 세월호로 내려왔다. 김재현이 4층 우현 갑판 출입구 쪽에 나타나자 4층과 5층 사이 난간을 붙잡고 있던 승객 한 명이 그에게 "안에 애들이 많아요!"라고 소리쳤다. 그러나 김재현은 안 된다는 듯한 표정을 지으며 손을 내저었다. 4층 우현 갑판 출입문 근처에

---

30 해경 사건 수사기록, 539~540쪽, 검찰 양희철 진술조서(2014. 6. 7.)

책임을 묻다

서는 성인 3~4명이 소방호스를 이용해 학생들을 끌어올리고 있었다. 김재현은 이들 쪽으로 가지 않고 이미 올라온 승객들만 헬기로 올렸다. 그는 자기가 다 구조할 수는 없으니 나머지는 아래쪽 출입구로 나갈 것이라 마음대로 판단하고는 배 안의 상황을 살피지도, 승객들에게 배 안에서 나오라고 유도하지도 않았다.[31]

박훈식은 해병대 출신으로 잠수 경력 25년에 구조임무 경력은 10년이나 되었다. 단원고 학생 한 명이 난간 위에 있던 박훈식을 보고, "아저씨 저쪽에 애들이 엄청 많아요."라고 얘기했다. 그러나 박훈식은 고개를 저으며, '일단은 너 먼저 올라가라'라는 식의 손짓을 했다. 그가 있던 곳은 왼쪽으로 다섯 걸음만 움직이면 4층 복도가 보이는 자리였다. 쉽게 배 안 상황을 확인할 수 있는 곳이었지만 그는 선내를 살피지 않았다.

같은 시각. 513호 헬기가 도착했다. 기장 고영주는 세월호 중앙에서 구조 작업을 하는 511호 헬기를 보았다. 해상에서 이동 중인 123정도 보았다. 511호 헬기가 이동하면 그 자리로 가서 구조하기로 마음먹고 세월호 좌현 쪽에서 제자리비행을 했다. 기장 고영주는 여객선이라는 정보를 받았기 때문에 사람이 많을 것이라고 생각했는데 막상 도착해 보니 밖에 나와 있는 사람들이 없어서 이상하다고 생각했다. 하지만 유리창을 깨고 배 안에 있는 승객들을 구출하라는 지시는 하지 않았다. 부기장 이성환은 승객들이 다 나오지 못한 상황이라는 걸 짐작했지만 승객 탈출 유도는 123정이나 세월호 선장의 몫이라고 생각했다.[32]

09:47경 513호 헬기에서 내린 항공구조사 류규석은 앞서 도착한 김재현

31 '사참위 김재현 진술조서'(2020. 6. 5.)

32 해경 사건 수사기록, 1,685쪽, 검찰 이성환 진술조서(2014. 6. 10.)

과 함께 4층 객실 창문 위를 가로질러 3층 우현 선미 쪽으로 갔다. 그들이
가로질리 간 4층 객실 창문 안에는 단원고 2학년 3반 학생 31명이 있었다.
아이들은 다리에 '특공대'라는 글씨가 적힌 검은색 슈트를 입은 김재현을
보고 "살려 달라."고 소리쳤다. 그러나 김재현은 양팔로 X자를 하더니 그냥
지나갔다. 3층 뒤쪽 난간에는 화물기사들이 대기하고 있었다. 그들은 김재
현에게 안에 사람이 많으니 내려가서 조치를 취하라고 했지만, 김재현은 선
실 안으로 내려가지 않았다.

　09:48경　세월호에 도착한 512호 헬기는 좌현 3층에서 바다로 뛰어드는
승객들을 발견했다. 먼저 온 헬기들은 우현 상공에 있었다. 기장 김재전은
"눈에 보이는 승객들을 먼저 구조하자."라면서 구명벌을 떨어뜨렸다. 바다
에 뛰어들었던 사람들이 하나둘 펼쳐진 구명벌에 매달렸다.

　10:08경　항공구조사 권재준이 바다로 뛰어내렸다. 약 30미터를 헤엄쳐
사람들이 탄 구명벌을 끌고 가 고무단정에 인계했다. 이 모습을 보고 5층 객
실 난간에 있던 승객들도 바다로 뛰어들었다. 권재준은 헬기보다는 배로 구
조하는 것이 더 빠르겠다고 생각했다. 제자리비행 하는 512호를 향해 대기
할 필요가 없다고 수신호를 보냈다.

　10:15경　권재준의 신호를 받은 512호는 다른 헬기들이 떠 있던 세월호 우
현 쪽으로 이동했다. 우현 갑판에 있던 승객들이 헬기에 올라탔다. 먼저 내
려가 있던 김재현은 선미 쪽 우현, 박훈식은 선수 쪽 우현에 더는 사람이 없
는 것을 확인하고 512호 헬기에 올라탔다. 권재준은 어선에 올라탔다.
　헬기에서 세월호로 내려간 항공구조사들은 구조하는 동안 오로지 세월호

선체 위에만 있었다. 가장 먼저 도착한 박훈식과 김재현은 세월호 위에서 수평으로는 물론이고, 아래위층 수직으로도 이동할 수 있었다. 3층 로비 안으로도 충분히 들어갈 수 있었다. 움직임이 편리한 잠수복을 입고 바닥과의 마찰력이 높은 전용슈즈를 신었기 때문에 보통 사람보다 훨씬 더 쉽게 이동이 가능했다. 헬기 프로펠러 소리가 나기는 했어도 승객들과 충분히 대화도 할 수 있었다. 그러나 그들 중 누구도 배 안으로 들어가 승객들의 퇴선을 유도하지 않았다.

헬기들은 사고 현장에 도착한 이후 단지 갑판에 보이는 사람들만 바구니로 한 명씩 끌어올리는 방식으로 476명의 승객 중 총 31명만 구조했다.

14. 해경지휘부가 흘려보낸 골든타임

당시 세월호의 시간대별 기울기에 대해 해경에 보고된 내용은 아래와 같다.

시각	통신수단	전파자	전파 내용
09:04경	122신고	세월호 선원	저희가 배가 40~50도 지금 기울어서 도무지 움직일 수 있는 상황이 안 돼요.[33]
09:16경	VHF 67번	세월호 선원	이제 막 50도 이상 좌현으로 기울어져 가지고 지금 사람들이 이렇게 좌우로 움직일 수 없는 상태입니다.[34]
09:19경	경비전화	서해청 상황실장	그래서 지금 우리가 통화를 하고 해도 좌현으로 약 40도 경사졌는데, 지금 그럴 경황도 없고[35]
09:20경	경비전화	목포서 상황실	선장은 지금 현재 통화가 안되고, 승객 중에 한 사람이 우리들한테 전화해 가지고 지금 좌현으로 50도 기울어가지고[36]

---

33 해경지휘부 사건 수사기록, 8,542~8,543쪽.
34 해경지휘부 사건 수사기록, 9,763~9,764쪽.
35 해경지휘부 사건 수사기록, 10,137~10,138쪽.
36 해경지휘부 사건 수사기록, 8,586쪽.

시각	통신수단	전파자	전파 내용
09:22경	122신고	세월호	배 지금 바로 넘어갑니다. 지금 좀 저… 배가 지금 배가 50도 이상 저저… 여보세요.[37]
09:26경	TRS	511헬기	배 우측으로 45도 기울어져 있고, 지금 승객들 대부분 선상, 선상과 배 안에 있음
09:29경	TRS	123정장	현재 본국 도착 2마일 전, 현재 쌍안경으로 현재 선박확인가능, 좌현으로 45도 기울어져 있고 기타 확인되지 않음
09:37경	VHF 67번	세월호 선원	배가 한 70~60도 정도 좌현으로 기울어져 있는 상태고 지금 항공기까지 다 떴습니다.[38]
09:38경	경비전화	123정장	현재 지금 좌현으로 약45도, 50도 정도 기울었습니다. 지금 배는 약 좌현으로 50도 기울었구요. 현재 봐서는 지금 계속 더 기울어지고 있습니다.

세월호의 시간대별 기울기는 해경지휘부가 사람을 구조하려면 어떤 지휘를 해야 하는지 결정할 수 있는 매우 중요한 정보였다. 그러나 해경지휘부는 이 모든 중요한 정보를 그냥 흘려보냈다.[39] 09:04경부터 세월호는 이미 40도 이상 기울었다는 신고가 있었다. 선박이 40도 이상 기울면 침몰이 불가피하다는 사실은 해경도, 선원도 모두 알고 있었다. 그들은 퇴선 외에는 사실상 다른 구조 방법이 없다는 것도 알고 있었다.

목포해경서장 김문홍이 탑승해 있던 3009함의 항해팀장 배안선은 검찰 수사에서 이렇게 답했다.[40]

---

37 해경지휘부 사건 수사기록, 8,542~8,543쪽.

38 해경지휘부 사건 수사기록, 9,763~9,764쪽.

39 해경지휘부가 있던 상황실과 위기관리회의실, 3009함 내에는 KCG메신저 내용, 세월호와 123정을 포함한 주변 선박들과 헬기들의 위치를 단박에 파악할 수 있는 커다란 스크린들과 TRS 교신 내용이 들리는 무선시스템이 모두 구비되어 있었다. 그러나 해경지휘부는 세월호와 교신하지 않았을 뿐 아니라 현장 보고도 무시했다.

40 해경지휘부 사건 수사기록, 9,828쪽, 검찰 배안선 진술조서(2019. 12. 10.)

검사 선박이 얼마만큼 기울면 복원력이 상실하나요.

배안선 40~50도 넘어가면 소위 말하는 '전복' 그러니까 곧 뒤집어진다고 보시면 됩니다.

(중략)

검사 그럼 승객들은 언제부터 탈출시켜야 하나요.

배안선 40도 훨씬 전에 탈출시켜야지요.

검사 그렇다면, 세월호의 경우 최초 좌현으로 기울어져 있는 상태가 계속되는 것을 본 순간 승객 탈출 준비를 해야 했던 것 아닌가요.

배안선 당연합니다. 배가 똑바로 서지 못한다는 것을 인식한 순간 바로 퇴선 조치를 시켰어야 하는 것입니다.

서해지방해경청 안전총괄부 상황부실장 이평현도 검찰수사에서 이렇게 말했다.[41]

검사 배가 한 번 45도 기울어지면 다시 평형을 회복할 수 있는가요.

이평현 어선같이 작은 배면 몰라도 6,000톤급 정도 되는 배는 복원이 불가능합니다. 그래서, 그 정도 기울면 무슨 방법을 써서라도 빨리 승객들을 탈출시키는 방법밖에 없다고 보여집니다.

해경본청 수색구조과 김도훈, 정영곤도 검찰 수사에서 진술했다.[42]

검사 선박이 40도 이상 기울어지면 어떻게 되나요.

김도훈 더 이상 복원될 수 없습니다. 여객선 같은 경우는 15~20도면 회복이 어렵습니다. 세월호의 경우는 순수한 여객선이 아니라 화객선이라고 하여 화물도 같

41　해경지휘부 사건 수사기록, 10,256쪽, 검찰 이평현 진술조서(2019. 12. 11.)

42　해경지휘부 사건 수사기록, 10,662쪽, 검찰 김도훈, 정영곤 진술조서(2019. 12. 13.)

이 있기 때문에 복원력이 더 떨어집니다. 사실 세월호가 40도 기울었다는 것을 인식하는 순간 바로 배를 포기하고 승객을 탈출시킬 계획을 짜야 합니다. 진작에 탈출시켜야 됩니다.

정용곤 저는 임용 전 상선을 3년 탔고, 임용 후 1년 3개월 해서 4년 좀 넘게 배를 탔는데, 15도 이상 기울면 매우 위험하다고 알고 있습니다.

해경지휘부는 구조 세력이 현장에 도착하고, 배가 바다 위에 떠 있는, 그래서 승객을 구할 수 있는 골든 타임을 그냥 흘려보냈다. 그리고는 10시가 가까워지자 마치 약속이나 한 듯 상황에 맞지 않는 지시를 쏟아내기 시작했다.

09:59경 3009함에서 김문홍이 입을 열었다. 123정장 김경일이 세월호 좌현이 완전히 침수되었고, 경사가 너무 심해 승조원을 승선시킬 방법이 없다고 보고한 후였다.

"기울었으면 그 근처에 어선들도 많이 있고 하니까 그 배에서 뛰어내리라고 고함을 치거나 마이크를 이용해서 뛰어내리라고 하면 안 되나? 반대 방향으로?"

김경일은 김문홍의 뒤늦은 퇴선 명령 지시에 좌현이 완전히 침수되어 뛰어내릴 수조차 없다고 답했다.

10:00경 김문홍이 다시 지시했다.

"차분하게 마이크를 이용해서 활용을 하고, 그다음에 우리가 당황하지 말고 우리 직원도 올라가서 하고, 그렇게 안 하면 마이크를 이용해 가지고 최대한 안전하게 행동할 수 있도록 하시기 바랍니다. 이상."

책임을 묻다

김경일은 마이크를 이용한 퇴선 명령 지시를 이행하지 않았다. 승조원을 승선시켜 퇴선을 유도하지도 않았다. 김문홍은 자신의 지시가 제대로 이행되었는지 확인하지 않았다.

그 시각 세월호 선내에서는 아기를 데리고 있는 분을 찾는다는 안내방송이 나왔다. 4층 우현 갑판에서는 승객들 스스로 소방호스를 내려 선내에 있는 사람들을 힘겹게 끌어올리고 있었다. 단원고 학생들은 자신들보다 먼저 아기들을 내보내야 한다며 챙겼다. 일반인 승객들은 자신들에게 건네진 소방호스를 학생들에게 양보했다. '우리보다 아직 살아갈 날이 더 많은 아이들부터'라면서.

10:08경 이번에는 서해지방해경청장 김수현이 입을 열었다.

"아. 오케이. 일단 배가 60도 정도 기울었다고 하니까 배가 커서 좀 어려움이 있을지 몰라도 그 배가 침몰이 안 되도록 배수 작업을 좀 실시했으면 좋겠는데 그게 가능하겠어요?"

김경일이 이미 TRS 교신으로 잠시 후에 침몰할 것으로 생각된다는 급박한 보고를 했음에도 김수현은 전혀 상황에 맞지 않는 배수 작업 지시를 내렸다.

10:14경 해경청장 김석균의 코스넷 지시는 더 엉뚱했다.

"여객선 자체 부력이 있으므로 바로 뛰어내리기보다는 함정에서 차분하게 구조할 것."

해경의 '해상 수색구조 매뉴얼'[43]을 작성한 신광일은 이렇게 말했다.[44]

---

43 해상수색구조매뉴얼은 해양경찰청 자체 매뉴얼로 2013년 10월경 수색구조과에서 만들었다.

44 해경지휘부 사건 수사기록, 10,104쪽, 검찰 신광일 진술조서(2019. 12. 10.)

검사 세월호참사 당시 해상 구조 세력 중 가장 먼저 도착한 123정 정장의 보고에 의하면, 도착 당시 선체 기울기가 약 50도 이상 되었던 것으로 확인되는데, 이와 같은 경우에는 매뉴얼상 어떠한 조치가 이루어졌어야 하는가요.

신광일 제 56쪽 중간 부분에 '시간이 경과 할수록 침몰의 위험은 증가하고 선박 내에 잔류하는 인명의 위험성도 증가함에 따라 전복 선박 내의 인명 구조작업은 신속하게 수행하여야 함'이라는 부분에 해당하는 것으로 생각합니다.

해경지휘부가 자신들이 만든 법령과 수칙대로 현장 상황정보에 집중하고 신속한 구조지휘를 했다면 뒤늦은 지시들은 절대 나올 수 없는 내용이었다.

<u>10:17경</u> 세월호 안에서 해경의 퇴선 명령을 기다리던 단원고 여학생은 엄마에게 마지막 문자를 보냈다. "배가 기울고 있어. 엄마 아빠 보고 싶어. 배가 또 기울고 있어."

<u>10:22경</u> 헬기 511호가 TRS로 보고했다. "뒤로 빠져, 뒤로. 뒤로 빠져. 뒤로, 뒤로. 배가 90%, 90% 전복. 90% 전복. 침몰." 곧이어 건우가 있던 세월호 선수 우현이 바닷물 속으로 가라앉았다.

<u>10:30경</u> 세월호는 선수 일부만 남기고 완전히 침몰했다.

15. 국가는 외면했다

<u>10:52경</u> 청와대가 해경본청 상황실에 전화해 승객에 대해 처음으로 물었다.

청와대 위기관리실 지금 거기 배는 뒤집어졌는데 탑승객들은 그러면 어디 있습니까?

해경본청상황실 지금 대부분 선실 안에 있는 거로 파악됩니다.

청와대 위기관리실 예? 언제 뒤집어졌죠, 배가?

해경본청상황실 지금 선수만 보입니다, 선수만.

청와대 아니, 지금 해경 헬기 떠 있잖아요.

해경본청 떠가지고 구조하고 한 인원을 제외하고는 거의 다 지금 배에 있는 거 같습니다.

청와대 그러면 거기에… 혹시 물에 떠 있는 사람들 없습니까, 주변에?

해경본청 예, 전부 학생들이다 보니까 선실에 있어서 못 나온 것 같아요.

청와대 그거 확인 안 됩니까?

해경본청 저희가 지금 구조를 100여 명 했는데요.

청와대 아니. 예, 알겠습니다. 구조한 거는 맞는데 지금 그러면 주변에 바닷가에 애들이 떠 있을 거 아닙니까? 그거 확인이 안 돼요, 지금?

해경본청 아니, 저희 지금 보는데 화면은 보고 있거든요, 그런데 안 보여요.

승객 대부분이 학생들이고 아직 선실에 있다는 보고를 받았지만, 청와대는 이후로도 오랫동안 구조된 사람들의 인원수와 위치만 집요하게 요구했다. 물론 현장 영상자료와 함께.

2014년 4월 16일 청와대와 해경은 세월호 승객들을 구조할 장비와 시스템을 충분히 갖추고 있었다. 그러나 정작 그런 장비와 시스템을 사용해 위기에 처한 국민의 생명을 보호할 의지를 가진 권력자와 공직자는 단 한 명도 없었다.

16. 거짓 기자회견[45]

4월 28일, 123정 정장 김경일은 세월호 침몰 당시 퇴선 방송을 했다는 거짓 기자회견을 열었다. 김석균 해경청장의 지시에 따른 것이다. 김문홍은 김경일에게 여러 차례 전화를 걸어 기자회견 내용에 대해 조언했다. 서해지방해경청은 김경일에게 기자들의 예상 질문과 답변 내용을 미리 작성해 건넸다. 김경일과 승조원들은 망치와 손도끼를 들고 기자들 앞에 서서 말했다.

"(123정의 대공마이크로) 9시 30~35분 사이 수차례 (퇴선) 방송을 했습니다." "123정 조타실에서 마이크를 잡고 바다로 뛰어내리세요! 승객 뛰어내리세요! 라고 소리쳤습니다." 모두 거짓말이었다.

기자회견이 끝나자 언론들은 "사고 현장에 도착한 123정이 대공 마이크로 승객들에게 퇴선 방송을 했다. 그러나 상공에 떠 있던 구조 헬기의 소음이 커서 승객들에게 제대로 전달되지 않았다."는 해경의 주장을 그대로 보도했다.

---

45 '해경 거짓말의 배후, 청와대였나', 『한겨레21』 1120호, 2016. 7. 11.

3부

청와대 PART1

건우 엄마 이야기

안녕하세요. 단원고 2학년 5반 김건우 엄마 김미나입니다. 음… 우리 아들 이름은 김건우인데요. 보통 큰 건우라고 불러요. 같은 반에 김건우가 둘이거든요. 제가 건우 낳기 전에 좋아했던 드라마 남자주인공 이름을 따서 건우라고 지었어요. 그런데 저만 건우라는 이름이 멋있다고 생각한 게 아니었나 봐요. 어딜 가도 우리 아들이랑 이름이 같은 아이들이 꼭 있더라구요. 하하… 여기 사진 보시면 건우가 배시시 웃는 모습 보이시죠? 아휴 이 녀석 중학생이 된 뒤로는 사진 찍는 걸 얼마나 싫어하는지 사진 한 장 찍으려면 정말 비싸게 굴었다니까요. 맞아요. 이 사진은 건우 고1 때 생일날 케이크 앞에 놓고 찍은 사진이에요. 참… 내 아들이지만 웃는 모습이 너무 예쁘지 않아요? 휴우… 사실 오늘이 건우 생일이에요. 4월 8일에 태어났거든요. 수학여행 가기 일주일 전에 생일 케이크를 같이 먹었는데 그게 건우랑 함께한 마지막

생일이었네요. 에휴…

4월 16일 아침은 여느 때와 같았어요. 출근해서 동료들과 커피 한 잔 마시고 자리로 돌아와 컴퓨터를 켰는데 인터넷에 속보가 뜬 거예요. 숨이 턱 막히고 가슴이 쿵 내려앉았어요. 설마 아닐 거야. 아니 에이, 설마. 그럴 리가 없어, 하면서 옆자리 언니한테 사무실에 있는 TV 좀 켜달라고 했어요. 속보가 나오더라구요. 건우가 타고 간 배가 세월호가 맞나? 남편에게 전화했더니 맞다는 거예요. 우리 애가 탄 배가 뉴스에 나오는 그 배가 맞다구요. 바로 학교로 달려갔어요. 아무 생각도 나지 않았어요. 그냥 계속 건우한테 전화했던 것 같아요. 남편도 계속 전화했는데 아무리 전화를 해도 안 받는다고 하더라구요. 바다 한가운데라 전화가 안 터지나? 아니면 혹시 전화기를 안 가지고 있나? 그런 생각을 했던 것 같아요. 학교에 도착해 건우 교실로 올라가 이제나저제나 소식을 기다렸어요. 학교 측은 사실 텔레비전에서 나오는 이야기보다 더 자세한 정보를 갖고 있지 않았어요. 속이 터질 것같이 답답한데 아무도 누구도 상황을 자세히 정확히 말해주는 사람은 없었어요.

그런데 그때, 어, 아마 10시 20분이 막 지났을 때일 거예요. 텔레비전에서 승객들 모두 바다로 뛰어내리라고 했다는 뉴스가 나왔다는 거예요. 아, 그래서 우리 건우가 전화를 못 받았구나 했어요. 정말 속이 바짝바짝 타들어 간다는 말이 어떤 느낌인지 처음으로 알 것 같았어요. 입이 자꾸 마르고 내 심장 소리랑 맥박 소리가 제 귀에 들릴 것 같았어요. 누군가 저렇게 큰 배는 금방 넘어지지 않으니까 별일 없을 거라고 했어요. 모두 '그래야지, 당연히 그래야지' 하면서도 정말 답답했어요. 교실에서는 자꾸 기다리라고만 하고 별다른 소식도 안 알려주고 해서 남편이랑 같이 강당으로 갔어요. 강당에는 더 많은 부모들이 와 있더라구요. 소리 지르는 사람, 우는 사람, 다들 불안하고 답답한 마음으로 서 있었어요. 그리고 얼마 지나지 않아 전원구조 소식이 들렸어요.

그런데요. 그거 아세요? 전원구조 소식이 강당 자막에 딱 뜬 그 순간에 바로 제 옆에서 어떤 엄마가 전화 통화를 하고 있었어요. 생존자 엄마였나 봐요. 자기 딸이랑 통화하는데 그 아이가 아직 배 안에서 못 나온 애들이 훨씬 더 많다는 거예요. 학교에서는 우리 애들이 모두 전원구조 되었다는데, 옆에 있는 엄마랑 통화하던 아이는, 그 생존자 아이는 애들이, 배에서 못 나온 친구들이 엄청 많다니까. 이게 뭐지? 뭐가 맞는 말이지? 갑자기 아득해졌어요. 눈앞이 뿌옇게 흐려지고 제 앞에 수많은 사람과 수많은 목소리가 모두 공중으로 흩어지는 것 같았어요. 이게 무슨 일인지 도통 생각할 수도, 판단할 수도, 아니 숨을 쉴 수도 없었어요. 그때 남편이 제 팔을 꽉 잡는 게 느껴졌어요. 겨우 숨을 다시 쉬고 눈을 감았다 떴어요. 그리고 얼마 안 있다가 전원구조 소식이 오보였다는 걸 알게 되었죠. 네, 난리가 났어요. 그때부터 정말 난리가 시작되었죠. 생존자들의 숫자가 갑자기 확 줄어든 거예요. 명단도 오락가락했어요.

그 와중에도 건우 이름은 에휴. 우리 건우 이름은 끝까지 안 보였어요. 그래도 저는 건우가 살아있을 거라고 생각했어요. 생존자들 모두 근처 섬에 데려다 놓고 차례대로 데려온다니까 건우는 우리 건우는 분명히 그 섬들 어딘가에 있을 거라고 생각한 거예요. 건우는 빠릿빠릿하니까요. 영리하니까요. 절대 그렇게 쉽게 건우가 잘못될 리는 없다고 철석같이 믿었어요. 다만 전화할 여건이 안 될 뿐일 거라고, 네 그럴 거라고 믿었어요. 혹여 이미 구조돼서 올라오는데 길이 엇갈리면 어쩌나 그런 바보 같은 생각까지 하면서 계속 기다렸어요. 그러다 또 물에 빠졌으니 옷이 젖었을 텐데 빨리 가서 옷 갈아입히고 데려와야 하는거 아닌가 생각하고, 또 아니야 그러다 길이 엇갈리면 어떡해 하면서 이러지도 저러지도 못하고 기다리고 기다리다가 결국 마지막

버스를 타고 팽목항으로 내려갔죠. 어쩌면 그렇게 시간이 오래 걸리던지 살면서 그렇게 먼 곳은 처음이었어요. 그 이전에도 그 이후에도 그날 단원고에서 팽목항까지 가는 그 길이 제게는 세상에서 가장 멀었어요.

가까스로 팽목항에 도착했을 때는 밤 11시 55분이었어요. 2014년 4월 16일이 그렇게 저물었어요. 그 하루 동안 배가 기울기 시작한 아침 8시 50분부터 마지막 숨을 거두기 전까지 우리 아들 건우는 그 하루를 어떻게 견뎠을까요? 그 생각만 하면 하아…….

그런데 그 하루 동안 대통령은 안 보였어요. 온종일 안보이더니 5시가 넘어서 겨우 나타나서는 헛소리나 지껄이고 갔죠. 나중에 몸이 안 좋아서 좀 늦게 일어났을 뿐이라고 변명하는 것도 들었어요. 300명이 넘는 국민들이 죽어가는데 겨우 몸이 안 좋아서 좀 늦게 일어났다구요? 그런 대통령 깨우기가 힘들어서 보고서를 침실 앞에 쌓아만 뒀다구요? 하이고….

도대체 대한민국 대통령은 뭐 하는 사람입니까? 말로는 국민이 이 나라의 주인이네 어쩌네 하면서 국민이 죽어 가는데 늦잠이나 퍼질러 자고, 온 나라 국민들이 애타게 모든 승객들이 무사하기를 바라고 있는데, 자기는 사람까지 불러 화장하고 머리 손질까지… 그게 사람입니까? 그리고 청와대에 대통령만 있습니까? 대통령이 없으면 국가안보실장이니 비서실장이니 비싼 월급 받고 온갖 폼 다잡았던 그 잘난 사람들이 나서서 빨리 승객들 모두 구하라고 명령하면 안 되는 겁니까? 승객들 모두 다 찾아서 한 사람도 빼놓지 말고 구하라는 그 한마디만 했으면. 그 말만 했으면. 지금 건우는 어쩌면 우리 건우는 내 옆에 살아 있을지도 모르는데. 그 말이 뭐가 어렵다고, 그게 뭐가 힘들다고…

저기요. 나는 죽을 때까지 건우 엄마로 살고 싶었어요. 그런데 어느 날 갑자기 세월호참사 유가족이 되었어요. 건우가 없는 건우 엄마가 되었다구요.

아… 어떻게… 어쩌다가… 왜… 도대체 뭐 하느라, 뭐가 중요해서 왜 우리

건우를…

책임을 묻다

청와대

7시간

본문의 대화 내용은 관련 판결문, 사참위 보고서, 언론보도자료 등을 바탕으로 각색한 것임.

<참사당일 오전 청와대 초동대응[1]>

세월호 상황	청와대 초동대응
YTN뉴스 속보 세월호 사고발생 보도　09:19 09:34 	09:25　「수사상황보고서 1보」 작성 시작 **[국가안보실]** **진도 인근 여객선 (세월 號) 침수, 승선원 474명 구조작업 中 (1보)** 【 2014. 4. 16 (수) 09:30 】 □ 상황개요 　○ 일　시 : 2014. 4. 16 (수) 08:35경 　○ 장　소 : 전남 진도 서남방 30km 해상 　　　　• 기상 : 북서풍 7m/s, 파고 1.5m, 시정 5km 　○ 사고선박 : 세월호 (인천 ~ 제주 이틀 용) 　　　　• 6,802톤, 승선원 474명 (승객 460명, 선원 24명) 　　　　• 안산 단원고 2학년 수학여행객 다수 포함
해경123정 (현장 상황보고) "약 80도 정도 기울었기 때문에　10:15 저희 경찰 (배에서) 다 나왔습니다. …현재 90도입니다." 세월호 전복　10:20 	10:12　「세월호 수사상황보고서 1보」 완성 10:19　「세월호 수사상황보고서 1보」 관저 도착 10:25　대통령 지시사항 전파 　　　"단 한명도 인명피해 발생하지 않도록 하라" 　　　"여객선 내에 객실, 엔진실 등을 포함해서 철저히 확인해가지고 　　　누락되는 인원이 없도록 하라"
세월호 위성조난신고 발송　10:30 	10:36　「세월호 상황보고서 1보」 완성　　　　4. 16. 10:00 　　　□ 4.16 여객선(세월호) 침몰 사고 상황 　　　○ 여객선 '세월호', 금일 08:58경 전남 진도군 조도면 병풍도 부근에서 침몰 　　　　- 총 471명 탑승(승선원 447명, 승무원 24명) 　　　　- 여객선 6,647톤(인천 → 제주 운항) 　　　○ 09:50 현재, 70명 구조 완료 　　　○ 함선 33척, 항공기 6대 동원하여 인명 구조 중
YTN뉴스 속보 세월호 침몰 사진 보도　10:47	10:46　「세월호 수사상황보고서 2보」 완성
 세월호, 갑자기 좌현쪽으로 기울어	10:49　세월호 침몰 확인 　　* 해경 "현재 선수만 나와 있는 상태에서 배가 완전히 침몰됐습니다." 10:52　승객 침몰한 세월호 선내 잔류 확인 　　* 해경 "지금 대부분 선실 안에 있는 거로 파악됩니다" 10:53　「세월호 수사상황보고서2보」 관저 도착 　　* 왼쪽으로 60도 기울어진 상태 10:57　「세월호 상황보고서2보」 완성　　　● 안보실 　　　*133명 구조 완료　　　　　　　　　● 비서실

1　[사참위 직나-4] 「조사보고서」, 116쪽.

<대통령비서실 및 국가안보실 직제표(2014. 4. 16.)[2]>

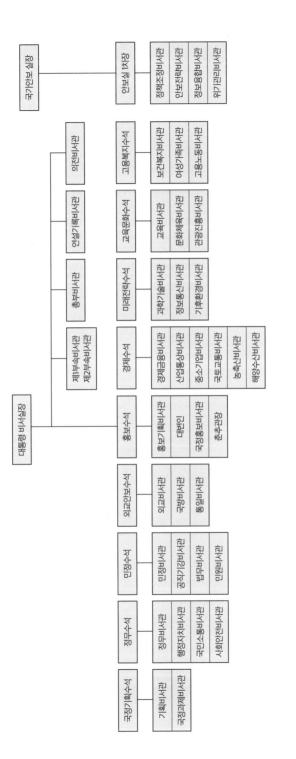

2 [서참위 지나-4] 「조사 보고서」, 68쪽.

최순실(이하 최서원)	민간인
박근혜	대통령
김기춘	청와대 비서실장
박준우	청와대 정무수석
구은수	청와대 사회안전비서관
이명준	청와대 사회안전비서관실 행정관(해경)
박희규	청와대 치안비서관실 행정관(경감)
정호성	청와대 제1부속비서관
안봉근	청와대 제2부속비서관
윤전추	청와대 제2부속실 행정관
이영선	청와대 제2부속실 행정관
김대업	대통령 관저 내실 근무자
김막업	대통령 관저 내실 근무자
김장수	국가안보실장
신인호	위기관리센터장
김주영	청와대 위기관리상황실 상황팀장(해군 대령)
백선웅	청와대 위기관리상황실 상황팀장 2조(육군 중령)
김○○	상황반원(해군 소령)
이태안	상황반원(경감)
전○○	상황반원(소방경)

1. 청와대 국가안보실 최초보고서

청와대 위민3관 인근 지하에 위치한 위기관리센터[3]. 평소에는 총 12명의

---

[3] 청와대 위기관리센터는 국가안보실 산하 조직으로 상황팀, 대응팀, 사이버대응팀으로 구성되어 있었다. 2013년 4월 기준 국가기관 등과 28개의 전산체계망, 33개의 핫라인 등을 갖추고 있어 주요 정보를 신속히 보고받고 전파할 수 있었다.

책임을 묻다

상황팀원이 4명씩 3개 반을 구성해 24시간 3교대로 근무한다. 2014년 4월 16일 오전에는 김주영 상황팀장(해군 대령)과 백선웅 상황팀장(육군 중령), 상황반원 김○○(해군 소령), 이태안(경찰 경감), 전○○(소방 지방소방경)이 근무하고 있었다.

08:00경 위기관리센터에서 국가안보실장이 주관하는 안보상황평가회의가 열렸다. 국가안보실장 김장수, 국가안보실 1차장 김규현, 위기관리센터장 신인호, 위기관리센터 상황팀장 김주영, 위기관리센터 상황팀원 등이 참석했다. 회의가 끝나고 김장수는 국가안보실장실로, 김규현과 신인호 등은 NSC실무조정회의에 참석하러 이동했다.

08:30경 위기관리센터 상황팀의 인수인계와 근무교대가 이루어졌다. 브리핑과 인수인계를 끝내고 백선웅 상황반이 근무를 시작한 후 세월호 사고 발생을 알게 되었다. 백선웅은 경찰청에서 파견 나온 이태안에게 사실 확인을 지시했다.

이태안은 직통전화로 해경 상황실에 전화를 걸어 신고 시간 '8시 58분', 선박명 '세월호', 승선 인원 '474명', '침수 중'이라는 정보를 확보했다. 소방방재청, 해군작전사령부, 사고 현지 관할 해경, 단원고 등에도 전화를 걸어 사고 상황을 파악했다.

09:19경 상황반원 전○○은 곧장 국가안보실 주요 인사들과 청와대 제1부속비서관 정호성, 제2부속비서관 안봉근을 비롯한 청와대 근무자 153명에게 '08시 58분 전남 진도 인근 해상 474명 탑승 여객선(세월호) 침수 신고접수, 해경 확인 중'의 문자를 발송해 사고 현황을 알렸다.

09:25경 백선웅의 지시로 이태안이 대통령에게 보고할 수시 상황보고서[4] 1보를 작성하기 시작했다.[5] 백선웅은 그의 뒤에 서서 해경 상황실과 통화하며 추가로 확인한 정보를 전달했다. 그사이 위기관리센터장 신인호가 상황실에 들어왔다. 김주영이 신인호에게 세월호 상황을 보고했다.

09:40경 이태안이 15분 만에 상황 개요와 지도가 포함된 보고서를 완성했다. 보고서를 확인한 김주영은 "대통령에게 이렇게 보고할 수는 없다."며 탑승인원, 구조세력, 구조인원을 확인해 다시 작성하라고 지시했다. 그러고도 마음이 놓이지 않았는지 이태안을 물러나게 하고 자신이 직접 보고서를 작성하기 시작했다. 이태안은 해경본청, 해수부 등에 전화해 세월호의 출항지, 도착지와 출발, 도착 예정시간, 선박톤수 등을 물었다.

백선웅도 해경본청에 전화를 걸어 09:39경, 09:42경 구조 세력 동원현황, 09:54경, 09:57경 구조 인원수(56명)와 구조된 인원이 서거차도로 이동할 예정이라는 사실 등을 확인했다(구조된 인원이 서거차도로 이동할 예정이라는 사실을 현장에 있었던 생존자들과 피해자 가족들은 몰랐지만, 청와대는 알고 있었다). 수시 상황보고서는 점차 채워졌다.

10:12경 위기관리센터는 수시상황보고서 1보를 완성했다.[6] 상황팀은 곧

---

4 수시상황보고서는 북한 도발, 세월호 사고와 같은 대형사고 등 국가적으로 중대하고 긴급한 상황이 발생한 경우 위기관리센터장이 판단하여 상황팀이 즉시 작성하는 상황보고서이다. 수시상황보고서가 작성되면 국가안보실장의 결재를 받아 상황실 근무자(보통 안보담당 상황팀원)가 부속비서관실을 통해 대통령의 소재를 확인한 후 대통령이 있는 곳으로 가지고 가서 전달했다.

5 [사참위 직나-4] 「조사보고서」, 88쪽.

6 상황보고서1보에는 작성 시간이 09:30으로 되어 있으나 이는 이태안이 작성 완료 시각을 추정해 기재한 것으로 실제 작성 완료 시각이 아니다. 이후 수사 과정에서 청와대는 문서 완성 시각을 10:00라고 주장했으나 검찰은 10:12~13으로 추정했다.(서울중앙지검 2017년형제91972호, 2018년형제26267호 공소장), 「사참위 진상소위 보고서」, 277쪽.) 김기춘 등에 대한 직권남용 사건 판결에서도 세월호수시상황보

장 국가안보실장 김장수 사무실에 상황보고서 1보 초안을 보냈다. 위기관리센터장 신인호가 김장수에게 보고서 내용을 설명하고 관저에 발송하겠다고 말했다. 김장수는 "그래, 알았다, 빨리 올려 드려라."라고 승인했다.[7] 위기관리 상황병은 밀봉된 보고서를 들고 센터를 나와 관저 데스크까지 걸어서 갔다.

10:20경 관저 경호관을 통해 전달된 상황보고서를 관저 내실 근무자는 여느 때처럼[8] 대통령 침실 입구 앞 탁자에 올려 놓았다.[9] 대통령이 위기관리센터의 수시상황보고서 1보를 확인했는지는 알 수 없다.

그 후 위기관리센터 상황실은 10:40경 상황보고서 2보, 11:20경 상황보고서 3보를 관저로 보냈다. 대통령 침실 앞 탁자 위에는 보고서들이 차곡차곡 쌓여 갔다. 대통령에게 즉각 전달되지도 않을 보고서를 작성하고 전달하는 데 1시간 가까이 소요되었다. 그 사이 세월호는 마지막 탈출자를 토해내고 40미터 바닷속으로 침몰했다.

2. 승객 구조보다 중요한 대통령 보고

국가안보실 상황보고서 1보를 보면 9시 57분까지 국가안보실에서 확인한 구조 인원은 476명 중 56명밖에 되지 않았다. 얼핏 봐도 400명이 넘는 승객이 구조되지 못했다. 따라서 이후 보고와 지시에 있어 가장 중요한 부분은

고서 1보를 완성하여 위기관리센터에서 대통령 관저로 출발한 시각을 10:12으로 판단하였다.

7 서울중앙지검 2017년형제91972호, 2018년형제26267호 증거기록, 신인호진술조서(2018. 2. 9.)

8 4월 16일 즈음 대통령은 청와대 집무실보다 주로 관저에 머물고 있었다. 그래서 보통은 상황병이 상황보고서를 들고 관저 인수문까지 뛰어가 관저 내실 경호관에게 보고서를 전해주었고 관저 내실 근무자인 김대업이 이를 대통령 침실 입구 탁자에 올려두었다.

9 서울중앙지검 2017년형제91972호, 2018년형제26267호 공소장(2018. 3. 28.)

구조 세력이 제대로 구조작업 중인지, 구조되지 못한 인원을 어떻게 구조할 것인지였다. 그러나 그들이 가장 중요하다며 해경에게 요구한 것은 오직 '영상'이었다.

09:20경[10]

청와대 어디 쪽인지 카메라 나오는 것은 아직 없지요?

해경 예, 아직 없습니나, 예.

청와대 바로 연락주세요.

09:38경

청와대 현지 영상 볼 수 있는 거 있습니까? 혹시 나오는 거?

09:39경

청와대 123정인가?

해경 예, 그 배는 지금 해가지고 저희들 ENG영상은 없구요. 자체 내부 모바일 영상은 있는데.

청와대 예, 그 영상 좀 이렇게 잠시 보내줄 수 있습니까?

해경 외부로 나가지가 아마 않을 건데 함정이

청와대 그래요. 아니 그러면 여기 지금 VIP보고 때문에 그런데 영상으로 받으신 거 핸드폰으로 보여줄 수 있습니까?

---

10 「해경-청와대 핫라인 녹취록」

<10:10~10:30 청와대 위기관리센터 상황[11]>

시간	세월호상태	위기관리센터 – 해경청 통화[255]
10:15 [256]		[위기관리센터] 영상 가지고 있는 해경 도착했어요? [해경청] 아직 도착 못 했습니다. 속력 22노트로 가고 있으니까 20분 안에 도착할 것 같습니다 [위기관리센터] 구명조끼는 충분한가? [해경청] 120%. 항상 정원의 120%를 하게 돼 있거든요
10:22 [257]		[위기관리센터] 지금 현재까지 구조인원 알려주시겠습니까? [해경청] 123정 승객 52명 구조했고요. 그다음에 9시 44분부터 10시 15분까지 저희들 헬기 세 대가 18명 구조했습니다.
10:25 ~ 10:26 [258]		[위기관리센터] 이거 가지고는 안 되고, 가장 중요한 게 인원 파악이 니까, 구조 인원 파악이니까 인원 파악을 잘해야 돼 요. [위기관리센터] 오케이. 그다음에 영상시스템 몇 분 남았어요? [해경청] 거의 10분 정도면 도착할 것 같습니다 [위기관리센터] 지시해가지고 가는 대로 영상 바로 보내라고 하세요 그거부터 하라고 하세요, 다른 거 하지 말고.
10:29 ~ 10:30 [259]		[위기관리센터][260] 지금 사진이 YTN에 나오는 게요, 배 밑바닥이 보이는 데 완전히 침수된, 침몰된 겁니까? [해경청] YTN에요? [위기관리센터] 예 기울어져가지고 맞죠? [해경청] 예, 지금 나오는게 맞습니다. [위기관리센터] 바닥이 보이는게 맞습니까? [해경청] 예. 지금 기울어진 거. [위기관리센터] 바닥이 하늘로 가있습니다. 지금.

10:08경

청와대 예, 현지 영상 받아 볼 수 있습니까? 아니면 사진이라도.

---

11 [사참위 직나-4] 「조사보고서」, 110쪽.

해경 저희들 지금 확인하고 있는데 지금 50명을 지금 배가 함정이 이동 중이라서 연락이 지금 잘 안 되고 있습니다.

10:15경

청와대 그 영상 가지고 있는 해경 도착했어요?

해경 아직 도착 못했습니다.

청와대 몇 분 남았어요? 그 배가 빨리 가야 되는데.

해경 예 지금 아직 도착을 못 했구요.

청와대 확인해 봐요. 얼마 남았어요? 지금 끊지 말고.

10:25경

청와대 거 지시해 가지고 가는 대로 영상 바로 띄우라고 하세요. 다른 거 하지 말고 영상부터 바로 띄우라고 하세요.

10:32경

청와대 예, 영상중계 배는?

해경 예, 지금 해가지고 도착은 했는데요. 그게 외부로 송출되는 화면이 아니라서

청와대 아, 그거 좀 쏴가지고 보고 좀 하라고 하라니까요. 그거 좀.

해경 예, 알겠습니다.

청와대 VIP도 그건데요. 지금.

해경 예. 저도 좀 해가지고 현장에 요청하고 있습니다.

청와대 요청하는 게 아니고 거기 해경한테 다이렉트로 전화해서 바로바로 그거 좀 실시간으로 보고하라고 하라니까. 그게 제일 중요하니까.

책임을 묻다

이날 청와대는 핫라인으로 해경본청에 99통의 전화를 했다. 대부분 보고서에 담을 내용을 확인하는 전화였다. 그 중 현장영상 요구 전화만 10통이었다.[12] 청와대는 해경에게 왜 그토록 집요하게 영상을 요구했을까?

국회 국정조사에 출석한 김규현 전 국가안보실 제1차장은 "저희가 영상을 구하는 것 자체가 보고를 위한 거지, 저희가 영상을 구해서 어디다 쓰겠습니까?"라고 말했다. 그 급박한 순간에 현장에 출동한 해경의 구조 활동을 방해하면서까지 청와대가 영상을 구하려 애쓴 이유는 오로지 관저에 있는 대통령 때문이었다.[13]

3. 상황인식이 없으시구나

상황병이 세월호 수시상황보고서 1보를 들고 관저로 출발한 후 국가안보실장 김장수가 위기관리센터에 들어왔다. 위기관리센터장 신인호와 상황실장 김주영이 상황을 보고했다. 김장수는 대통령에게 사고내용을 보고하기 위해 전화를 걸었다. 박근혜 전 대통령(이하 박근혜)은 전화를 받지 않았다. 김장수는 제2부속비서관 안봉근에게 전화를 걸었다.[14]

"지금 대통령이 전화를 받지 않으시는데 급한 사안이야. 배가 침몰 중이라는 속보는 봤나? 문자도 갔을 텐데. 암튼 대통령께 관련 상황보고서 1보가 올라갈 예정이니 보고될 수 있게 조치해 주세요."

안봉근은 김장수와 전화 통화를 마치고 행정관 이영선에게 지시했다.

"지금 관저로 가야 하니 차량 준비해."

---

12 「안전사회 실현과제 보고서(초안)」(416 세월호참사 특조위 안전사회 소위원회 자문/전문위원), 2016. 9. 5.

13 '박근혜는 '세월호 7시간' 이후에도 잠적했다'(김완), 『한겨레21』 1440호, 2016. 12. 5.

14 판결문을 기초로 당시 상황을 각색함.

"네 알겠습니다."

<u>10:12경</u> 이영선은 본관 동문으로 나가 주차되어 있던 업무용 그랜저를 운전해 본관 정문 앞으로 왔다. 이영선이 운전하는 승용차를 타고 관저에 도착한 안봉근은 곧장 내실로 들어가 대통령 침실 앞에 다다랐다. 조심스럽게 문을 두드렸다.

"내동령님, 내통령님."

아무 소리도 들리지 않았다. 다시 한번 더 조심스럽게 문을 두드리며 대통령을 불렀다.

"대통령님, 저 2비서관입니다."

<u>10:22경</u> 박근혜는 그제야 침실 밖으로 나왔다.

안봉근이 빠르게 말했다.

"김장수 국가안보실장이 급히 통화를 원합니다."

"그래요?"

대통령은 다시 침실로 들어가 김장수에게 전화를 걸었다.

"무슨 일이세요?"

김장수는 세월호 사고가 발생했다는 사실을 알리며 몇 가지 주요 사항을 보고했다. 구명조끼에 대해 묻는 대통령에게 "세월호에 구명조끼가 정원보다 많이 보유되어 있다."는 말도 했다.

<u>10:25경</u> 청와대 대변인 민경욱이 언론브리핑을 했다.

"오늘 오전 진도 인근에서 발생한 여객선 침몰사고와 관련해 김장수 국가안보실장으로부터 즉각적인 보고를 받은 박근혜 대통령은 '해군과 해경의

인력과 장비 그리고 동원이 가능한 인근의 모든 구조 선박 등을 최대한 활용해 구조에 최선을 다하라. 여객선의 객실과 엔진실까지 철저하게 확인해서 단 한 명의 인명피해도 나지 않도록 하라'고 지시했습니다."

그 시각 세월호는 이미 완전히 전복된 상황이었다. 전복된 배의 수색을 위해서는 구명조끼를 입고 탈출한 사람들을 옮겨 싣는 수준의 구조가 아닌 특단의 대책이 마련되어야 했다. 그러나 대통령은 해경에게 그러한 심해수색 능력이 있는지 없는지조차 알지 못했다.

10:34경 해경은 상황정보 문자시스템을 통해 대통령 지시사항이라며 전국 구조대 특공대 출동 조치를 전파했다. 해경청장 김석균은 생각했다. '이미 내가 특공대 투입을 지시해서 투입된 상태[15]인데 대통령이 뒤늦게 다시 지시하시네. 상황인식이 없으시구나'.

4. 쌓여만 가는 대통령비서실의 상황보고서들

09:22경 대통령비서실 산하 사회안전비서관실 소속 이명준 행정관(해경총경)은 해경 상황실에 전화해 해경본청이 작성한 세월호상황보고서를 받았다. 09:38경 해경을 통해 100톤급 경비정과 헬기가 사고 현장에 도착했다는 정보도 파악했다.

10:00경 이명준이 전화로 파악한 이 정보를 바탕으로 박○○ 행정관이 내용을 정리해 상황보고서 1보를 완성했다. 이 보고서는 대통령비서실장 김

---

15 실제 해경은 10:24경에 특공대 투입을 지시했다. 이조차 이미 배가 침몰한 이후이기 때문에 매우 늦은 것이었고 구조에 도움이 되지 않았다.

기춘에게 보고되었다.

10:36경 사회안전비서관실은 이메일로 정호성 제1부속비서관에게 완성된 상황보고서 1보를 보냈다. 같은 방식으로 10:57, 11:28, 12:05, 12:33, 13:07, 15:30, 17:11, 20:06, 20:50, 22:09 총 11회에 걸쳐 정호성에게 이메일로 보고서를 발송했다.

상황 파악과 보고서 작성으로 분주했던 비서관실에서 누군가 말했다.

"상황이 예사롭지 않은데 우리 보고서는 잘 전달되고 있겠지?"

"부속비서관실에서 알아서 보고하고 있겠지. 이렇게 긴박한데… 그나저나 큰일이네. 수백 명이 지금 배 안에 있는 건데 그 가족들은 진짜 애가 타겠구만."

정호성은 이메일을 받은 즉시 대통령에게 전달하지 않았다. 대통령이 2014년 4월경 정호성에게 지시했기 때문이었다.

"수요일은 공식 일정을 잡지 말아주세요."

4월 16일은 마침 수요일이었다. 일정을 잡지 말라고 한 날 관저에 머무르고 있는 대통령에게 시시각각 보고를 하는 것은 예의가 아닌 것 같았다. 게다가 사회안전비서관실에서 작성된 보고서는 국가안보실 보고서보다 좀 늦은 감이 있었다. 그래서 정호성은 10:36, 10:57, 11:28, 12:05, 12:33, 13:07 보고서들을 한꺼번에 출력해 대통령 침실 옆 탁자 위에 올려 놓았다. 15:30 보고서는 관저 이발실에 설치되어 있는 컴퓨터로 출력해 침실 입구 탁자에 올려 놓았다. 나머지 4건 17:11, 20:06, 20:50, 22:09 보고서들은 팩스로 저녁

시간에 한 번, 퇴근 전에 한 번 보냈다.[16]

5. 국가안보실은 전원구조가 오보임을 알았다[17]

11:00경 정호성이 대통령비서실로부터 보고서를 받고 얼마 지나지 않아 방송에서 전원구조 보도가 나왔다.

당시 방송사의 전원구조 소식이 오보임을 국가안보실과 대통령비서실은 알고 있었다. 이미 10:49경 해경본청은 청와대 위기관리센터에 "현재 선수만 나와 있는 상태에서 배가 완전히 침몰됐습니다."라고 보고했다. 해군 출신 상황팀장 김주영이 이 보고를 듣고 말했다. "저거 큰일 났네. 저렇게 기울면 방법이 없는데."

국가안보실은 탑승객 474명 중 106명을 구조했고 368명의 생사를 모르는 상황이라는 것도 알고 있었다. 10:51경 해경본청이 300명이 넘는 승객들이 선내에 남아 있다고 청와대 위기관리센터에 보고했기 때문이다.

백선웅 구조된 인원이 몇 명이라고요?

해경 주변 해상에 표류 중인 사람이 없습니다.

백선웅 그러니까 몇 명이냐고요.

해경 잠시만요. 다시 한 번 확인해 보겠습니다. 승선원 477명 중 전복되기 직전에 구조된 인원이 109명입니다. 그리고 주변 해상에 표류 중인 사람이 없습니다.

백선웅 잠깐. 그러면 300명 넘게 실종상태거나 배 안에 있다는 거예요?

해경 네. 그런 것 같습니다.

백선웅 아, 이거 큰일 났네.

---

16 이는 판결문 40~41쪽에 기재된 정호성의 검찰 진술을 토대로 한 것이다.

17 청와대 관계자들은 관련 재판이나 박근혜의 탄핵 심판 등에서 전원구조 오보 때문에 청와대 대응에 한계가 있었다는 취지로 주장해 왔다.

전원구조 오보 이후에도 청와대 국가안보실은 11:07경 '학생 전원구조' 보도가 사실인지 해경에 문의했다. 해경본청은 11:10경 구조 인원은 148명임을 전달하며 '전원구조' 보도는 사실이 아님을 확인해 주었다.

대통령비서실도 전원구조가 오보라는 사실을 알고 있었다. '전원구조' 보도 이후 비서실이 완성한 세월호 상황보고서 3보(11:28)에서 구조인원을 '161명'로 특정했고, 4보(12:05)와 5보(12:33)에서도 구조 인원을 '162명', '179명'이라고 기재해 부속비서실로 보냈다.

그러나 정호성은 별다른 확인 없이 11시 1분경 방송사 전원구조 오보가 옳다고 믿고는 따로 보고할 필요가 없다고 생각해 이 보고서들을 대통령에게 보고하지 않았다고 주장했다.[18]

6. 은밀한 회의

13:05경 안봉근 제2부속비서관은 본관 동문을 나와 관저로 이동했다. 정호성 제1부속비서관은 13:27경, 이재만 대통령비서실 총무비서관은 13:41경 관저에 도착했다.[19]

14:04경 행정관 이영선이 운전하는 공무용 카니발이 남산 1호 터널 요금소를 통과했다. 뒷자석에는 최순실이 앉아 있었다. 민간인 최서원은 평소처럼 아무런 보안검색 절차 없이 청와대 입구를 통과해 관저 안 회의실로 들

---

18 그러나 당시 YTN은 '학생 전원구조' 보도 후 약 10여 분 만에 해경에 확인해 봐야 한다는 취지로 방송했으며, 구조된 것이 아니라 '구조 중'인 것으로 정정해 보도했다. JTBC와 SBS 또한 11:17~11:19경 '161명 구조'라며 정정보도 했다. 따라서 청와대가 참사 당일 오전 '학생 전원 구조' 보도로 인해 구조 현황에 관해 착오에 빠졌다고 보기 어렵다. ([사참위 직나-4] 「조사보고서」, 140쪽.)

19 정호성, 안봉근, 이재만은 당시 이른바 문고리 3인방이라고 불리던 박근혜 대통령의 최측근들이었다. 박근혜 대통령을 대면하려면 이 세 명을 거쳐야 한다는 의미로 문고리 3인방이라고 불렸다.

어섰다.

"선생님 오셨습니까?" 비서관들이 모두 일어섰다.

"응… 어휴… 갑자기 이렇게 불러가지고 내가 급하게 오느라 얼마나 정신이 없던지…. 배가 침몰했다는데 어떻게 된 거에요?"

수시로 전화하고 회의하는 사이이지만 비서관들은 최서원을 깍듯이 대했다. 최서원은 박근혜가 대통령에 당선된 후 취임 인사부터 시작해 남북관계, 안보, 외교문서까지 검토했다. 대수비(대통령 주재 수석비서관회의) 발언을 비롯해 국내외 행사의 대통령연설과 메시지 내용 등 국정운영 전반을 결정하는 실세 중의 실세였다.

최서원이 자리에 앉자 정호성이 세월호 사고 상황을 보고했다.

"구조 인원이 많이 차이가 나는 것 같습니다. 청와대 수석들은 대통령께서 중대본을 방문하셔야 된다는 의견입니다."

안봉근도 동조했다.

"언론보도와 현장 구조 인원이 맞지 않습니다."

박근혜 대통령이 입을 열었다.

"아침에 저기 그 국가안보실장이 통화하는데 그러더라고… 저기 뭐야 있잖아 배 타면 입는 거… 그거…"

"아 구명조끼 말씀이십니까?"

"어어 그렇지 구명조끼… 구명조끼가 사람 수보다 많다고 하던데…"

불쑥 최서원이 나섰다.

"아, 구명조끼가 많다고? 그러면 다 뜰 건데 왜 못 찾는 거야? 정 비서관 의견처럼 중대본에 가는 게 좋겠네, 가서 이렇게 이렇게 지금 왜 구조를 그 정도밖에 못 하는지도 좀 뭐라 하고… (정 비서관을 쳐다보며) 좀 적어요. 이럴 때 가서 대통령이 사고에 대해 알고 있고 관심을 보인다 어? 이런 걸 확실히 보여주는 말로 할 수 있게 준비하란 말이에요."

정호성이 대답했다.

"네, 적고 있습니다."

듣고 있던 박근혜도 한마디 거들었다.

"아… 그래 적으세요. 선생님 말씀 듣고 잘 적어 놓아야지. 그래야 내가 가서 저기 그… 구조된 거며 뭐며 좀 물어보고 대통령이 신경을 쓴다 이렇게 이렇게 각인이 된다, 이기잖아요."

최서원과 함께 대통령이 중대본에 가서 무엇을 할지 대략의 방향과 내용을 정한 뒤 정호성은 대통령비서실과 경호실에 연락하고 윤전추에게 전화했다.

"대통령님 중대본 방문하십니다. 빨리 그 자매 불러주세요."

"네, 알겠습니다."

14:53경 윤전추는 평소와 같이 정 자매에게 전화하고 문자메시지를 남겼다. '상황이 급하니 빨리 청와대로 와주세요. 출발하시면 전화 부탁드립니다!! 많이 급하십니다!' 30분 뒤 정 자매가 관저에 도착해 대통령의 화장과 머리 손질을 했다.

그 시각 세월호참사 대책을 논의하는 수석비서관들의 회의가 있었다.[20] 대통령은 참석하지 않았다. 국민의 생명을 보호할 의무가 있는 대통령 박근혜에게는 그 급박한 순간에도 청와대의 공식 회의체계보다 최서원과의 은밀한 사적 회의가 더 중요했다.

---

20 대통령비서실장 김기춘은 청와대 수석비서관들을 소집하여 16:10~16:50경 대통령비서실장 주재 수석비서관회의를 개최했다. 세월호참사 수습 조치를 논의하기 위해 개최된 이 회의에서 청와대는 총리 주재 관계장관회의 개최, 검경 합동수사팀 구성 운영, 대통령 사고 현장 방문 검토 등 참사의 수습 및 후속 조치에 관한 논의와 결정을 했다. ([사참위 직나-4] 「조사보고서」, 150쪽.)

7. 박근혜의 엉뚱한 질문

17:05경 박근혜는 비서실장 김기춘과 함께 중대본에 도착했다. 조류 때문에 세월호 선내수색이 힘들다는 중대본 관계자들의 보고에 박근혜가 물었다. "구명조끼를 학생들은 다 입었다고 하는데 발견하기가 힘듭니까? 지금은?"

안행부 차관이 당황해하며 대답했다.

"갇혀 있기 때문에 구명조끼가 크게 의미가 없는 것 같습니다."

박근혜도 당황한 듯 웅얼거리며 차관의 말을 따라 했다.

"아, 갇혀 있어서요."

18시경 박근혜는 관저로 복귀했고, 평소처럼 혼자 저녁을 먹었다. 건우 엄마에게는 세상이 멈춰버린 그 잔인한 봄날이 그녀에게는 여느 날과 다름없이 평온하게 저물고 있었다.

8. 버려진 약속

4월 17일 오후 2시. 진도체육관에 도착한 박근혜가 단상 위에 올랐다. 그녀의 왼쪽에는 김기춘 비서실장이, 오른쪽에는 김석균 해경청장이 자리를 잡았다. 현장은 아수라장이었다. 실종자 가족들은 너나 할 것 없이 목소리를 높여 정확한 현장 상황브리핑과 잠수부의 신속한 투입을 요구했다. 김석균 해경청장이 '잠수부 500여 명을 투입해 수색구조에 최선을 다하고 있다'[21]고

---

21 2016. 3.경 개최된 1차 세월호특조위 청문회 과정에서 해경청장 김석균은 당시 '잠수사 500명이 투입되고 있다'고 실종자 가족들 앞에서 말한 것과 관련, '실제 500명이 잠수를 한 것이 아니다. 투입은 동원된 세력 전체를 말하는 단어'라고 했다. 실제로 당시에 잠수를 한 인력은 극소수였고 침몰된 배에 연결된 줄을 잡고 잠수를 해야 되는데 한 줄에 2명 밖에 잠수를 못하는 상황에서 1회 잠수를 해도 수 초에서 길어야 20분 정도밖에 못하였다. 또한 정조기에만 잠수가 가능하여 하루 투입 잠수인원은 연인원으로 따져도 20명 정도였다. 김석균은 이런 상황을 알면서도 500명 투입이라고 말한 것에 대해 청문위원이 '왜 국민과 유가족들에게 상황을 정확하게 알리지 않았냐'고 묻자 '불찰'이라고 답변했다. 또한 함께 현장에 있

답변했다. 전날 밤부터 사고해역을 직접 확인하고 온 실종자 가족들은 김석균 청장의 말에 거세게 항의했다. 진도체육관이 흐느낌과 고함소리로 가득 찼다.

"500명은 무슨! 상황실에서는 139명이라고 하고, 항에서는 12명, 배 타고 들어가서 잠수부를 만났는데 거기서는 두 명이라고 했어요. 이렇게 계속 거짓말만 하고 있다구요. 어디서 거짓말을 합니까?"[22]

박근혜 대통령은 신속하게 구조 현황을 일러주겠다며 "만에 하나 약속이 지켜지지 않으면 관계 장관 등 모든 책임자들을 물러나도록 하겠다."고 장담했다.

"이런 있을 수 없는 일이 일어난 데 대해서 철저한 조사와 원인 규명을 해가지고 책임을 질 사람은 엄벌토록 하겠다."라고도 약속했다.

세월호참사 이튿날인 이날 박근혜는 김종 문화체육관광부 제2차관에게 전화를 걸어 체육개혁을 확실히 하라고 지시했다.[23]

"아시안게임에서 금메달을 딴 선수인데 부정적인 이야기가 나오는 것이 안타깝다. 정유라처럼 끼가 있고 능력 있는, 재능 있는 선수를 위해 영재프로그램 등을 만들라."[24]며 직접 정유라를 언급했다고 김종 차관은 말했다. 정유라는 최서원의 딸이었다. 그 시각 세월호 사망자는 18명, 실종자는 286명이었다.

었던 대통령이 김석균의 설명을 어떻게 이해했을지는 모르겠다고 했다.(「세월호특조위 1차 청문회자료집」, 388쪽, 2016. 3.)

22 (당시) 대통령비서실은 (정확한) 수색구조 상황을 수시로 보고받고 있는데도 허위 발표를 바로잡도록 지시하지 않았다. 또 현장에서 가족 대상 브리핑을 맡은 서해청장과 해경차장은 3009함 회의에 참석하고 TRS로 수신된 현장상황을 보고받고 있었지만, 해경 상부의 메세지대로 동원세력을 과장한 브리핑을 이어나갔다.(「사참위 피해지원소위원회 보고서」, 187쪽.)

23 '7시간 미스터리 숨은 키워드 정유라', 『한겨레21』 1138호, 2016. 11. 21.

24 '박근혜 대통령, 정유라 직접 언급하며 체육 영재프로그램 주문… 큰 충격'(김종), 아주경제, 2017. 1. 23.

박근혜는 2017년 3월 10일 탄핵 됐다. 비록 탄핵의 사유로 국민의 생명권 보호의무 위반은 인정되지 않았지만, 헌법재판소는 다음의 보충 의견(재판관 김이수, 이진성)을 남겼다.

피청구인은 10시 15분경 및 10시 22분경 국가안보실장에게, 10시 30분경 해경청장에게 전화하여 구조에 최선을 다하라는 취지의 지시를 했다고 주장하나, 통화기록을 제출하지 않았으므로 위와 같은 통화가 실제로 있었다고 보기 어렵다. 당시 해경청장은 9시 53분경 이미 특공대 투입을 지시하였다고 하는데, 피청구인이 실제로 해경청장과 통화를 하였다면 같은 내용을 다시 지시할 수 없을 것이므로, 해경청장에 대한 특공대 투입 등 지시를 인정할 수 없다.

피청구인 주장의 최초 지시 내용은 매우 당연하고 원론적인 내용으로서, 사고 상황을 파악하고 그에 맞게 대응하려는 관심이나 노력을 기울이지 않았기에 구체성이 없는 지시를 한 것이다. 결국, 피청구인은 위기에 처한 수많은 국민의 생명과 안전을 보호하기 위한 심도 있는 대응을 하지 않았다.

국가 위기 상황에서 대통령이 상황을 지휘하는 것은 실질적인 효과뿐만 아니라 상징적인 효과도 갖는다. 실질적으로는, 경찰력, 행정력, 군사력 등 국가의 모든 역량을 집중적으로 발휘할 수 있어 구조 및 수습이 빠르고 효율적으로 진척될 수 있다. 상징적으로는, 국정의 최고책임자가 재난 상황의 해결을 최우선 과제로 여기고 있다는 점을 보여줌으로써 구조 작업자들에게 강한 동기부여를 할 수 있고, 피해자나 그 가족들에게 구조에 대한 희망을 갖게 하며, 결과가 좋지 않더라도 최소한의 위로를 받고 재난을 딛고 일어설 힘을 갖게 한다.

진정한 국가 지도자는 국가 위기의 순간에 신속하게 상황을 파악하고 대처함으로써 피해를 최소화하고 피해자 및 그 가족들과 아픔을 함께하며, 국민에게 어둠이 걷힐 수 있다는 희망을 주어야 한다. 국정 최고책임자의 지도력을 가장 필요로 하는 순간은 일상적인 상황이 아니라, 국가 위기가 발생하여 그 상황이 예측할 수 없는 방향으로 흘러가고, 이를 통제·관리해야 할 국가 구조가 제대로 작동하지 않을 때이다. 세월호참사가 있었던 2014. 4. 16.이 바로 이러한 경우에 해당하는 것이었다.

그러나 피청구인은 그날 저녁까지 별다른 이유 없이 집무실에 출근하지도 않고 관저에 머물렀다. 그 결과 유례를 찾기 어려운 대형재난이 발생하였는데도 그 심각성을 아주 뒤늦게 알았고, 이를 안 뒤에도 무성의한 태도로 일관하였다.

국민의 생명과 안전에 급박한 위험이 초래된 국가 위기 상황이 발생하였음에도, 그에 대한 피청구인의 대응은 지나치게 불성실하였다. 그렇다면 피청구인은 헌법 제69조 및 국가공무원법 제56조에 따라 대통령에게 구체적으로 부여된 성실한 직책수행의무를 위반한 경우에 해당한다.

4부

청와대 PART2

호성 엄마 이야기

살아있다고 했습니다. 누군가 아이 친구에게서 온 카톡을 보여주며 우리 아이들이 아직 선내에 살아있다고 말했습니다. 배가 뒤집어지면 에어포켓 이라는 게 생긴다고, 비록 물이 차올라도 그 에어포켓에는 공기가 있어서 생 존자가 있을 수 있다고 했습니다. 언론에 등장한 전문가들도 에어포켓을 말 했습니다.

대통령이 왔습니다. 짙은 회색 외투를 입고 연단에 선 대통령이 제일 먼저 한 말은 '정부가 가능한 모든 자원을 동원해서 실종자 수색에 나서고 있습 니다.' 라는 말이었습니다. 옆에 서 있던 해경청장 김석균은 잠수사 500명 을 투입해 수색 중이라고도 말했습니다. 에어포켓에 공기를 주입하겠다는 약속도 했습니다. 믿기 어려웠지만 믿고 싶었습니다.

대통령이 다녀가고 진도체육관에는 커다란 모니터가 생겼습니다. 온종일 사고해역의 수색 장면을 실시간으로 보여주려 설치했다는 그 모니터 속 화면이 '실시간'이 아니라는 사실을 눈치채기까지는 그리 오래 걸리시 않았습니다.

에어포켓 공기주입이 끝나고 그토록 기다리던 생존자는 돌아오지 않았습니다. 세월호만 완전히 가라앉아 버렸습니다. 비죽 솟아있던 배 앞머리마저 더 이상 보이지 않게 된 순간, 모든 희망이 사라졌습니다.

내 아이의 이름은 신호성입니다. 내 삶의 전부였습니다. 남들 나 겪는 사춘기 시절에도 고단한 엄마 챙기느라 투정 한번 안 했던 아들이었습니다. 그런 아이를 잃는다는 것은 내가 살아야 할 이유가 없어진 겁니다. 그러니 세월호가 시야에서 완전히 사라진 그 순간 나는 산 채로 죽었습니다.

그런 나에게 누군가는 다가와 함께 울어주었고, 또 누군가는 침을 뱉으며 손가락질했습니다. 17년을 고이 키운 아들을 잃었건만 대통령과 정치인들은 순수 유가족인지 아닌지를 묻기도 했습니다. 유가족이면 좀 가만히 있으라고 호통도 쳤습니다. 세월호참사 진상규명을 요구했던 순간부터요.

가족을 잃는 고통이 무엇인지 안다며 박근혜 대통령이 우리에게 말했습니다.

"이번 사고에 제대로 대처하지 못한 최종 책임은 대통령인 저에게 있습니다. 그 고귀한 희생이 헛되지 않도록 대한민국이 다시 태어나는 계기로 반드시 만들겠습니다. 대형 참사 책임자가 솜방망이 처벌을 받지 않도록 만들겠습니다."

그렇게 눈물까지 흘리며 책임자 처벌을 약속했던 대통령과 정부는 정작 우리가 세월호참사 진상규명을 요구하자 태도가 달라졌습니다. 언제든 찾아오라더니 대통령을 만나러 청와대로 향할 때면 어김없이 경찰이 우리를 막았습니다. 목숨을 내걸고 단식하는 우리를 두들겨 패고 조롱하라고 보수

책임을 묻다

단체를 부추겼습니다. 원한 적도 요구한 적도 없는 피해지원 항목을 마구 덧붙여 퍼뜨렸습니다.

우리가 외친 세월호참사 진상규명은 그때 박근혜 대통령이 약속한, 바로 그 두 가지였습니다. 대한민국을 안전한 나라로 만들 것. 대형 참사 책임자에게 합당한 처벌을 할 것. 그게 왜 그토록 어려운 일이었나요?

이렇게 갑자기 수학여행 가던 아이가 잘못됐는데, 도대체 뭐가 어떻게 된 건지 알고 싶다고, 누가 잘못한 건지 밝혀달라는 게 그게 그렇게 잘못된 요구입니까? 청와대가 컨트롤타워가 아니라고 말만 하면 다 되는 겁니까? 그러면 대통령이 왜 필요합니까? 대통령이 모든 걸 다 할 수는 없는 거 아니냐구요? 국민이 위험에 처하면 대통령이 나서서 '내가 다 책임질 테니 모든 자원을 동원해라. 무슨 짓을 해서라도 반드시 국민을 지켜라!' 이렇게 명령을 내리고 제대로 지켜봐야 하는 겁니다.

청와대는 자신들의 책임을 감추기 위해 거짓말만 했습니다. 대통령은 진상규명과 책임자 처벌을 약속을 어겼습니다. 정부는 가족을 잃은 우리 유가족들을 끊임없이 괴롭히고 고립시켰습니다. 우리와 함께 진상규명을 외치는 모든 사람을 적으로 몰았습니다.

그날 이후 거리 곳곳이 우리에겐 지붕 없는 감옥이었습니다. 청운동 주민센터 앞, 경복궁 현판 앞, 안국동 사거리, 광화문 광장… 어린 시절 아이 손을 잡고 나들이 다녔던 그 거리에서 우리는 수많은 경찰차에 가로막혀 들어설 수도 나갈 수도 없었습니다.

고립된 공간에서 바라보는 길 건너 세상은 평온해 보였습니다. 그 평온함이 낯설어 서러웠습니다. 그저 시키는 대로 열심히 일하고 세금 꼬박꼬박 내고 살아왔는데 하루아침에 내 아들을 데려가더니, 어떻게 된 일이냐고 묻자마자 국가는 우리를 거리에 가두고 외면했습니다. 정부가 거짓말하지 않고 약속을 지키고 피해자의 고통에 공감하고 위로했더라면, 나는 조금 더 일찍 그 세상으로 돌아갈 수 있었을 겁니다. 다시 돌아갈 길을 정부가 막았습니다. 이런 우리에게 걸핏하면 지긋지긋하다고 피곤하다고 비난하던 권력자들에게 묻고 싶습니다.

무슨 짓을 해도 호성이는 돌아오지 않는데, 그런데도 이 세상 좀 더 좋은 곳으로 바꿔보겠다고 밤낮없이 거리를 헤맸습니다. 뻔히 아는 사실임에도 너무 당당히 거짓말을 일삼고 약속을 헌신짝처럼 패대기치는 정치인들의 폭력을 견뎠습니다. 본인들의 잘못은 인정하지 않고 국민 탓만 하는 당신들의 뻔뻔함에 수없이 치를 떨었습니다. 우리가 지긋지긋하고 피곤하다구요? 아무렴 나만 하겠습니까?

나는 당신들의 거짓말이, 당신들의 책임 전가가, 당신들의 가벼운 약속이 너무 지겹고 피곤합니다.

책임을 묻다

청와대

진상규명 방해의 컨트롤타워

1. 청와대로 갑시다

참사 당일 밤부터 '세월호 선내 에어포켓 부분에 33명이 살아 있다'는 허위 주장이 실종자 가족들의 마음을 흔들었다. 해경을 비롯한 전문가들은 이미 선수 일부만 남기고 침몰한 세월호 객실에는 에어포켓이 없다는 사실을 알고 있었지만, 가족들에게 이 사실을 설명하거나 설득하지 않았다. 박근혜 대통령은 한술 더 떠 해경에게 공기주입을 재촉했다.

4월 18일 10:50경 중앙대책본부는 세월호 선내에 산소를 주입했다고 발표했다. 그로부터 한 시간 뒤 세월호는 물에 완전히 가라앉아 뱃머리마저 시야에서 사라졌다. 희생자 수습이 본격적으로 시작되었고 실종자 가족들은 충격과 절망에 휩싸였다.

진도체육관과 팽목항은 통제 불능의 아수라장이었다. 수습된 희생자가 팽목항에 들어온다는 소식이 전해지면 현장에 있던 사람들이 우르르 몰려들었다. 카메라 기자들은 실종자 가족들을 밀치고 시신을 향해 셔터를 눌렀다. 공영방송 KBS 기자는 시신을 덮은 천을 들추었다.[1] 가족 행세를 하며 잠입 취재를 하던 기자들과 사복을 입고 실종자 가족들을 사찰하던 정보관들이 발각되는 소동도 벌어졌다.

대통령 곁에서 실시간 상황 보고를 약속했던 해수부장관은 나타나지 않았다. 해경의 상황브리핑은 오락가락했고 언론의 보도는 현장 상황과 너무 달랐다. 참다못한 실종자 가족들은 청와대로 가자고 뜻을 모았다.

4월 20일 새벽 1시. 진도체육관 주변을 경찰이 둘러쌌다. 실종자 가족들과 단원고 3학년 학생들이 청와대를 향해 걷기 시작한 것이다. 02:50경 진도대교로 향하던 실종자 가족들은 국무총리가 탄 차량과 마주쳤다. 면담을

---

1 「사참위 종합보고서」, 169쪽.

요청하며 대치 중이던 실종자 가족들을 향해 경찰청 차장이 소리쳤다.

"이것은 명백한 불법 행위입니다. 지금 시간이 몇 시입니까?"

현장을 지켜보던 영국 BBC기자는 경찰이 실종자 가족들의 행진을 겹겹이 에워싸며 차단하는 모습을 '기이한 광경'이라고 두 차례나 언급하며 보도했다.[2] 국내 언론들은 침묵했다.

2. 청와대는 재난컨트롤타워가 아니다

세월호참사 수습을 위해 구성된 중대본은 사고 당일부터 탑승객 수와 해경의 구조 조치 관련 브리핑을 번복하며 오락가락했다. 모든 세력을 총동원해 구조 작전을 수행 중이라는 정부 발표가 사실이 아니라고 사고해역을 다녀온 실종자 가족들은 항의했다.[3]

4월 18일 실종자 가족들은 대국민 호소문을 통해 "아이들을 보러 현장에 도착했지만, 현장에는 책임을 지고 상황을 정확히 판단해주는 사람이 아무도 없다."며 정부가 컨트롤타워 역할을 제대로 하지 않는다고 지적했다.

4월 19일 언론이 해경을 비롯한 정부 책임에 대해 보도하기 시작했다. 동아일보는 '진도 여객선 침몰사고를 수습하는 과정에서 정부에 대한 신뢰도 함께 침몰하고 있다. 사망자와 실종자, 구조자의 신원이 수차례 오락가락 발표되면서 실종자 가족들은 정부에 강한 불신을 드러내고 있다', '이번 사고는 발생부터 수습 때까지 정부의 허술한 재난대응시스템의 민낯을 그대로 보여줬다'[4]고 지적했다.

청와대가 언론보도에 개입하기 시작했다. 4월 21일 KBS의 9시 뉴스 첫 번

---

2   『세월호 보도 저널리즘의 침몰』(방송기자연합회 저널리즘 특위 재난보도 분과위 공저), 2014, 129쪽.

3   '"아이들 살릴 수 있도록 도와주세요" 세월호 실종자 학부모들 대국민 호소문', 오마이뉴스, 2014. 4. 18.

4   '승선명단에 없는 사망자… 구조명단에 있는 실종자…', 동아일보, 2014. 4. 19.

째 기사는 "사고 초기 해경, '언딘' 때문에 군 투입 못해"로 해경의 책임을 강조하는 내용이 있다. 청와대 홍보수석 이정현은 즉시 KBS 김시곤 보도국장에게 전화를 걸어 항의하며 정부 책임에 대한 보도를 자제하라고 요청했다.

"해경이 잘못한 것처럼 몰아가는데… 지금 이 시점에서 그렇게 그 해경하고 정부를 두들겨 패는 게 그게 맞습니까?"

국가안보실도 나섰다. 4월 23일 민경욱 청와대 대변인은 "동아일보에 실종된 청와대 컨트롤타워 보도가 나왔는데, 청와대는 재난 컨트롤타워가 아니라 안보, 통일, 정보, 국방의 컨트롤타워이다. 자연재해 같은 거 났을 때 컨트롤타워가 아니다."라고 말했다. 이 발언은 김장수 국가안보실장의 말을 그대로 전한 것이었다. 그러나 김장수는 1년 전인 2013년 4월 28일 국회운영위원회에서 이와 반대로 말했다.

"국가안보실은 안보, 재난, 국가 핵심 기반 시설 분야 위기 징후에 대한 24시간 모니터링 체제를 구축하고 있습니다. 국가안보 및 위기관리 전반에 관련된 범정부적 대응 활동을 조정·통제하며 국가비상사태에 대비하는 '컨트롤타워'로서의 역할을 하는 국가 위기관리 업무수행 체계를 구축하고 있습니다."

박근혜는 국무회의에서 '선장과 선원들의 행위는 상식적으로 도저히 납득할 수 없고 용납될 수 없는 살인과도 같은 행태였다'고 맹비난했다. 대통령 자신과 정부의 잘못에 대해서는 단 한마디도 하지 않았다.

청와대와 정부를 향한 국민 비난 여론은 커졌다. 4월 27일 리서치뷰 여론조사에 따르면 국민들은 세월호참사의 책임이 가장 큰 정부 당국을 '청와대'라고 보았다. 89.9%의 국민이 정부가 초동대처를 더 신속하게 했더라면 인명피해가 줄었을 거라고 했다. 대통령 지지율도 급속히 하락했다.

<세월호참사 관련 정부 대처 평가(리서치뷰, 팩트TV 여론조사결과)[5]>

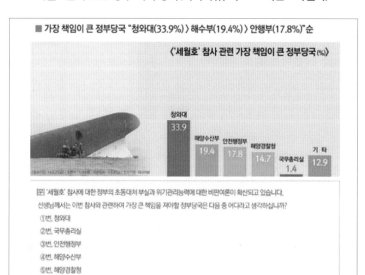

▲ 출처 리서치뷰

그해 6월 4일에는 지방선거, 7월 30일에는 재보궐선거[6]가 예정되어 있었다. 야당이었던 새정치민주연합은 세월호참사로 박근혜 정부의 무능과 무책임이 확실히 드러났다며 연일 박근혜 심판론을 주장하고 있었다. 청와대는 세월호참사 책임에서 벗어나기 위해 모든 국가기관을 동원하기 시작했다.

---

5   [사참위 직나-4] 「조사보고서」, 166쪽.

6   15석 차지를 둘러싼 국회의원 재보궐 선거와 1석의 기초의원 재보궐선거였다. 대표적인 국회의원 재보궐선거는 서울 동작구(을) 새누리당 나경원 후보와 전 노원구 병 국회의원 故 노회찬 후보 대결이었다.

3. 해경 수사는 막고 유병언 수사는 키워라

4월 17일 대검찰청과 해양경찰청은 검경합동수사본부를 만들어 수사를 시작했다. 수사의 방향은 크게 세 가지였다. 세월호참사 원인은 광주지검 목포지청을 중심으로 검경합수부가, 세월호 관리 감독과 해운비리는 부산지검과 인천지검이, 해경의 부실한 대응 수사는 광주지검이 담당했다.

청와대는 세월호참사 수사에 두 가지 기조로 대응했다. 광주지검이 담당한 해경 수사는 막고 인천지검이 담당한 유병언 일가 수사는 독려했다.

박근혜는 5월 27일 국무회의에서 "이번 참사의 근본적 원인인 유병언 일가가 국민 앞에 반성하고 진상을 밝혀야 함에도 지금 법을 우롱하면서 국민의 공분을 자처하고 있다."고 말했다. 이후에도 유병언 검거 총력 당부(6월 10일), 유병언 수사 관련 조치 사항(8월5일), 유병언 측근 수사(2014년 9월 16일) 등 4차례나 유병언 일가 수사에 대해 언급했다.[7]

김기춘은 5월 16일 대통령비서실장 주재 수석비서관 회의(이하 실수비 회의)에서 직접 민정수석에게 지시했다.

"검찰이 명운을 걸고 경찰과 협력해서 유병언 일가에 대한 체포영장을 법대로 집행하고 대상자를 검거할 수 있도록 독려하세요. 수사목적을 위해서뿐 아니라 국법 질서 확립 차원에서도 반드시 이들을 체포하고 검거해야 합니다."

김진태 검찰총장은 세월호참사 직후 "고사상에 '돼지머리'를 올리는 심정으로 국민의 분노를 잠재우기 위해 '희생양'이 필요하다."는 취지로 말했다. 돼지머리 수사는 세월호 실소유주로 알려진 '유병언 수사'가 되었다.[8]

---

7   "돼지머리 수사" 받아쓴 언론, 유병언 쫓느라 진실을 놓쳤다', 미디어오늘, 2016. 9. 7.

8   '기자의 시각 "돼지머리 수사"', 조선일보, 2020. 3. 23.

유병언 수사는 인천지검이 맡았다. 4월 23일부터 인천지검 특별수사팀은 청해진해운 관계사와 구원파 용산 사무실 15곳을 압수·수색했다. 유병언 검거 작전에 검사 15명, 특별수사팀 수사관 110명을 투입했다. 사상 최고 액수인 현상금 5억 원도 걸었다. 경찰도 연인원 145만 명을 동원했다.[9] 밀항을 막기 위해 해경 2,100여 명, 함정 60여 척도 대비했다. 기무사에도 유병언 부자 검거 지원을 지시했다. 국가안보를 책임진 기무사가 민간인 유병언을 체포하기 위해 TF를 만들고 특수부대와 헌병대도 동원했다.[10]

<2014년 인천지검의 유병언 수사 상황 백브리핑[11]>

검찰은 기자들에게 유병언 수사와 관련된 정보를 무려 27회나 비공식적으로 넘겼다. 언론은 유병언 검거 작전을 대대적으로 보도했다. 5월 3일 이

---

9 '끝까지 유병언에 농락당한 검수뇌부 퇴진론까지 거론', 헤럴드경제, 2014. 7. 22.
10 '기무사에 '유병언 보고' 받은 박근혜 청와대 "최고의 부대"', 오마이뉴스, 2018. 11. 6.
11 [사참위 직나-4] 「조사보고서」, 188쪽.

후 세월호참사 수색 보도는 급격히 줄었다. 언론은 유병언의 행적을 좇는 데 집중했다. 언론의 실시간 중계 보도로 국민의 관심도 세월호참사의 원인 규명이 아닌 유병언 개인의 행방으로 쏠렸다.

<2014년 유병언 수사 당시 언론사의 관련 보도 건수[12]>

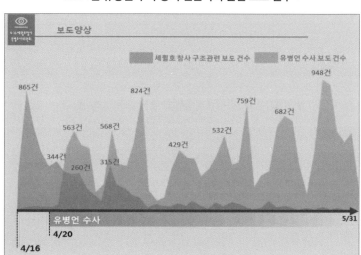

한편 광주지검은 수사가 시작되고 한참 지난 5월 29일이 되어서야 해경 전담수사팀을 꾸렸다.[13] 수사팀은 "세월호 침몰사고와 관련하여 구조 활동을 총괄하고 있는 해양경찰 공무원들의 조난 희생자 구호 과정에서의 직무유기, 허위공문서 작성, 직권남용 등 각종 의혹에 대한 철저한 수사 및 진상규명 요구가 범국민적으로 제기돼 수사의 필요성이 있다. 해양경찰청 본청, 서해지방해양경찰청, 목포해양경찰서, 해양경찰청 중앙구조본부, 진도 관제센터 등에 대해서 신속하게 선체에 진입하거나 방송장비들을 동원하여 객

---

12 「사참위 진상소위보고서」, 343쪽.
13 '황교안 법무부, 선거 의식해 세월호 수사 지연시켰다', 한겨레신문, 2017. 5. 30.

책임을 묻다

실 내에 있는 승객들로 하여금 선체 밖으로 퇴선, 탈출할 수 있도록 조치하지 아니한 점에 대해서 수사하기로 했다."고 발표했다.

이 해경 수사는 언제고 해경지휘부와 청와대로 향할 수 있었다. 수사 결과 해경지휘부의 잘못이 밝혀지면 이는 곧 청와대, 대통령의 책임과 직결될 수 있었다. 폭발력 있는 문제였다. 청와대가 재난컨트롤타워로서 직접 지휘해야 할 기관이 해양경찰청 중앙구조본부라고 인식되었기 때문이었다. 청와대 관계자들은 자신들의 책임을 숨기기 위해 해경지휘부 수사를 막아야 했다.

법무부와 대검수뇌부는 6·4지방선거를 의식해 수사팀 구성을 최대한 늦추고 일체 대외수사를 하지 못하도록 막았다. 결국 지방선거가 끝난 다음 날인 6월 5일 광주지검 수사팀은 해양경찰청 본청의 전산 서버를 압수·수색했다.

청와대 민정수석비서관 우병우가 수사팀에 전화를 걸었다.[14]

"해경 상황실 서버에는 청와대와 해경 사이의 통화 내역 같은 민감한 부분이 보관되어 있는데 거길 꼭 압수·수색하려는 이유가 뭔가?"

수사팀장이 대답했다.

"이미 영장에 압수·수색 대상으로 기재되어 있습니다. 이 상황에서 안 하면 직무유기가 될 수도 있으니 수사팀으로서는 할 수밖에 없습니다."

잠시 침묵하던 우병우가 답했다.

"정 그렇게 끝까지 압수·수색을 강행하겠다면 서버가 본청 건물과 별도의 건물에 있으니 그걸로 압수·수색영장을 다시 청구해라."

해경 본청 전산 서버에는 참사 당일 해경본청과 청와대가 핫라인으로 교

14 '[단독]우병우 "해경 상황실 서버 수색 말라"… 세월호 수사팀에 압력', 한겨레신문, 2016. 12. 20.

신한 음성파일이 있었다. 이 음성파일이 정밀히 분석되면 해경본청에게 실시간으로 보고를 받고도 상황 파악조자 제대로 못했던 대통령과 청와대의 책임이 온 세상에 드러날 수 있었다.

4. 감사원[15]의 청와대 감사 결과 '사건 불성립'

감사원은 5월 21일 청와대 감사를 시작했다. 핵심 쟁점은 '대통령이 청와대 대통령비서실과 국가안보실로부터 세월호 상황 보고를 실시간으로 받았는가'와 '국가안보실이 컨트롤타워인가' 두 가지였다.

감사원은 청와대 비서실에서 작성한 서면보고서 11건과 국가안보실이 작성한 서면보고서 3건, 통화기록을 모두 제출하라고 요청했다. 청와대는 거부했다. 감사원은 '세월호 사고 상황의 보고에 관한 질의 사항'이라는 제목으로 28개 항목의 질의서를 청와대에 보냈다. 이 질의서에 국가안보실은 20매, 대통령비서실은 16매 정도의 구체적인 답변서를 준비했다. 그러나 김기춘은 답변서들을 모두 반려했다. 대신 감사원의 질문과 아무런 관련이 없는 내용으로 각 1장짜리 답변서를 만들어 제출하게 시켰다.

2014년 10월 10일 감사원은 청와대 감사 결과를 '사건 불성립'이라는 이유로 감사보고서에 담지 않았다. '사건 불성립'은 감사 대상 기관(청와대)이 해당 사안(세월호참사 대응)을 적절하게 처리했다고 판단할 때 내리는 결론이었다.[16]

---

15 감사원은 행정기관과 공무원들의 직무에 관한 감찰을 위해 마련된 독립적 헌법기관이다. 따라서 감사원은 행정기관의 사무와 소속공무원 직무에 대하여 광범위한 감찰까지 실시할 수 있다.

16 감사원이 사건 불성립으로 처리하면 감사 결과 보고서에 해당 사안의 진위를 설명하지 않아도 된다. '대통령이 청와대 대통령비서실과 국가안보실로부터 세월호 관련 상황 보고를 받았는가'와 '국가안보실이 컨트롤타워인가'라는 쟁점에 대해 감사원은 사건 불성립으로 처리했다. 희생자 가족과 국민이 알고 싶었던 두 가지 의혹을 알 수 없는 영역으로 만들어 버린 것이다. 이후 서울중앙지검이 '박근혜 정부의 세월호참사 청와대 보고 및 대응 조작 수사'를 한 결과, 감사원의 사건 불성립 판단은 잘못이었음이 드러났

<실지감사 부속서류 정리보고서 중 '감사자료 확인사항'[17]>

감사자료 확인사항

구분	감 사 자 료 개 요	확 인 결 과
신문 보도 사항 등	• 국가안보실이 컨트롤타워인지 여부	• 현행 법령 체계상 중앙재난안전대책 본부에 재난관리의 총괄 조정·지휘 권한이 부여되어 있어 재난 관리의 컨트롤타워는 중대본으로 봄이 타당 하므로 사건 불성립
	• 대통령께서 사고 상황을 제대로 보고받았는지 여부	• 대통령께 관련 사고상황이 적정 보고된 것으로 판단되어 사건 불성립
	– 승객들이 전복된 선체에 갇혀 있는 사실을 몰랐다는 의혹	– 대통령의 중대본 방문 전 해당사실이 보고됐다고 확인서를 제출했고 – 관련자의 확인서와 대통령의 중대본 방문시 동영상에 따르면, 대통령께서 "배에서 빠져나오지 못한 승객이나 학생 구조에 최선을 다하라"고 지시 하신 후 – "구명조끼 입은 학생을 발견하기 힘드 냐"고 말씀하신 바, 선체잔류 사실을 몰랐다고 보기 곤란함 ※ 확인서 및 동영상 녹취록 별첨
	– 중대본의 368명 구조 오보가 즉 시 정정 보고되었는지 여부	– 13:00경 368명이 구조되었다고 보고 했다가 14:50경 164명으로 정정보고 하였다고 확인서를 제출했고 – 중대본 방문 동영상에도 "처음 구조 인원 발표된 것 하고 나중에 확인된 것하고 차이가 200명이나 있었는데 어떻게 그런 큰 차이가 날 수 있습니 까?"라고 말씀하신 바 있어 관련 보 고를 받은 것으로 판단

청와대 감사 핵심 쟁점인 국가안보실이 컨트롤타워인가 여부는 감사원이 「국가위기관리기본지침」만 확인하면 진실이 분명하게 드러날 수 있었다. 감사원에는 감사 대상 기관이 자료 제출을 거부하는 경우 벌칙을 적용할 수 있는 규정[18]도 있다. 감사원은 국가안보실과 청와대 비서실의 자료 제출 거

다. 대통령이 제대로 보고를 받지 못했다는 것은 사실이었고, 국가안보실이 컨트롤타워라는 것도 사실이 었다.

17 [사참위 직나-4] 「조사보고서」, 24쪽.

18 감사원법 제51조 (벌칙) ① 다음 각 호의 어느 하나에 해당하는 자는 1년 이하의 징역 또는 1천만 원 이하

부를 감사원법 위반으로 고소하지 않았다. 순순히 받아들였다.

  황찬현 감사원상과 김기춘 두 사람은 모두 마산중학교를 졸업했다. 서울
중앙지법원장이었던 황찬현 감사원장은 2013년 12월 감사원장이 되었다.
김기춘 전 비서실장에게 직접 임명 통보를 받았다. 2014년 9월 1일 황찬현
감사원장은 감사 결과를 공식적으로 발표하기도 전에 감사 대상 기관인 청
와대에 들어가 직접 보고했다. 감사원의 독립성에 반하는 행동이었다.

<長○○ 감사원장 報告—off the Record로 할 것>

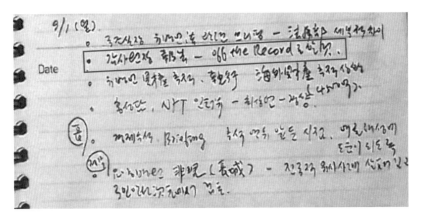

故 김영한 업무수첩(2014. 8. 11.)

5. 피해자와 국민의 탓이다

  청와대는 주장했다. 세월호참사는 우리 사회에 켜켜이 쌓여온 적폐, 비정

의 벌금에 처한다. <개정 2014. 1. 7.>
1. 이 법에 따른 감사를 받는 자로서 감사를 거부하거나 자료제출 요구에 따르지 아니한 자
2. 이 법에 따른 감사를 방해한 자
3. 제27조제2항 및 제50조에 따른 정보 또는 자료의 제출이나 출석하여 답변할 것을 요구받고도 정당한
사유 없이 이에 따르지 아니한 자
② 제27조제4항을 위반한 자는 3년 이하의 징역 또는 2천만 원 이하의 벌금에 처한다.
③ 제2항의 징역과 벌금은 병과(倂科)할 수 있다.

책임을 묻다

상의 결과물이며 국민의 안전불감증이 문제라고. 세월호참사의 책임을 정부의 잘못이 아닌 국민 모두와 피해자들에게 전가한 것이다.

2014년 5월 4일 실수비회의에서 김기춘이 말했다.

"사회 민간에서 안전불감증을 제거할 안전의식 개혁이 필요하다. 안전시민운동 등 사회개조 노력이 과거 새마을 운동처럼 정부만의 노력이 아니라 관민 협력하에 요원의 불길처럼 이루어지고 번져나가는 분위기를 만들 필요가 있다."

사흘 뒤인 5월 7일에는 조선일보 김대중 주필의 '국민적 분노를 국민적 훈련으로'라는 칼럼(5월 6일, 조선일보 2면)을 언급했다.

"국민 의식 개혁 없이는 제2의 세월호 사고를 막기 어려울 것이므로 동 기고문 내용과 같은 의견을 널리 확산할 필요가 있으며 국민 의식 개혁을 촉구하는 사회적 분위기가 조성되도록 언론이 적극적인 역할을 해주도록 촉구할 것."

<청와대, "시민단체와 함께 추진할 수 있는 『국민운동』 아젠다(안)[19]>

시민단체와 함께 추진할 수 있는 『국민운동』 아젠다 (안)

① 국민의식 개혁

1. 국민안전 지킴이, 「안심 암행어사」 활동 전개
   ○ "세월호 참사는 안전문화가 정착되지 못해 발생한 우리 모두의 책임이다"라는 인식하에, 일상생활에서 안전을 위협하는 요소를 발굴·제거하여 '안전의 생활화'를 추진

---

19 [사참위 직나-4] 「조사보고서」, 190쪽.

정무수석실은 이 지시에 따라 대통령 자문기구인 국민대통합위원회에서 '생활 속의 삭은 실천, 나의 약속 캠페인'을 추진한다는 자료를 만들었다. 세월호참사로 드러난 우리 사회의 도덕성 상실, 안전불감증을 극복하기 위해 시민사회 종교단체와 함께 국민들의 '생활 속 작은 실천'을 하겠다는 내용이었다.

청와대는 또한 세월호참사 원인 중 하나로 '세월호 탑승객의 대피 요령 등 피해자들의 안선의식 부족'이라는 취지의 주장도 했다. 2014년 7월 8일, 청와대 티타임 회의 내용이 담긴 안종범의 업무수첩에는 세월호참사의 직접적 원인이 '승객 탈출 기피'라고 적혀 있었다.[20]

<세월호참사의 직접적 원인>

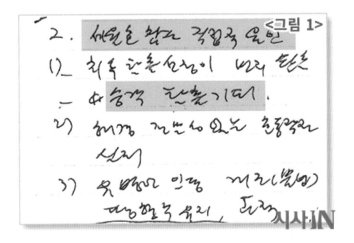

1. 최후 탈출 선장이 먼저 탈출, 승객 탈출 기피, 2. 해경 전문성 없는 초동작전 실패,
3. 유병언 일당 개조(불법)평형수 유지, 과적

---

20 '단독 입수 안종범 업무수첩, 검은 거래', 『시사IN』 487호, 2017. 5. 3.

책임을 묻다

박두용 한성대 교수는 국민 안전교육에 대해 다음과 같이 지적했다.[21]

"'안전불감증', '안전교육', '안전문화' 위 세 가지는 우리나라에서 대형참사나 안전사고가 벌어졌다 하면 약방의 감초처럼 등장하는 3종 세트다. 여기에 하나 더 추가하자면 근로자 과실이나 작업자 부주의, 또는 운전자 부주의다. 사고의 종류나 재난의 유형 같은 것은 상관없다. 사고의 직접적 원인이 무엇이고 근원적 원인이 무엇인가는 묻지도 따지지도 않는다. 작업자 부주의로 인해 사고가 났고, 이것이 바로 안전불감증이고, 그러니까 안전교육을 시켜야 하고, 그래서 안전문화를 바꿔야 한다는 것이다. 그야말로 '기-승-전-안전교육'이요, '기-승-전-안전문화'다.

정말 그럴까? 일단 세월호참사부터 따져보자. 누구를 대상으로 무슨 교육을 시키겠다는 것인가? 선실 내에서 기다리라고 해서 차분하게 기다린 학생들에게 도대체 무슨 교육을 시키겠다는 것인가? 안내방송 따위는 믿지 말라고 가르칠 것인가? 배가 일정 이상 기울거나 이상 현상이 나타나면 각자 판단해서 탈출하라고 가르칠 것인가? (중략) 더 이상 애꿎은 국민 탓 좀 그만하기 바란다. (중략) 안전교육은 참으로 그럴싸해 보이지만 피해자를 가해자로 만드는 프레임이라는 점에서 독약과도 같다."

6. 그때 그 시절

2014년 4월 30일 정의당에서, 5월 1일은 새정치민주연합에서 공식적으로 세월호참사 국정조사를 요구했다. 5월 15일 여야는 국정조사 대상에 청와대도 포함시켰다. 국정조사를 이틀 앞둔 7월 8일. 청와대에서는 대통령비서실

21 『재난을 묻다- 반복된 참사 꺼내온 기억, 대한민국 재난연대기』(416 세월호 참사 시민기록위원회 작가기록단), 서해문집, 2017, 179쪽.

장이 주재하는 실수비회의가 열리고 있었다. 그날따라 회의실 분위기는 무거웠다. 김기춘 비서실장이 입을 열었다.

"이 자리에 계신 모든 수석들에게 오늘은 좀 당부드릴 말씀이 있습니다. 음, 지금 뭐 다들 아시겠지만 5·16에 대해 쿠테타니 뭐니 황당한 말들이 있습니다. 그 당시 우리나라가 어떤 상태였습니까? 그야말로 세계에서 제일 가난한 나라였어요. 게다가 국민들의 반공의식이 약해지면서 사회는 뭐 초등학생들까지 시위에 나설 정도로 온통 무질서한, 말 그대로 국가 위난 상태였던 겁니다. 그래서 보다 못한 애국 군인들이 이거 안 되겠다. 우리가 나서서 이 나라를 구해야겠다. 이런 구국의 마음으로 이룬 거사가 바로 5·16인 겁니다. 유신헌법도 마찬가지입니다. 당시 남북 간 체제경쟁이 치열했어요. 주한미군까지 철수한다 어쩐다 하면서 그야말로 국가안보가 위중한 상태였다 이겁니다. 그래, 불가피하게 우리 국력을 모아서 이 위기 상황을 슬기롭게 대처해보자는 마음에 내린 불가피한 조치였습니다. 흐음… 오늘날 우리가 향유하고 있는 이 모든 자유와 번영의 토대가 바로 5·16이었다는 점을 현 정부에서 일하시는 분들은 다들 분명히 인식해야 할 겁니다."[22]

1972년 국회를 해산하고 비상계엄령을 선포하며 박정희 장기독재 집권의 바탕이 되었던 유신헌법의 골자는 김기춘이 만들었다. 박근혜의 부친 박정희 대통령은 이런 김기춘을 김똘똘이라 부르며 무척 아꼈다. 당시의 기억을 떠올리자니 새삼 감개무량했을 것이다. 그때 그 시절을 떠올리는 듯 잠시 눈을 감고 숨을 고르던 김기춘이 다시 말을 이었다.

"항간에 세월호 사고 관련해서 뭐 청와대 보고가 너무 늦었다느니 상황

---

22 [사참위 직나-6] 「조사보고서」, 44쪽, 실수비 회의 결과(비서실장 지시사항)를 바탕으로 각색한 내용임.

책임을 묻다

보고에 혼선이 있었다느니 하는데 이건 그야말로 어불성설입니다. 실태를 좀 똑바로 알아야 하는데. 자, 세월호 사고의 직접적인 원인이 뭡니까? 선장과 선원들이 승객들은 내팽개치고 자기들만 살겠다고 먼저 탈출한 거 아닙니까? 우리 해경이 전문성도 부족하고 그동안 훈련도 좀 부족했고 하다 보니 좀 미흡한 점도 있었습니다만, 중요한 건 청해진해운의 그 유병언 측이 무리하게 선박을 수선하고, 지나치게 화물을 과적하고 이런 탐욕 때문에 생긴 일입니다. 그런데 뭐 알지도 못하고 자꾸 청와대가 늦었다느니, 구조지휘를 잘못했다느니 뭐 이런 식으로 감히 야당이 공세를 펼치고 있는데, 이에 대해 일절 변명할 필요 없습니다. 다시 말하지만 이건 그야말로 말도 안 되는 주장입니다. 이 점을 다들 분명히 인식하고 앞으로 여야의원들을 만나면 당당하게 설득해라. 이것이 오늘 제가 여러분들에게 특별히 당부드리는 말씀입니다."

1970년 박정희 대통령 시절. 제주에서 부산으로 향하던 남영호가 여수 앞바다에서 침몰했다. 승선원 338명 중 314명이 사망했다.[23] 침몰 원인은 과적, 고박 불량, 선박 불법 개조였다. 선장과 선원들은 승객을 내버려 둔 채 도주했고 해경의 초기 대응은 아예 없었다. 국가는 선사와 선원들만 처벌했다. 관련 공무원들과 해경은 모두 무죄 판결을 받았다.

김기춘에게 세월호참사는 그때 그 시절 남영호 사건과 모든 것이 비슷했다. 다만 피해자들의 저항과 좌파들의 정부 비판이 너무 길어지고 있을 뿐. 그는 이 상황이 몹시 불편했다. 수석들은 연신 고개를 끄덕이며 바쁘게 손을 놀렸다. 그들의 업무수첩은 김기춘의 지시사항들로 빼곡히 채워져 갔다.

---

23 「사참위 안전소위 보고서」, 89~90쪽.

<故 김영한 업무수첩 기재사항(2014. 7. 8.)[24]>

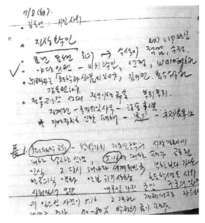
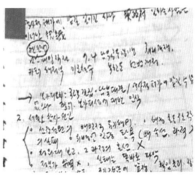

長(장) 1. 국정철학 공유 -헌법 가치 자유 민주주의 시장경제에 대한 확고한 신념, 5·16에 대한
평가 공통된 인식 그 당시 우리나라 세계 최빈국 북한보다 가난 반공 의식 약화 안보
위기 상황. 초등학생도 시위 사회질서 문란 애국심 가진 군인 구국의 일념에 일으킨
사건이 5·16 그 결과 경제성장 자유와 번영을 구가. 70~80% 박정희 높이 평가. 역사
적 평가에 맡길 일이긴 하나 現政府(현정부) 일하는 사람은 이러한 認識(인식)

유신헌법

월남 패망 직전 7·4 남북공동성명 체제경쟁

카터 행정부 미군 철수 북한도 헌법 개정

→ 불가피로치: 국력 결집, 남북대결 / 역사적 평가에 맡길 수밖에 없으나 경위, 불가
피성에 대한 인식

2. 세월호참사 원인

· 선상선원의 배반적 유기행위

· 해경초동구조작전의 실패

· 유병언 일당 탐욕(배 수선, 과적)

· 청와대 보고, 그 과정의 혼선 X

· 정부가 弁明(변명) X, 실태는 똑바로 파악

---

24 [사참위 직나-6] 「조사보고서」, 45쪽.

7월 7일, 청와대 업무 현황 보고를 위한 국회운영위원회가, 7월 10일, 세월호 침몰사고 진상규명을 위한 국정조사특별위원회(이하 '국조특위'라고 한다) 조사가 시작될 예정이었다. 당시 야당이었던 새정치민주연합은 원내대변인 공식브리핑을 통해 "세월호참사의 진상규명, 그 핵심은 세월호 사고 당일 대통령이 언제, 누구로부터 최초의 상황 보고를 받았는지, 보고 받은 후에 어떤 지시를 내렸는지, 도대체 오후 5시 10분 중대본을 방문할 때까지 약 8시간 동안 청와대는 무엇을 했는지 밝혀져야 한다."고 발표했다.[25]

김기춘은 '4·16 여객선 침몰사고 상황보고서'가 대통령에게 실시간으로 보고되지 않았다는 사실을 알고 있었다.[26] 2014년 5월 15일, 실수비에서 김기춘은 이렇게 지시했다.

"세월호 사고와 관련해서 조만간 국회 운영위가 개최될 가능성이 높은데, 이때 사고 수습과 관련한 청와대의 역할과 조치 등에 대해서도 많은 질문이 있을 것으로 예상됩니다. 이에 대해 비서실이 한목소리로 대응할 수 있도록 철저히 준비하기 바랍니다. 정무수석은 청와대의 세월호 사고 첫 보고 접수부터 내용전파, 초동 조치, 대통령 현장 방문 등에 이르기까지 전 과정이 어떻게 진행됐는지 자세히 정리해서 내일 아침 실수비 시 보고하세요."

2014년 5월 중순부터 6월까지 수석비서실과 국가안보실 소속 행정관들은 매일 세월호참사 대응 관련 실무TF 회의를 했다. 김기춘은 2014년 6월

---

25 새정치민주연합 유은혜 원내대변인의 공식브리핑(2014. 5. 21.)

26 김기춘의 이 부분 관련 허위공문서작성죄 혐의에 대해 1, 2심은 유죄판단을 내렸다. 대법원은 이 공문서의 내용이 김기춘 개인의 의견표명이었다고 하며 무죄로 판단하였다. 그러나 대법원은 김기춘이 당시 대통령에게 상황보고서들이 실시간으로 보고되었는지 여부를 확인하지 않아 미필적 고의가 인정된다는 1, 2심의 사실관계 자체는 부정하지 않았다.

하순부터 7월 초순까지 답변자료 초안을 검토하며 14번 이상 회의를 주재했다. 7월 초부터는 아예 국회 대비 답변자료 항목을 하나하나 읽어가면서 검토하는 '검독회'를 진행했다. 김기춘이 '좋아, 다음으로 넘어가'라고 최종 승인해야 다음 항목을 논의할 수 있었다. 회의 참석자들 사이에 의견이 대립하면 김기춘이 직접 답변을 결정했다. 그는 자료를 집으로 가져가 사인펜으로 수정할 부분을 체크한 뒤, 다음날 검독회에서 '이렇게 바꾸라'고 고쳐주기도 했다.

검독회가 끝나갈 무렵 위기관리센터장 신인철이 문제를 제기했다.

"대통령에 대한 서면보고서를 출발시킨 시간과 대통령이 읽어본 시간이 다르니 이를 확인하여 실제 보고 시간을 특정해야 하는 것 아닙니까?"

누군가 "그걸 어떻게 대통령에게 물어봅니까?"라고 반문했다. 결국 대통령 보고 실제 시간은 확인하지 않았다.

김장수 국가안보실장은 박근혜 전 대통령에게 첫 서면보고가 오전 10시경 이루어졌고 10:15경 '단 한 명의 인명피해도 발생하지 않도록 하라'는 대통령의 첫 지시가 나왔다고 주장했다.

김기춘 전 비서실장은 국회에 나와 총 14회(비서실 11회+안보실 3회)에 걸쳐 대통령이 실시간으로, 끊임없이 보고를 받았다고 답했다. 국회의원 부좌현의 질의에 대한 국회 서면 답변서에도 이와 같은 내용을 적어 제출했다. 7월 7일 국회 운영위에서는 "대통령은 사실 출퇴근 개념이 없고 청와대 경내 어디에 계시든지 거기가 바로 대통령 집무실이다."라는 주장도 했다.

청와대가 국가 재난 상황의 컨트롤타워가 맞지 않느냐는 의원들의 질타와 추궁도 이어졌다. 김기춘은 세월호참사처럼 해상에서 일어난 대형 재난 참사 컨트롤타워는 청와대가 아닌 중대본이라고 주장했다. 재난안전법을 근거로 '안보'는 국가안보실, '재난'은 중대본이 맡고 있다고 한 것이다.

<세월호 보고 시각 조작 및 「국가위기관리기본지침」 변개 사건 경과[27]>

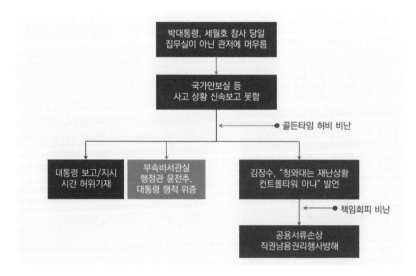

<공소사실별 관련 인물[28]>

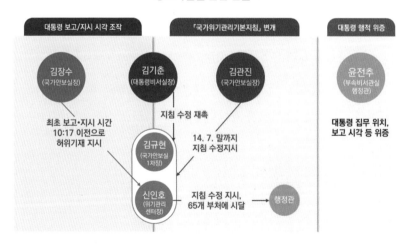

---

27 [사참위 직나-4] 「조사보고서」, 29쪽.

28 [사참위 직나-4] 「조사보고서」, 29쪽.

8. 「국가위기관리기본지침」도 마음대로 고쳤다

세월호참사 당시 효력이 있었던 「국가위기관리기본지침」 내용[29]은 김기춘, 김장수의 주장과 달랐다. 국가에 위기 및 재난상황이 발생하면 청와대 국가안보실이 재난 대응 컨트롤타워라고 분명히 규정하고 있었다.

국회운영위와 국조특위를 앞두고 2014년 6월 27일, 야당 의원들은 이 「국가위기관리기본지침」을 국회에 제출하라고 요구했다. 국회는 7월 7일부터 열릴 예정인 국회 운영위와 국조특위에서 청와대가 「국가위기관리기본지침」에 규정된 대로 재난 대응의 컨트롤타워 역할을 제대로 하지 못했음을 추궁할 계획이었다.

7월 1일, 김기춘이 주재한 청와대의 국회 대응 회의에서는 국회운영위와 국조특위가 열리기 전에 이 지침을 수정하자고 했다. '청와대(국가안보실)가 재난 대응의 컨트롤타워로서의 역할을 한다'라는 취지의 조항을 삭제하고 '안보 위기는 국가안보실이, 재난 위기는 안행부가 각 컨트롤타워가 된다'로 바꾸자는 것이었다. 그때 누군가 국회 일정 전에 지침을 수정했다는 사실이 알려지면 비난이 커질 수 있다고 말했다. 결국 「국가위기관리기본지침」 수정은 7월 10일 국조특위 이후에 하기로 결정했다. 회의에 참석했던 김규현과 신인호는 이 내용을 김장수에 이어 국가안보실장으로 임명된 김관진에게 보고했다.

7월 10일 국회 국조특위에 참석한 김기춘은 이렇게 말했다.

"일반적 의미로 청와대가 국정의 중심이니까 모든 일을 지휘하지 않겠냐

---

29 「국가위기관리지침」 제3조(책무) 국가위기관리를 위한 각 기관의 책무는 다음 각 호와 같다.
2. 국가안보실장은 대통령의 위기관리 국정수행을 보좌하고, 국가 차원의 위기관리 관련 정보의 분석 평가 및 종합, 국가위기 관리 업무의 가치 및 수행체계 구축 등 위기 상황의 종합관리 기능을 수행하며 안정적 위기관리를 위해 전략커뮤니케이션의 컨트롤타워 역할을 한다.

는 뜻에서 (컨트롤타워 논란이) 나왔겠지만, 법상으로 보면 재난 종류에 따라 지휘·통제하는 곳이 다르다. 청와대는 (컨트롤타워가) 아니다."[30]

청와대로 돌아온 후 김기춘은 국조특위 후속 조치를 논의하기 위한 회의에서 김규현과 신인호에게 물었다.

"지난번에 결정한 「국가위기관리기본지침」 관련 조항 수정은 됐습니까?"

"그게 아직 수정을… 못했습니다."

김기춘이 질책했다.

"아직까지도 관련 지침을 수정하지 않고 뭐 했습니까?"

김규현과 신인호는 만에 하나 이 사실이 알려지면 청와대가 책임을 회피하려 관련 지침까지 수정했다는 비난이 커질 것이라 염려했다. 정상적인 개정 절차를 거치면 시간이 꽤 걸린다는 사실도 보고 받았다. 결국 김규현과 신인호는 적법한 지침 개정 절차를 무시하고 멋대로 「국가위기관리기본지침」을 수정하기로 결정했다.[31]

7월 25일 신인호는 위기관리센터 직원에게 7월 31일까지 「국가위기관리기본지침」의 구체적인 수정 내용을 적어 보고서를 만들라고 시켰고, 작성된 보고서를 김관진에게 직접 보고했다. 김관진은 보고서에 적힌 대로 지침을 (적법한 개정 절차를 밟지 않고) 즉시 수정하고 관련 부처와 기관들에게도 똑같이 하도록 전달하라고 지시했다.

---

30 '김기춘 "靑은 재난 컨트롤타워 아니다" 책임 떠넘기기 일관', 한국일보, 2014. 7. 10.

31 「국가위기관리기본지침」은 대통령 훈령으로 '법제업무운영규정(대통령령)'과 '대통령훈령의 발령 및 관리 등에 관한 규정(대통령훈령)'을 따라 개정하는 것이 원칙이다. 따라서 이와 같은 행위는 청와대가 스스로 만든 규정조차 지키지 않은 것이었다.

<「국가위기관리기본지침」 변개 사건 관련자 및 내용[32]>

관련자	내용
김기춘 대통령비서실장	지침 수정 공모 및 지시
김관진 국가안보실장	지침 수정 공모 및 지시
김규현 국가안보실1차장	지침 수정 공모
신인호 위기관리센터장	지침 수정 공모 및 수정, 각 부처·기관 시달 지시

7월 31일, 신인호의 지시에 따라 행정관 박○○은 위기관리상황실 캐비닛에 있던 「국가위기관리기본지침」 원본을 꺼냈다. 관련 조문 14개 항 위에 볼펜으로 두 줄을 그어 삭제 표시를 하고 그 옆에 수정 내용을 손으로 일일이 적었다. 지침을 관리하는 65개 관련 기관과 부처에도 같은 방법으로 하라고 공문을 보냈다. 공문을 받은 방위사업청 비상계획담당자를 비롯한 각 부처 담당자들은 「국가위기관리기본지침」을 꺼내 같은 방법으로 해당 문항을 삭제하고 수정했다.

9. 애국 세력을 동원해 좌파 세력을 척결하라

박근혜 정부는 세월호참사 이전부터 국민을 좌파와 우파로 나누고 좌파 척결, 우파 보강이라는 기조를 세웠다. 정부를 비판하는 개인과 단체는 무조건 종북 좌파 세력이고, 친정부 성향의 개인과 단체는 애국 건전 세력이라고 불렀다.

2014년 1월 실수비에서 김기춘은 말했다.

"지금 형국은 우파가 좌파 위에 떠 있는 섬과 같다. 좌파 정권 10년에 엠

---

32 [사참위 직나-4] 「조사보고서」, 33쪽.

비정권 5년까지 총 15년 동안 내려진 좌파의 뿌리가 깊다. 모두가 전투 모드를 갖추고 불퇴전의 각오로 투지를 갖고 좌파 세력과 싸워나가야 한다."[33]

세월호참사 이후 국민들의 정부 비판에도 청와대는 이러한 기조로 대응했다. 국내뿐 아니라 해외에 거주하는 동포들에게도 마찬가지였다.

2014년 5월 11일 미국에 거주하는 한인 주부들로 구성된 '미시USA'가 뉴욕타임즈에 세월호참사와 관련해 박근혜 정부를 비판하는 광고를 게재했다. 격노한 김기춘은 다음날 실수비에서 지시했다.

"이 광고는 허위 과장 광고이다. 대한민국의 위상을 실추시켰다. 분노하고 강력하게 대응해야 한다. 새누리당, 평통, 자유총연맹, 재향군인회 등 관련 조직과 애국 건전 단체들이 적극적으로 나서서 조목조목 반박하고 대응하라. 미시USA에 불순 친북인사들이 참여해 반정부 시위를 주도하고, 종북 세력을 조직화하고 있으니 법무부, 국정원과 연계해 응징하라."

8월 17일 미시USA가 다시 2차 광고를 게재하자 청와대는 직접 보수단체 블루유니온을 동원해 법적 대응을 시작했다. 블루유니온은 10월 6일 서울중앙지검에 미시USA를 고발했다. 10월 7일에는 미연방수사국(FBI)과 미 국세청(IRS)에 세월호 광고비 '불법 모금 의혹' 조사를 요청하고, 10월 10일에는 법무부 출입국에 미시USA 회원 일부 등 해외동포 30명에 대한 입국 거부 청원서를 제출했다.[34]

국내 각계의 정부 비판에도 박근혜 정부는 같은 기조로 대응했다. 2014년 5월 13일 청와대 홈페이지에 교사 43명이 '세월호참사 진상규명, 박근혜 퇴진을 요구하는 교사 선언'이라는 제목으로 1차 시국선언문을 올렸다. 다음

---

33 '김기춘 "불퇴전의 각오로 좌파와 싸워야" 지시', 동아일보, 2017. 2. 1.
34 2014년 9월 26일 김영환 업무수첩에는 '미시USA- 블루유니온 고발, 차기환(변)'이라고 적혀 있다.

날에는 연세대 교수를 비롯해 해외학자들까지 참여해 시국선언과 성명서를 발표했다. 5월 28일에는 교사 80명이 실명으로 '아랫사람에게 책임을 전가하면서 진상규명과 실종자 구조 등에 아무런 의지도 보이지 않는 박근혜 대통령 퇴진'을 요구하며 2차 교사 시국선언문을 발표했다. 대학생들의 시국선언도 연일 잇따랐다.

교육부는 교사 시국선언이 국가공무원법상 집단행위금지의무 위반이라며 곧장 해당 교사 징계 절차를 시작했다. 학생들의 추모행사도 막았다. 전국 시도교육청에 공문을 보내 학교 내에서 노란 리본 달기 등 추모 행위를 금지하고 세월호 관련 계기 수업도 엄격히 관리하라고 지시했다. 시국선언에 참여한 대학교수들에게는 정부 위원회 위원 임명 과정에서 부정 평가를 내렸다.

문체부는 세월호참사 시국선언에 동참한 작가들과 박근혜 정부 풍자와 비판에 참여한 각계 문화예술 인사 9,473명을 문화계 블랙리스트로 작성해 문화예술지원사업에서 배제했다.

우파 인사와 단체들과는 친밀한 유대관계를 구축했다. 보수계 법조인, 교수, 종교계 원로인사들과 언론인들을 대상으로 청와대 오찬간담회를 여러 차례 열고 이들을 관리했다. 종편에 출연하는 보수 출연진들에게는 정책홍보자료를 수시로 제공하고 독려했다.

이런 모든 노력에도 불구하고 박근혜 대통령 지지율은 사상 최저치인 30%대로 하락했다. 2014년 7월 2일 국회 세월호 국정조사특별위원회는 해경과 청와대 간 녹취 파일을 공개했다. 청와대가 해경에게 집요하게 현장 영상을 요구하며 대통령 보고에만 열을 올리는 상황이 적나라하게 드러났다. 청와대 책임론이 다시 커졌다. 녹취록 내용 해석을 두고 여야 간 대립이 격렬해졌다. 지켜보던 세월호 유가족들이 "싸우지 마라."고 외치자 여당 간사

인 조원진 의원은 "유가족이면 좀 가만히 있어라."고 큰소리로 호통쳤다.[35]

---

35 '조원진 의원 막말, "유가족이면 좀 가만히 있어라"… 세월호 특위 파행 끝 가까스로 재개', 서울신문, 2014. 7. 3.

5부 ──────────────

기무사와
국정원

건우 아빠 이야기

팽목항에서 꼬박 한 달을 살았습니다. 건우 데리고 올라온 날이 5월 16일 이었으니까요. 팽목항에 있을 때 그때는 두 개의 마음이 오갔었죠. 한 가지 는 참… 어쩌면 말도 안 되는 희망인데. 영화에서 나오는 이야기처럼 우리 건우가 배에서 탈출해 어딘가에서 기억상실에 걸려 살고 있지 않을까? 그 래, 그럴 거야. 어떤 모습이라도 좋으니 제발 어디선가 살아만 있어라 그런 바람이었습니다. 또 다른 마음은 건우야 빨리 와라 엄마랑 아빠 여기 너무 싫어. 집에 가고 싶어. 여긴 지옥이야 하는 마음이요. 이렇게 두 마음 사이를 오가며 아내는 정부 관계자들에게 울면서 빌다 기절하기도 하고, 어떤 날은 악다구니를 퍼붓기도 하고. 저는 하루가 멀다 하고 잠수사들이 수색작업을 하고 있는 바지선에 올랐습니다.

팽목항은 진짜 지옥이었습니다. 한 달 내내 우리한테 제대로 상황설명을 해주는 사람은 한 명도 없었어요. 잘 모르겠다. 알아보겠다. 지금 노력하는 중이다. 이런 말만 정말 지겹게 들었습니다. 심지어 대통령이 내려와서 뭐든 다 해줄 것처럼 말하고 언제든 오라고까지 했는데 막상 우리가 청와대 가겠다니까 그 많던 버스들도 다 치워버리고 경찰들이 몇 겹으로 둘러싸더라구요.

하지만 제일 화가 났던 건요, 우리 실종자 가족들 주변에 노란 옷 입은 공무원들보다 사복경찰들이 더 많았던 겁니다. 유가족들이 모이기만 하면 어디선가 낯선 사람들이 귀신같이 알고는 다가왔어요. 오죽하면 우리끼리 명찰을 만들어서 달고 다녔겠습니까. 아니, 새끼 잃고 그 주검이라도 데려가겠다고 발버둥 치는 우리가 무슨 간첩입니까? 왜 우리를 감시해요? 국민들은 구호 물품 보내고 자원봉사 하러 달려오는데 정작 정부는 우리를 피해자가 아닌 범죄자 취급하며 감시한 겁니다. 바로 거기 팽목항에서부터요. 에휴…

한 달 만에 건우가 돌아왔습니다. 그날 저는 바지선에서 건우가 올라오는 모습을 다 지켜봤어요. 멀리서도 한눈에 건우를 알아볼 수가 있더라구요. 우리 건우가 녹색을 좋아했거든요. 제가 좋아하는 녹색 외투를 입고 구명조끼도 없이 쑤욱 올라오는데 아! 건우 왔구나… 드디어 왔구나… 반가운데… 어… 건우가… 건우가 진짜? 심장이 후두둑 떨어져나가는 것 같았습니다. 어디선가 살아있을지도 모른다는 희망이 와장창 부서졌으니까요.

돌아와 장례식 치르고 집에 왔더니 하… 참, 세상이 무섭더라구요. 보상금 액수가 얼마니 어쩌구 하면서 자식 잃은 우리를 무슨 복권 당첨된 사람처럼

책임을 묻다

취급했습니다. 미쳐버린 것 같은 세상에 무서운 말들이 점점 더 많이 쏟아져 나왔습니다. 가난한 집 애들이 제주도 가겠다고 나대다가 교통사고 당한 거니 뭐니 하면서 정말 온갖 욕설과 손가락질이 시작되었습니다. 나는 아직… 내 아이 보내고 제대로 울어보지도 못했는데… 팽목항에는 아직 제 새끼 장례식도 못 치른 사람들이 여전히 있는데… 그 사람들… 높은 자리에 있는 그 사람들이요. 우리에게 슬퍼할 시간도 숨 쉴 틈도 안 줬어요. 정말이지… 참…

결국 다니던 직장도 그만두고 진상규명 활동에 참여했습니다. 안국동에서 물대포 엄청 맞고 경찰에 잡혀가기도 하고, 동거차도 언덕에서 몇 날 며칠 세월호 인양 작업하는 거 감시도 했어요. 박근혜가 탄핵되고 세월호가 인양된 후에는 목포신항에도 열심히 내려갔죠. 사실 건우 잃기 전에 저는 보수 쪽에 가까운 사람이었어요. 정치에 관심도 별로 없었고 그저 열심히 일해서 내 새끼 내 가족 편히 살게 하는 게 제 몫이라 생각하고 살았습니다. 우리 건우가 태어난 해가 1997년입니다. IMF사태가 터졌을 때였죠. 정말 힘들었습니다. 모든 게 막막해서 딱 죽어버리자 생각하고 한강에 갔는데 그때 갑자기 건우 생각이 났어요. 돌아왔어요. 그리고 정말 열심히 일했습니다. 건우 대학도 보내고 장가도 보내주고 그럴 생각으로… 그럴 생각으로요.

저요. 지금까지 대한민국 국민으로 살면서 국민이 지켜야 할 의무 성실히 잘 수행했습니다. 열심히 일했고 세금도 꼬박꼬박 냈고 국방의 의무도 30개월 현역으로 마쳤습니다. 교육의 의무요? 우리 아들 건우 대학 아니라 대학원도 보내줄 거였어요. 그럴 기회를 국가가 뺏은 겁니다. 그래 놓고 이런 나를, 우리 유가족들을 감시하고 사찰하고… 아니 기무사가 왜요? 국정원이 왜요? 내가 간첩입니까? 내가 빨갱이입니까?

　그런데요. 기무사 재판에서 제일 황당했던 게 뭔지 아십니까? 사찰은 우리가 당했는데 피해자는 우리가 아니더라구요. 법적으로는 상관의 지시에 따라 우리를 사찰했던 기무사 군인들이 피해자더라구요. 판사들은 기무사 간부들이 직권을 남용한 것은 유죄로 인정했습니다. 그런데 우리 유가족들을 피해자로 해서 직권남용으로 고소한 부분, 즉 유가족들을 사찰해서 우리의 기본권을 방해한 짓은 무혐의라고 결론 내렸습니다. 이게 무슨 개떡 같은 논리입니까? 진짜 피해자는 우리인데 왜 가해자들이 갑자기 피해자가 됩니까?

기무사와 국정원

피해자를 사찰하고 감시하라

본문의 대화 내용은 기무사 판결문 등의 자료를 토대로 각색한 것임.

이재수	국군기무사사령부 41대 사령관
김대열	국군기무사사령부 참모장 (세월호TF장)
지영관	국군기무사사령부 저보융합실장 (세월호TF 정책지원팀장)
손정수	기무사 세월호TF 현장지원팀장
박태규	기무사 세월호TF 현장지원부팀장 및 팀장
소강원	광주 전남지역 관할 제610기무부대장
김병철	경기 안산지역 관할 제310기무부대장

2018년 12월 7일

한 남자가 오피스텔 건물 위에 서 있다. 멍하니 하늘을 한 번 바라보고는 비장한 표정으로 굳게 입을 다물고 바로 몸을 던진다. 지나가는 사람들이 '꺅' 소리를 지른다. 곧이어 119차량의 싸이렌 소리가 요란하게 울려 퍼졌다. 떨어진 사람은 전 기무사 사령관 이재수다.

1. 기무사의 피해자 사찰[1]

2014년 4월 16일. 기무사 사령관 이재수는 전라남도와 광주 지역을 담당하는 610기무부대장 소강원에게 보고를 받았다.

"기무사 610부대원들이 세월호 관련 첩보를 수집하고 있으며 상황반을 설치해서 운영하겠습니다."

소강원은 참사 당일부터 활동관들을 진도로 보내 세월호 관련 첩보를 수집했다. 이들이 수집한 첩보를 참사 당일에만 총 6회에 걸쳐 사령부에 보고

---

1   대법원은 불법사찰에 대해 '(정보기관이) ① 법령에 규정된 직무 범위를 벗어나 ② 민간인들을 대상으로 평소의 동향을 감시, 파악할 목적으로 ③ 지속적으로 개인의 집회, 결사에 관한 활동이나 사생활에 관한 정보를 ④ 미행, 망원 활용, 탐문 채집 등의 방법으로 비밀리에 수집 관리하는 것'이라 했다.(대법원 1998. 7. 24. 선고 96다42789 판결)

했다.

진도체육관과 팽목항에는 피해자 가족들이 속속 모여들고 있었다. 누가 피해자 가족인지 누가 공무원인지 구분할 수도 없는 상황에서 가족들은 노란색 공무원 점퍼를 입은 사람만 보이면 붙잡고 물었다.

"저기요. 우리 애 이름은 ○○○인데 살았나요? 생존자 명단, 그거는 어디에 있어요?"

"아, 저는 잘 모릅니다."

"노란 점퍼를 입고 계시네. 공무원이시죠? 말씀 좀 해주세요. 다 모르겠다고만 하고 미치겠어요."

"아, 준비 중이라고는 들었는데. 제 소관이 아닙니다."

가족의 생사를 확인하고픈 간절한 질문에 누구도 분명한 대답을 하지 않았다. 현장의 혼란은 갈수록 커졌고 답답함에 가족들의 분노가 극에 달하고 있었다. 분위기가 심상치 않음을 느낀 공무원들은 가족들을 자극하지 말아야 한다는 명분 아래 노란 점퍼를 벗기 시작했다.

기무사 610 부대원들도 진도체육관과 팽목항에 있었다. 사복을 입고 때로는 유가족인 것처럼, 때로는 기자인 것처럼, 때로는 일반인인 것처럼 슬그머니 스며들어 가족들의 동태를 살피고 이야기를 엿들었다.

4월 17일. 세월호참사 소식을 접한 안산 시민들은 발을 동동 굴렀다. 한 다리, 두 다리 건너면 아는 이웃집 아이들이 배에 갇혀 나오지 못하고 있었다. 대대적인 수색을 한다는데 가족들로부터 들려오는 소식은 달랐다. 뭐라도 해야 할 것 같은 마음에 사람들이 삼삼오오 모여들고 있었다.

경기도 안산지역을 담당하는 310 기무부대장 김병철은 부대원들에게 안산시청 장례지원단 경기도청 상황실, 정부 합동 장례지원단, 경기도 미술관 등 세월호참사 관련자들이 모일 만한 장소는 어디든 가라고 시켰다. 그곳에서 피해자 가족들 간의 이견, 경제적 형편과 고충, 장례 관련 요구, 정치적 성향과 정치 투쟁화 움직임을 사찰해 보고하라고 지시했다.[2] 기무사 310부 대원들이 수집한 첩보는 곧바로 참모장 김대열에게 전달되었다.

"충성! 어제 발생한 세월호참사로 안산지역 곳곳에서 집회가 열릴 예정입니다. 이곳 분위기가 매우 좋지 않습니다."

"그런가. 진도 쪽은 610에서 보고하고 있으니 안산 쪽은 310에서 계속 보고하도록"

"네, 알겠습니다. 충성!"

310부대장 김병철은 꼼꼼하고 깐깐했다. 활동관들이 현장에서 작성해 온 상황보고서를 그대로 통과시키는 법이 없었다. 세월호 유가족들의 성향이 어떠한지, 야당이나 진보 단체가 세월호 관련 이슈를 정치적으로 이용하는 것은 아닌지 더 꼼꼼히 기록하라고 부대원들을 질책하며 유가족 사찰을 지휘·감독했다.

활동관들 입장에서도 부대장의 지시는 이행하기가 쉽지 않았다. 부대장의 눈을 피해 그들은 담배를 나눠 피우며 나지막이 이야기를 나누었다.

"야, 뉴스 봤어?"

"뉴스 볼 시간이 있냐? 반려 수정사항이 많아서 진짜 죽겠다, 문건 두 장 만드는 데도 열 몇 번씩 수정이야. 햐, 진짜. 근데 뭔 뉴스가 났는데?"

"경찰이 유가족을 사찰했다고 뉴스에 막 난리던데, 우리도 걸리는 거 아냐?"

"그래? 사실 유가족 동향이나 안산시 분위기 같은 게 우리 업무는 맞냐? 잘 모르겠는데, 뭐 사령부 지시사항이라니 까라면 까야지 뭐 어쩌겠냐?"

---

2 「610부대 생산 세월호참사 관련 보고서9보」(2014. 4. 25.), 「군특수단 참고인(이□□) 진술조서」(2018. 7. 24.)

이전부터 기무사 사령부 위기관리센터는 군의 군사작전 현황, 군내 사건 사고 등을 기재한 일일 '군사 동정 보고' 문건을 작성해 매일 아침 보고하고 있었다. 이 문건에 4월 17일부터 군의 업무 범위도 아닌 610, 310부대에서 수집한 세월호참사 관련 첩보가 포함되었다.[3]

4월 18일. 기무사는 청와대에 세월호참사는 현 정황상 북한 및 불순분자 테러 연계성이 미약하다고 보고했다. 같은 날 대간첩, 대테러를 담당하는 기무사는 간첩도 테러범도 아닌 민간인 세월호 피해자들을 사찰하는 활동 계획을 세웠다.

<진도 해상 여객선 침몰 관련 방첩활동 계획[4]>

□ **활동 계획**

【 1단계 : ~ 구조 / 인양 작전 완료시 까지 】

o 진도지역 : 21명(610부대)

- 사망(실종)자 가족 접근 反정부 활동 조장 불순세 차단(범정부 사고 대책본부 활용)
- 투입 軍장병(예비역) 대상 從北좌파 활동 동조자 확인
- 해경·경찰 등 유관기관 긴밀 공조下 지역內 좌파단체 활동 추적 등

o 안산지역 : 2명(310부대)

- 시신 안치장소(8개소) 유가족 대상 反정부 활동 입수(재난안전대책본부)
- 단원高 선·후배, 지역 주민들의 촛불시위 등 反체제 징후 포착
- 안산지역 여론 순화 유도(안보보훈단체) 등

o 사이버 활동 : 10명(3처 7과)

- 국내외 사이트·블로그·트위터 검색, 反정부 선동 및 남남갈등 조장 게시 글 색출
  · 해외 北 직영사이트(19)·친북사이트(35), 국내 從北·친북 사이트(184), 블로그·트위터 등
- 軍 지원 인력 활동 관련 불만 여론 등 對軍 불신감 유발 가능 문제점 발굴

---

3 국군기무사령부령에 따르면 군 관련 첩보는 ① 국외·국내의 군사 및 방위산업에 관한 첩보 ② 대(對) 정부 전복, 대테러 및 대간첩 작전에 관한 첩보 ③ 「방위사업법」에 따른 방위산업체 및 전문연구기관, 「국방과학연구소법」에 따른 국방과학연구소 등 국방부장관의 조정·감독을 받는 기관 및 단체에 관한 첩보 ④ 군인 및군무원, 「군인사법」에 따른 장교·부사관 임용예정자 및 「군무원인사법」에 따른 군무원 임용예정자에 관한 첩보이다. 이러한 법령에 규정된 직무 범위를 벗어나 민간인들을 대상으로 평소의 동향을 감시·파악할 목적으로 지속적으로 개인의 집회·결사에 관한 활동이나 사생활에 관한 정보를 미행, 망원 활용, 탐문 채집 등의 방법으로 비밀리에 수집·관리하는 것은 금지된다.(서울지방법원 1995. 9. 29. 선고 91가합49346 판결)

4 [사참위 직나-11] 「조사보고서」, 108쪽.

2. 신분을 숨기고 위장하라

4월 20일. 진도 실내체육관에서 결국 일이 터지고 말았다. 기무사 활동관들이 그곳에 머무는 실종자 가족들을 살피던 중이었다. 며칠째 주변을 맴도는 낯선 이들을 수상하게 여긴 실종자 가족들이 사복 정보경찰관에게 신분증을 보여 달라고 요구하면서 항의했다.

"너 뭐야, 내가 며칠간 계속 지켜봤는데 유가족도 아니면서 가족인 척하고, 너 프락치야? 왜 자꾸 우리 옆에 왔다 갔다 하는 거야? 정체가 뭐야?"

"어. 어. 아, 아닙니다. 아, 저는 사실 지원 나온 경찰입니다."

"뭐 지원? 경찰복도 안 입고 지원 나온 경찰이라고? 그런데 경찰이 뭐 하는 거야, 우리 옆에서? 정정당당하게 물어볼 게 있으면 묻는 것도 아니고 왜 옆에서 자꾸 엿듣는 거야? 뭐 하는 거야?"

"경찰? 그럼 신분증 내놔봐."

"아이고, 여기 이런 사람들이 한둘이 아니야. 우리가 무슨 잘못이 있다고 우리를 감시해, 감시하긴. 이럴 시간에 우리 애들을 찾아달라고 이것들아!"

이 장면을 지켜본 기무사 활동관은 자신에게도 혹시나 불똥이 튈까 황급히 그 자리를 빠져나와 부대장인 소강원에게 전화를 걸었다.

"충성! 방금 상황이 생겨 보고 드립니다. 사복경찰에게 실종자 가족들이 항의하는 일이 있었습니다."

"그래? 일단 진도체육관에서만 그런 거지? 행동 지침을 만들어 줄 테니까 기다려. 그 사이에는 각별히 더 조심하고!"

"네 잘 알겠습니다. 충성!"

4월 21일. 소강원의 지시에 따라 기무사 활동관 행동 지침문건[5]이 만들어졌다. 이 문건에는 ① 통화나 문자로 보고할 때 충성구호 등 군대에서 사용하는 용어를 쓰지 마라 ② 문자는 현장을 벗어나서 보내고 송수신 후 즉시 삭제하라 ③ 실종자 가족으로 신분을 위장하라는 내용이 있었다. 신분이 노출될 우려가 있던 팽목항 투입부대원 2명은 곧장 철수시켰다.

\<2021. 4. 21.자 행동지침 문건\>

	팽목항
동정 파악 중점	· 실종자 가족들의 요구사항, 정부 측 대책반과 실종자 가족 대표간 토의내용, 가족들 반향, 특이언동 · 시신 입항 현황, 민간 잠수부들의 인터뷰 내용 및 가족 대상 설명내용 · 군 관련 지원사항 간 문제 요소 여부 · 반정부선동자, 유언비어 유포자 등 색출
물의 방지 대책	· 핸드폰 소지하되 패턴 지정 및 카카오톡 잠금장치 후 활용 · 통화/문자 보고 시 충성구호 등 군 관련 용어 사용 금지 · 문자 발송 시는 현장을 이탈하여 송수신 후 즉시 삭제 조치 · 주민등록증이나 운전면허증 외 일체의 신분증 소지 금지 · 우발상황 대비 실종자 가족으로 신분 위장 및 답변
	진도 실내체육관(실종자 가족 대기소)
동정 파악 중점	· 부대원은 군에서 운영하는 이동진료소 또는 관중석에 위치하고 있다가 사열대에서 이뤄지는 정부 측 브리핑/답변 내용 등 파악 · 체육관 주변 순찰, 특이동정 파악 · 대정부 요구/불만 사항 등 팽목항 지역과 동일한 동정 파악 · 통화 또는 문자 보고 시 체육관 밖으로 나와 부대원 개인차량 내에서 송수신 후 즉시 삭제 조치하고 우발상황 대비 군 이동진료소 요원으로 신분 위장 등 팽목항 지역과 동일한 물의 방지대책 강구

---

5   보통군사법원 2018고30 판결문, 21쪽, 「여객선 침몰 관련 부대원 현장활동 실태(보고서)」

3. 누구를 위한 군인인가?

4월 23일. 이재수 사령관은 부대원들에게 세월호참사 관련 정부와 대통령을 비난하는 여론이 확산·고조되고 있으니 이를 막기 위한 후속 조치를 마련하라고 지시했다.[6]

기무사는 대정부 비난 여론을 잠재우기 위한 각종 방안을 마련해 작성했다. '생존자, 희생자 가족들과 연계한 불순세력 활동을 차단해야 한다', '불순 세력들이 촛불 추모집회와 연계해 지방 선거 등에 영향력을 행사할 가능성이 있다', '구조작업을 조기 종료하여 여론의 관심을 귀환에서 추모로 전환해야 한다'는 내용들이 담겨 있었다.

4월 25일. 이재수는 이렇게 만들어진 '세월호참사 관련 후속 조치 방안'[7]을 가지고 청와대에 들어가 직접 보고했다. 청와대에서 보고를 마친 이재수에게 칭찬과 격려가 쏟아졌다. 한껏 고무된 이재수는 기무사로 돌아와 세월호 침몰 관련 TF를 구성하라고 지시했다.

4월 28일. 이재수의 지시에 따라 기무사는 세월호TF를 설치했다. 참모장 김대열이 세월호TF장이었다. 기무사 부대원들을 군 구조인양팀, 군 내외 여론관리팀, 불순세력 관리팀, 대외 제공 첩보 처리팀으로 편성했다. 이때부터 기무사 세월호TF는 610, 310 부대원들이 발송한 세월호 관련 각종 첩보를 매일 분석해 지휘부에 보고했다. 여기에는 군의 실종자 수색 작전 외에도 실종자 가족들의 동향에 관한 정보, 각종 집회 시위에 관한 정보, 여론 동향 같은 내용이 포함되었다. 5월에는 6월 4일 지방선거를 앞두고 '국면전환을 위한 출구전략 방안'이라는 것을 만들어 청와대에 보고했다.

---

6   보통군사법원 2018고31 판결문, 19쪽.

7   이 보고서 내용은 ▲ 군 구조작전지원 동정 ▲ 선체 인양 작업 관련 전문가 의견 ▲ 세월호 후속조치시 천안함 교훈 활용 ▲ 국가 재난·안전 시스템 보완 ▲ 여론 관리/괴담 대응 件 등이었다.

여론 및 PI 관리	
정부 부담 요인	· 6·4 지방선거를 앞두고 제2의 광우병 사태 재연 우려 · 책임과 비난 여론을 현정부 및 VIP께 전가
관리방안	· 반정부 세력에 의해 국민 여론이 왜곡되지 않도록 치밀하게 관리 · VIP 이미지 제고를 위한 PI 관리에 만전

2014. 5. 14. 세월호 관련 조치 동정(7보)	
대국민 담화간 PI (President Image) 제고 방안 제언	· 세월호 사고 이후 VIP의 사과와 위로에도 불구, 정부 지지율 하락 · 과거 민심을 추스르고 국론을 결집시켰던 국내외 PI 제고사례 참고, 대국민담화 시 감성적인 모습 시현 필요

대국민담화 준비 간 참고토록 BH 제공

청와대 비서실장, 안보실장, 경호실장 등은 직무 범위를 벗어난 기무사의 불법적 유가족 사찰 첩보와 관리방안 보고를 제지하지 않았다. 오히려 추가 정보를 요구하고 격려했다.

5월 16일에는 청와대 대면보고를 마친 이재수의 어깨를 두드리며 말했다. "역시 비상 위기 시에 기무사밖에 없네."[8]

세월호TF에서 일하던 지휘부들은 유가족 사찰이 위법하다는 사실을 알고 있었다. 부담감을 호소하는 활동관들도 적지 않았다. 5월 28일 손정수 기무사 1처장은 큰마음을 먹고 이재수 사령관에게 갔다. 세월호TF 운영을 축소하자는 제안을 하기 위해서였다. 사령관 면담을 마치고 나온 손정수에게 군사정보차장 박태규가 물었다.[9]

---

8 「세월호TF 정○○ 작성 문건(사령관님 말씀 강조)」, 2014. 5. 17.

9 박태규는 1처장 손정수가 세월호 현장지원 TF를 축소 운영하기 위해 2014. 5. 28경에 사령관에게 보고
   하러 들어갔다가 그날 사령관이 유가족 대책위 관련 임무부여를 하여 세월호TF 축소에 대해서는 미처
   이야기를 하지 못하고 나온 후, 유가족 대책위 사찰 지시를 하였다고 진술했다. 박태규는 '당시 사령관이
   유가족의 사찰에 대해 관심이 많았다'고 진술하였다.(군 특수단 박태규 피의자신문조서(2018. 9. 28.))

"어떻게 사령관님께 TF축소 건의는 하셨습니까?"

"하이… 말도 마라. 입도 뻥끗 못 했다. 사령관님이 청와대 보고에 필요하니까 이제부터는 안산 유가족 대책위 대표랑 대변인도 사찰하라고 하신다."

5월 30일. 세월호 유가족들은 처음으로 서울 청계광장에서 열린 촛불집회에 참여하고 특별법 제정을 촉구하는 서명운동을 시작했다. 기무사는 이를 두고 최근 희생자 추모에서 진상규명을 요구하는 등 순수성이 변질되었다고 판단했다. 곧바로 청와대에 "희생자 유가족 대책위 활동이 특정 인물의 성향에 휘둘리지 않도록 대책위를 압박해야 한다."고 제언[10]했다. 이는 6월에 예정된 지방선거에서 세월호참사가 정부 여당의 선거 결과에 악영향을 미치지 않도록 하기 위해서였다.

4. 미수습자 수색을 빨리 종결시켜라

기무사는 5월부터 정부 비판 국면을 전환하려면 빨리 실종자 수색작업을 종결하고 세월호 선체 인양을 결정해야 한다는 내용을 청와대에 보고하고 있었다.

7월 6일. 김기춘 비서실장의 국정조사 증인 출석을 하루 앞둔 날, 청와대 대면보고를 마치고 돌아온 이재수가 지시했다.

"당장 실종자 11명 중 단원고 학생이 5명이면 이들 학부모에 대한 성향을 파악해 일대일로 맨투맨을 붙이든 종교계를 동원하든 국정원을 동원하든 실종자 가족 타협방안을 강구하라."

---

10 '제언'(提言)은 정보기관이 수집된 관련 정보를 기반으로 청와대 등에 대응·조치 방안을 조언하는 행위를 말한다.

손정수는 즉시 세월호TF에 이재수의 명령을 전달했다. 기무사 활동관들은 팽목항에 있던 미수습자 가족들을 성향별로 분류해 주요 언동 내용과 민감한 개인정보를 수집해 보고했다.

7월 19일, 8월 29일, 9월 3일 이재수는 수집된 사찰 내용을 바탕으로 마련된 '실종자 가족 설득 방안'과 '세월호 탐색구조 종결 방안'을 청와대에 보고했다.

기무사는 세월호참사 피해자 사찰 활동을 2014년 10월까지 지속했다. 이재수는 세월호참사 당일부터 기무사 사령관직을 수행한 마지막 날인 2014년 10월 12일까지 김기춘, 김장수, 김관진, 한민구 등 청와대 고위관계자들에게 35회 이상 직접 대면보고를 했다. 주된 내용은 실종자 가족 및 반정부세력 변질 방지 제언(4. 25.~5. 17.), 유가족 요구사항 및 보상방안 제언(4. 25.~7. 5.), 유가족 대책위 건전화 유도방안 제언(5. 31.~6. 28.), 미수습자 가족 성향 분석 및 세월호 정국 종결 방안 제언(6. 13.~9. 3.) 등이었다[11].

5. 국정원의 활약

국정원은 세월호참사를 '북한 및 불순분자 테러 관련성이 미약한 해난사고'라고 규정했다. 국정원은 대공, 대정부 전복, 방첩, 대테러 및 국제범죄조직에 대한 첩보활동 권한만을 갖고 있다. 당연히 세월호참사는 국정원 첩보활동 대상이 아니었다. 그러나 국정원은 참사 당일부터 진도 실내체육관과 팽목항, 안산 등에서 피해자들의 동향을 감시해 보고했다.

4월 16일, 국정원이 작성한 '진도 여객선 세월호 사고 관련 사후 수습방

---

11   [사참위 직나-11] 「조사보고서」, 109쪽.

안'[12]에는 이런 내용이 있었다.

① 사고 초기 구조 인원 발표혼선 등으로 정부 불신이 초래되는 등 후속 대책에 대한 논란이 커졌으므로 국민 여론을 관리하여 세월호참사 정부 책임론을 막아야 한다. ② '피해자 가족, 주변 관리' 등 선제적인 조치를 취해 피해자들의 불만을 최소화해야 한다.

같은 날 작성된 '진도여객선 사고 관련 여론 흐름 제언'[13] 문건에는 '언론에 정부 비판 논조가 여기저기 보이고, 인터넷에서는 각종 음모론까지 대두되고 있다. 따라서 언론의 자극적인 보도를 자제시키고, 인터넷에서 국민 여론을 잘못 이끄는 주장들은 추적하여 오해가 확산되는 것을 막아야 한다.'고 적혀 있다.

4월 18일에는 '민간과실로 시작된 세월호 사고가 정부 수습 미흡 등에 대한 비난 여론으로 바뀌면서 국정 부담 요인이 되고 있다'[14]고 보고했다.

4월 21일. 에어포켓 공기주입이 실패하고 세월호는 완전히 가라앉았다. 언론은 대대적인 수색과 구조 활동이 이뤄지고 있다는 소식을 온종일 보도했다. 하지만 실제 상황은 달랐다. 분노한 실종자 가족들이 항의하며 청와대에 있는 대통령을 만나러 가겠다며 걷기 시작했다. 진도대교에 이르렀을 때 수백 명의 경찰이 실종자 가족들을 막아섰다.

국정원은 이를 두고 '세월호 실종자 가족들이 집단화되고 있으며 배후에는 반정부세력이 있다. 이 반정부세력이 세월호 사고를 빌미로 대정부 불만 여론을 자극해 제2의 광우병 집회로 만들려 한다. 실종자 가족들이 외부세력의 조종에 휩쓸려 촛불집회가 대규모 반정부 집회로 바뀌지 않도록 순수

---

12 「진도여객선 세월호 사고관련 사후 수습방안」(국정원), 2014. 4. 16.

13 「진도여객선 사고 관련 여론 흐름 제언(보고서)」(국정원), 2014. 4. 17.

14 「진도 여객선 사고 전방위 수습력 동원, 후속파장 최소화 여론(보고서)」(국정원), 2014. 4. 18.

책임을 묻다

유가족들로 대책위를 구성하도록 유도해야 한다'고 청와대에 보고했다.

4월 25일. 막상 순수피해자들이 416가족대책위를 만들자 국정원은 피해자들과 그 주변을 사찰하기 시작했다. 국정원은 특히 정부에 비판적인 피해자를 지목해 이들이 종북 세력과의 연계점이라고 했다. 해당 피해자를 대상으로 개인정보 보호법상 수집이 금지되는 가족관계, 신원 정보, 정치적 성향, 노동조합과 정당 활동 이력, 범죄 및 처벌 이력, 주변과의 관계, 성격까지 민감 정보를 모두 파악해 보고했다.

국정원 경기지부 소속 직원들은 조직적으로 416가족대책위 활동에 개입했다. 당시 세월호 피해자들이 믿고 의지하였던 자유총연맹 안산지부 등 자원봉사 단체, 안산시청 피해지원 담당 공무원, 경찰들을 정보원으로 활용해 유가족과 주변 인물들의 내밀한 정보를 수집했다.

5월 22일. 시민사회단체들이 모여 '세월호참사국민대책위(이하 국민대책위로 표기)'를 만들고 활동을 시작했다. 국정원은 이튿날부터 바로 국민대책위의 동향을 파악하고 소속된 개별 단체들의 성향, 주요 활동, 유가족들과의 관계, 내부 재정, 분담금 현황 같은 자금 흐름까지 모두 수집해 청와대에 보고했다.

언론 독립성을 침해하는 행위도 서슴지 않았다. 국정원이 나서서 보수단체, 보수 언론과 공조하여 개별 언론사들의 취재 보도 방침을 확인하고 관리했다. 정부에 비판적인 언론사에는 경영상 타격을 줄 방법을 찾았다. 특히 JTBC, 한겨레, 경향 등의 언론사들을 압박하기 위해 중징계, 과징금 부과, 광고 발주, 협찬금 축소 유도 등의 방안을 만들어 청와대에 보고했다.

7월 14일. 416가족대책위 유가족들이 '세월호참사 진상규명을 위한 특별법 제정'을 촉구하며 단식 농성을 시작했다. 이튿날인 7월 15일에는 350만 명이 넘는 국민이 동참한 <416 특별법 제정 촉구를 위한 국민 서명>을 국회에 제출했다. 국정원은 이를 '세월호 사고를 빙자해 국가안보를 위험하게 만드는 불순 동향'이라며, 보수단체와 언론들을 동원해 유가족의 내밀한 개인사를 폭로하고 피해자 혐오를 부추기기 시작했다.

국정원 사찰 대상은 세월호참사 피해자만이 아니었다. 피해자들에게 법률 지원을 제공하던 대한변협, 민변, 관련 재판을 담당한 판사들의 이력과 정치적 성향까지[15] 사법부도 사찰했다.

대한민국 헌법은 국민 개인에 대해 사생활의 비밀과 자유(제17조), 통신의 비밀(제18조)을 보장하고 있으며 모든 국민은 언론 출판의 자유와 집회·결사의 자유를 가진다(21조)고 명시하고 있다. 이러한 기본권은 평화로운 일상뿐만 아니라 재난을 당한 상황에서도 당연히 보장되어야 하지만 국정원이 앞장서서 헌법을 지키지 않은 것이다.

---

15 「사참위 종합보고서」, 248쪽.

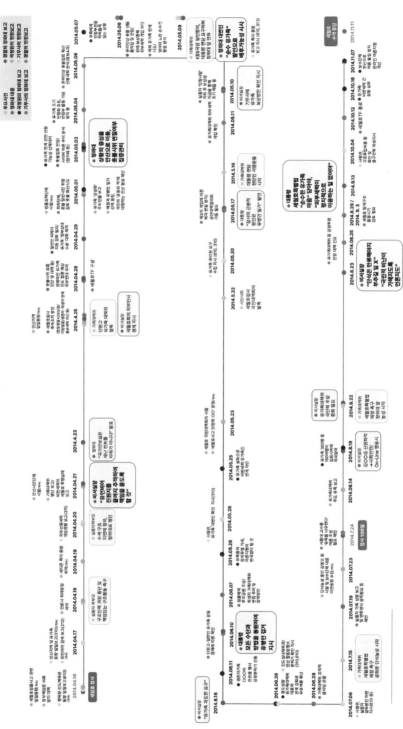

〈세월호참사 시기별 정보기관 정보보고와 청와대 대응16〉

16 「사참위 진상소위보고서」 330쪽.

6부 —————————

세월호
특조위

준형 아빠 이야기

믿을 수가 없었습니다. 정부가 하는 말은 단 한마디도 믿을 수가 없었습니다. 나는 내 아들 준형이의 장례식을 두 번 치렀습니다. 4월 18일 내가 데리고 온 아이는 준형이가 아니었습니다. 죽은 자식 얼굴은 나도 처음 보는데, 정부는 유전자 검사 결과도 나오기 전에 데려가라고 했습니다. 내 잘못인 것 같아, 모두에게 미안한 마음에 정작 내 새끼 장례식은 허둥지둥 치렀습니다. 아이의 유골함을 받아 안고도 나는 소리 내 울지 못했습니다.

현장 상황과 정부 발표는 너무 달랐습니다. 참사 당일 밤 내가 직접 본 사고해역은 고요하기만 했는데 언론은 '지상 최대의 구조 작전'이 펼쳐지고 있다고 떠들었습니다. 나는 언론도 믿을 수 없었습니다.

검찰 수사가 시작되었습니다. 한 점 의혹도 남지 않도록 신속한 진상규명을 하겠다고, 사고 후 구조과정도 철저히 수사하겠다고 했습니다. 그래놓고

는 선원들이랑 선사만 기소하고 해경 수사 소식은 들리지 않았습니다. 그러더니 갑자기 대통령이 해경 해체를 발표했습니다.

그거 아십니까? 세월호가 기울자마자 아이들은 해경에 신고했습니다. 언론은 신고접수 30분도 지나지 않은 시간에 세월호 침몰 소식을 보도했습니다. 해경이 신고 전화를 받고 배가 완전히 침몰하기까지 100분이 걸렸습니다. 내 아들 준형이는 그 100분 동안 천천히 죽어갔습니다. 백주대낮에 온 국민이 지켜보는 앞에서요.

나는 알아야 했습니다. 도대체 왜 내 아들이 죽었는지, 구할 수 없었던 건지 구하지 않았던 건지, 그렇게 큰 배가 어떻게 그토록 순식간에 침몰한 건지, 왜 아이들을 그런 배에 태운 건지, 왜 하필 그날 세월호가 침몰한 건지, 대통령은 그 시간에 뭘 했고, 청와대는 정부는 해경은 304명이 죽어가는 동안 다들 뭘 하고 있었는지 다 알고 싶었는데… 더 이상 검찰도 믿을 수가 없었습니다.

특조위가 필요했습니다. 조사기간도 충분하고 수사권과 기소권도 있는 특조위를 만들어 제대로 된 진상규명을 해야겠다고 생각했습니다. 다시는 이런 일이 생기지 않게 개선방안도 마련할 수 있는 그런 특조위가 필요했습니다. 수사권 기소권 이야기가 나오자마자 정부와 여당은 펄쩍 뛰고 난리를 쳤습니다. 단식도 하고 삼보일배도 하고 철야농성에, 전국을 다니며 서명도 받고 할 수 있는 건 다했지만 결국 수사권과 기소권은 포기했습니다. 어떻게든 특조위를 하루빨리 만드는 것이 중요했습니다.

어렵사리 특조위가 출발하자 정부는 곧바로 말도 안 되는 시행령을 발표했습니다. 거의 모든 걸 양보했는데 이게 뭔가 싶었습니다. 삭발하고 상복을 입은 엄마아빠들이 자식의 영정사진을 품에 안고 광화문까지 걸었습니다. 그런 우리 유가족들에게 정부는 배보상이나 신청하라며 문자를 보내고 보험금에 국민성금까지 보태서 언론에 발표했습니다. 이거나 받고 떨어지라는 식으로 우리를 개돼지 취급한 겁니다. 참을 수가 없었습니다. 반발하는 우리를 정부는 길거리 한복판에 가두고 사지를 들어 연행했습니다. 물대포랑 캡사이신을 쏘고 두들겨 패고…

그렇게 세월호참사 1주기가 지나갔습니다. 대체 왜 정부가 우리를 이렇게까지 악랄하게 막아서고 짓밟는지 정말 이해가 가지 않았습니다. 진상규명이 그렇게 잘못된 말인가? 그렇게 위험한 요구인가? 그 이유를 짐작하게 된 건 123정장 김경일의 항소심 판결문이었습니다.

"피고인이 '현장지휘관'으로 지정된 뒤에도 해경 상황실 등에서 피고인과 TRS로 20여 회 통신하여 보고하게 하는 등 피고인으로 하여금 구조 활동에 전념하기 어렵게 해 해경지휘부나 같이 출동한 해경들에게도 공동책임이 있어…"

416가족협의회 진상규명분과장이었던 저는 이 판결문에서 말한 공동책임을 밝혀내는 것이 세월호참사 진상규명의 핵심이라고 생각했습니다. 특조위에 그동안 모아둔 참사 관련 자료들을 모두 넘겨줬습니다. 조사신청이 개시되자마자 진상조사신청서도 제출했습니다. 험난한 앞길을 예상했지만 그래도 희망을 포기하지는 않았습니다.

그런데 특조위에 청와대 관련 조사신청서가 접수되자마자 난리가 나기 시작했습니다. 여당추천 위원들은 집단사퇴한다며 기자회견을 했구요. 1차 청문회 장소 확보도 어려웠습니다. 겨우겨우 청문회를 열었더니 보수단체 사람들이 몰려왔어요. 군복을 입고 온 고엽제전우회 사람들 중에는 아는 얼굴도 있었습니다. 같은 동네 사람끼리 너무하지 않냐 했더니 자기네들도 무슨 행사인지 모르고 왔다고. 허참… 동원된 보수단체 사람들끼리 일당 가지고 싸우질 않나 어처구니가 없었어요. 그래도 그때 그 청문회에서 꽤 많은 중요한 내용들이 밝혀졌습니다. 하지만 특조위 청문회 내용을 제대로 전달하는 언론은 별로 없었습니다. 청문회를 생중계하는 방송사는 단 한 군데도 없었구요.

밝혀진 사실은 외면하더니 진상규명은 제대로 시작도 안 했는데 지겹다 그만해라 이제 세월호라면 너무 피곤하다 참… 그런 말들 많았습니다. 독일 나치에서 선전 담당하던 괴벨스가 그랬다죠. 거짓말은 처음엔 부정하고 의심하지만 계속 반복하면 결국 믿게 된다구요. 그때 정부와 보수언론 매체들이 한 짓이 그랬습니다. 우리는 단 한 번도 배보상금 더 달라거나 특혜를 요구한 적이 없었습니다.

특조위가 세금도둑이라구요? 자기들 잘못 드러날까 봐 특조위 조사 징그럽게 방해하고, 피해자들 사찰하고, 유언비어 퍼트려서 국민들끼리 싸우게 만들고… 대한민국 최고 권력자인 당신들 월급도 다 우리가 낸 세금입니다. 진짜 세금도둑은요, 위기에 처한 국민들은 구하지 않고, 특조위 활동 가로막고 방해하느라 여념이 없던 청와대와 정부입니다.

진상규명 말만 들어도 머리가 아프다는 말도 참 많이 들었습니다. 특조위가 강제 종료되고 광화문 광장에서 20일이 넘도록 단식을 했습니다. 한여름 뙤약볕보다 창자를 비트는 배고픔보다 그 말들이 더 아팠습니다. 내 새끼는 이미 죽었습니다. 진상규명 수백 수천만 번을 해봐야 우리 준형이는 돌아오지 않습니다. 그런데 왜 자꾸 진상규명 책임자 처벌 같은 소리를 하냐구요?

내가 유가족이 돼보니까 알겠더라구요. 하루아침에 자식을 잃고 살아가는

삶은 매일 매 순간이, 발 닿는 곳 모두가 지옥입니다. 국가가 마땅히 해야 할 일을 안 해서, 억울하게 자식을 잃고 보니 너무 아프고 힘듭니다. 그래서 이제라도 다시는 이런 일이 생기지 않게 해야겠다고 결심했습니다. 원인을 분명히 밝혀내고 확실한 개선책을 만들어야 한다고 생각했습니다. 아무리 좋은 시스템을 만들어도 그걸 책임진 사람이 잘못하면 언제든 이런 비극이 또 생길 수 있으니까 책임자 처벌 제대로 해야 한다고 주장했습니다. 그게 잘못입니까? 내 자식은 잃었지만, 앞으로의 세상은 더 안전하게 만들자는 요구가 잘못입니까?

세월호특조위 조사

활동 방해

본문의 대화 내용은 판결문과 사참위 보고서 등을 토대로 각색한 것임.

청와대	
김기춘	대통령 비서실장(전)
이병기	대통령 비서실장(후)
조윤선	청와대 정무수석(전)
현기환	청와대 정무수석(후)
안종범	경제수석
김영한	민정수석

해양수산부	
김영석	장관
윤학배	차관
연영진	해양정책실장
김남규	세월호특조위 설립준비단 파견 근무
임현택	세월호특조위 운영지원 파견 근무

세월호특조위	
이석태	416가족대책위 추천 세월호특조위 위원장
조대환	새누리당 추천 세월호특조위 부위원장 겸 사무처장
차기환	새누리당 추천 세월호특조위 비상임위원
이호중	416가족대책위 추천 세월호특조위 비상임위원
장완익	416가족대책위 추천 세월호특조위 비상임위원
고영주	새누리당 추천 비상임위원
황전원	새누리당 추천 비상임위원
석동현	새누리당 추천 비상임위원

책임을 묻다

1. 세월호특별법은 국난을 초래할 것이다

세월호참사 발생 한 달 만인 5월 16일. 416가족대책위는 철저한 진상규명을 위해 국회의 특별법 제정, 대통령의 의지 표명을 요구했다.

"대통령께 요청드립니다. 진정한 진상규명을 가능하게 하는 가장 중요한 것은 대통령의 의지입니다. 저희의 요구를 적극 수용하여 위기를 낭비하지 않는 대통령으로서 국가적·사회적 신뢰 재건에 앞장서주십시오."

5월 19일. 박근혜 대통령이 대국민담화를 통해 약속했다.

"국민의 생명과 안전을 책임져야 하는 대통령으로서 국민 여러분께서 겪으신 고통에 진심으로 사과드립니다. 필요하다면 특검을 해서 모든 진상을 낱낱이 밝혀내고 엄정하게 처벌할 것입니다. 그리고 여야와 민간이 참여하는 진상조사위원회를 포함한 특별법을 만들 것도 제안합니다. 거기서 세월호 관련 모든 문제들을 여야가 함께 논의해 주기 바랍니다."

6월 11일. 정의당 정진후 의원이 '세월호참사 진상규명과 재발 방지대책 및 안전사회전환을 위한 특별법안'을 발의했다. 국회는 본격적으로 세월호특별법 관련 논의를 시작했다.

세월호참사 유가족들은 2014년 5월부터 대한변호사협회와 함께 세월호특별법을 준비하고 있었다. 피해자들의 참여를 보장하고 특조위에 수사권과 기소권을 부여하자는 것이 유가족들의 핵심 주장이었다.

전국 법학자 229명이 모여 "수사권과 기소권은 검찰과 경찰의 전유물이 아니다. 세월호 특별법 제정과 관련해 진상조사위원회에 수사·기소권을 부여하는 것이 헌법상 전혀 문제가 되지 않는다."고 밝혔다.[1]

수사권 부여에 찬성하는 국민 여론도 월등히 높았다. 한국갤럽이 2014년

---

1   '법학자 299명 "세월호 특별법 수사권 헌법상 문제없어"', 오마이뉴스, 2014. 7. 28.

7월 29일부터 사흘간 실시한 여론조사 결과 수사권 부여 찬성 53%, 반대 24%였다.

청와대와 정부 여당은 격렬하게 반대했다. 7월 12일 실수비회의에서 김기춘은 "진상조사위원회가 수사권을 가지는 것은 형사사법체계에 중대한 변화를 초래하고 차후 선례가 되기 때문에 불가하다. 이 기조로 국회 입법 과정에 대응하라."고 지시했다. 세월호 유가족들은 특별법 제정을 촉구하며 국회에서 밤샘 농성을 시작했다.

7월 13일, 김기춘은 '세월호 특별법이 국난을 초래할 것'이라고 단정했다. 이를 막기 위해 법무부, 여당과 협조를 강화하고 우파 지식인들과 시민단체들을 총결집시키라고 지시했다. 다음 날인 7월 14일 세월호 유가족들은 단식 농성을 시작했다.

<故 김영한 업무수첩(2014. 7. 13.)[2]>

7/13(일)
· 국민체육 진흥공단 펜싱감독 자살(57세) - *** - 어제
합동수사팀 수사 - 10일(목) 2억 횡령 자백

---

2   [사참위 직나-6] 「조사보고서」, 46쪽.

	· 권은희 내일 고발(告發)
	· 이준석
長(장)	· 세월호 특별법 - 국난초래 - 법무부(法務部) 당(黨)과 협조(協助) 강화
	좌익들 국가기관 진입 욕구 강(强)
	확고한 신념을 가진 대통령 북 응원단 37호 경계
	우파지식인 결집, 우파시민단체

한 달이 넘도록 난항을 겪은 끝에 국회는 세월호 유가족과 협의 없이 일방적인 여야협상안을 발표했다. 광화문 광장에서 단식 중이던 유가족은 이 협상안에 반발하며 대통령 만남을 요청했다. 청와대는 유가족들의 면담 요청을 거절했다.

8월 22일, 세월호 유가족들은 종로구 청운동 주민센터 앞에서 세월호 특별법 제정에 대한 대통령의 답변을 촉구하며 밤샘 농성을 했다. 정부는 주민센터 주변을 경찰 버스로 둘러막고 시민들의 출입을 통제했다.

그동안 세월호 특별법에 대해 별다른 언급 없이 침묵하던 박근혜는 2014년 9월 16일 국무회의에서 "진상조사위원회에 수사권과 기소권을 주자는 것은 삼권 분립과 사법체계의 근간을 흔드는 법치를 무너뜨리는 일"이라며 강력히 비판했다.[3]

2014년 10월 2일 416국민대책회의는 여야의 세월호 특별법 합의안을 비판하는 성명을 발표했다. 송강호, 김혜수 등 영화인 1,123명도 여야 합의안을 비판하며 "우리는 진상조사위원회 내에 수사권과 기소권을 부여하는 특별법을 원한다."는 성명을 발표했다.

같은 날 대통령 비서실장 김기춘은 지시했다.

"세월호 사고에 대해서는 그동안 검경 수사, 감사원 감사, 재판 진행 등을

---

3 '박 대통령 "세월호 진상조사위에 수사·기소권 안 돼"', KBS, 2014. 9. 16.

통해 사고 원인들이 거의 다 밝혀진 상태입니다. 그러니 세월호 특별조사위원회에 지나친 권한을 부여하거나 지나친 처벌조항을 반영하는 등의 일은 있어서는 안 됩니다. 정무수석과 경제수석은 앞으로 국회가 이 법안을 심사할 때 이 점이 충분히 고려되도록 독소 조항을 미리 파악해 여당 관계자에게 제공하고 언론에도 정확하게 알리도록 하세요."

2. 세월호특조위 위원 선출에 관여하라

11월 7일 '4·16 세월호 참사 진상규명 및 안전 사회 건설 등을 위한 특별법'이 국회 본회의를 통과했다. 특별조사위원회 위원을 추천할 수 있는 권한은 법에 따라 여당(5명), 야당(5명), 대법원(2명), 대한변협(2명), 유가족(3명)으로 정해졌다.

청와대는 세월호 특별법상 위원 추천 권한이 없었다. 오히려 청와대는 특조위의 조사 대상이었다. 청와대도 이 사실을 알고 있었다. 그러나 특별법이 통과되기 3개월 전부터 김기춘 비서실장은 민정수석비서관 김영한에게 세월호특조위 위원 후보자명단을 작성하라고 지시했다.

2014년 8월 23일 민정수석비서관실은 '세월호 특별법 통과 후속 조치 관련'이라는 제목으로 각 수석비서관실에 세월호특조위 상임위원 후보군을 추천하라는 공문[4]을 보냈다. 각 비서관실은 위원 후보를 추천했다. 이후 공직기강비서관실에서 추천한 차기환, 조대환은 실제로 세월호특조위 위원으로 임명되었다. 공직기강비서관실은 이들의 추천 사유를 다음과 같이 적었다.

---

4   이 업무연락 공문을 발송할 당시 민정수석비서관은 김영한이었다. (2014. 6. 12.~2015. 1. 10.)

<세월호 진상조사위원 추천 명단[5]>

(공직기강)

1. 진상조사위원	야당, 재야, 특히 유가족 등과의 논전에 대비하기 위해서는 변호사, 정치인, 그리고 우파측 해양안전사고 전문가(법정 요건) 등이 골고루 포진될 필요가 있음.
차기환 변호사	종북 이슈 등 각종 사회적 이슈에 관하여 보수 우파의 가치에 입각하여 맹활약하고 있음. 논리와 전투력 겸비. 우파 SNS에서는 떠오르는 샛별로 부각되고 있음.
조대환 변호사	검사와 변호사를 거친 경륜에 뚝심과 논리 겸비. 특히 1인의 상임위원 후보로 고려될 수 있음.

12월 6일 세월호 유가족들은 상임위원으로 이석태, 비상임위원으로 이호중, 장완익을 추천했다. 대한변협과 대법원, 국회 여당과 야당에서도 세월호 특조위 위원들을 추천했다. 특조위 설립 준비 업무를 담당한 해수부 직원 김남규는 416 가족대책위 회의에 참석해 특조위 위원 추천 업무를 도왔다.

"12월 초에 올라와, 그때부터 특별법 같은 걸 미리 보며 분위기나 이런 걸 파악하고 준비했습니다. 안산에 가서 세월호 유가족들이 가족 추천위원을 선정하는 과정을 행정적으로 지원하며 이 작업을 함께 하기도 하였습니다. 당시만 해도 위원회를 빨리 설립해야 한다는 분위기였습니다."

12월 18일, 세월호특조위 설립준비단이 업무를 시작했다. 특조위 상임위원들은 직원이라고 볼 수 없으므로 조직구성안을 120명이 아닌 125명으로 해야 한다는 의견이 나왔다. 새누리당 추천위원인 조대환도 이 의견에 흔쾌히 동의했다.[6]

---

5 「사참위 종합보고서」, 205쪽.
6 「특조위 민간전문위원 이호영 진술조서 1회」(사참위), 2019. 5. 9., 6쪽.

3. 특조위를 세금도둑으로 몰아라

2015년 1월 14일. 청와대 정부수석실은 세월호 관련 행정관 회의를 열었다. 이 회의에서 '① 특조위의 진상조사에 대비해 청와대의 세월호 관련 자료들은 대통령기록물로 지정 등록해 특조위에 제공하지 않는다. ② 특조위 사무처 직원 120명은 너무 많으니 줄여야 한다' 등의 방침을 정했다.

1월 15일. 세월호특조위 부위원장 조대환은 새누리당 김재원 원내수석대표를 만나 '특조위 조직구성안'과 '예산총괄표'를 건넸다.

1월 16일. 김재원은 새누리당 원내브리핑에서 "이걸(세월호특조위) 만들려고 하는 분은 공직자가 아니라 세금 도둑이라고 확신한다."고 발언했다.[7] 이 발언은 언론을 통해 대대적으로 확산되었다.

같은 날 오후 2시 청와대 정무수석실에서 세월호특조위 관련 회의가 열렸다. 정무수석 조윤선이 크게 화를 내며 윤학배 해양수산비서관에게 말했다.

"오전에 김재원 의원한테 이야기 들었습니다. 당장 특조위 인원 축소하세요. 그리고 해수부한테 이제부터 철저히 대응 방안을 마련해서 시행령 제정부터 막으라고 하세요."

1월 19일. 서울 플라자호텔 회의실에 조윤선, 윤학배, 해수부 해양정책실장 연영진, 세월호특조위 설립준비단에서 파견 근무하던 해수부 소속 김남규, 특조위 여당 추천위원 내정자들과 새누리당 김재원 의원이 모였다.

조윤선이 여당 추천위원들에게 말했다.

"앞으로 위원회가 가동되면 역할을 좀 해주셔야겠어요. 정부 입장을 도와주고, 조사 과정에서 정부를 힘들게 하지 말아야 합니다."

대형 참사에서 정부 대응의 잘못과 책임을 따져 정책개선을 제안하는 것

---

7 '"세월호 특위 규모 너무 커 세금 도둑" 새누리 김재원 의원 발언 논란', 경향신문, 2015. 1. 16.

이 독립적인 조사위원회 역할이었다. 그 때문에 유가족들이 목숨 걸고 단식 투쟁까지 했는데 '독립적인'이란 표현이 무색해지는 순간이었다. 회의가 끝난 후 여당 추천위원들은 특조위 사무실로 돌아가 회의에 참석했다. 이들은 조윤선의 지시대로 위원회 조직과 예산을 축소하자고 주장했다.

여당 추천위원들이 돌아간 뒤 조윤선은 윤학배, 연영진, 김남규에게 말했다. "해수부가 살아남은 게 누구 덕인지 모르십니까? 해경처럼 해수부를 해체하지 않은 건 이유가 있어요. 제대로 하시라고요. 세월호특조위와 관련해 위원회 직제며 예산안이 과다하게 추진되지 못하도록 해수부는 여당 추천위원 내정자들과 협력해서 잘 대응하세요."

김남규는 청와대 해양수석비서관실 행정관 강용석으로부터 여러 차례 수정지시를 받아가며 조윤선의 지시사항을 담은 회의 결과 문건을 작성했다. 이 문건 '4·16세월호참사 특별조사위원회 설립관련 회의결과'에는 '(특조위) 위원회 설립준비단 원점 재검토', '1. 21.(14:00) 전원회의 시 문제 제기'라는 내용이 있었다.[8] 강용석의 수첩[9]에는 '내일 회의자료 있느냐, 내일은 우선 엎는 쪽으로 하자'고 적혀 있었다. 청와대와 해수부는 특조위 여당 추천위원들이 언제 어떻게 행동할 것인지에 대해서까지 꼼꼼하게 지시하고 있었다.

4. 특조위 설립을 방해하고 감시하라

2015년 1월 20일 실수비 회의에서 김기춘은 특조위 설립 방해 취지의 지시를 내렸다.[10] 1월 22일 국무조정실장 추경호는 김기춘의 지시에 따라 첫

---

8 김남규는 2015. 1. 19. 플라자회의 이후 특조위 설립 준비 과정이 원만하지 않았다고 설명하였다.([사참위 직나-6] 「조사보고서」, 120쪽.)

9 강용석 업무수첩(서울동부지방법원 2018고합30 사건 증거자료 별책, 341쪽, 2015. 1. 19.)

10 「사참위 진상소위 보고서」, 357쪽.

번째 비공개 세월호관계차관회의를 열었다. 추경호는 회의에 참석한 부처들에게 세월호특조위 운영에 대한 정부 입장을 설명하고, 기재부가 예산, 행자부가 조직, 해수부가 실무 지원을 맡아 특조위 운영에 관심을 가지라고 지시했다. 이 비공개 세월호관계차관회의는 2016년 9월 22일까지 최소 13회 이상 열렸고, 여기에서 세운 특조위 활동 방해 계획이 실행되었다. 청와대 비서실과 세월호관계차관회의는 특조위 활동과 조사방해의 이른바 컨트롤타워였다.[11]

<비서실장 주재 수석비서관회의 결과(2015. 1. 2.)[12]>

□ 회의 결과(비서실장 지시사항)

❷ 세월호 사고에 대해서는 그동안 검경수사, 감사원 감사, 재판진행 등을 통해 사고원인 등이 거의 다 밝혀진 상태이므로, **진상조사위에의 지나친 권한의 부여나 지나친 처벌조항의 반영 등이 있어서는 안될 것**이므로 국회의 동 법안 심사시 이 점이 충분히 고려되도록 독소적 조항을 미리 파악하여 여당 관계자에게 제공하고 언론에도 정확하게 알릴 필요가 있음 (정무수석, 경제수석)

1월 21일. 해수부는 차관 직속 기구로 세월호 후속 조치 총괄TF(이하 세월호TF)를 만들었다. 플라자호텔에서 조윤선이 지시한 대로 여당 추천위원들의 활동을 지원하고 특조위 활동을 축소하기 위해서였다.

1월 25일. 청와대 해양수산비서관 윤학배는 보안성이 뛰어난 모바일 메신저 바이버에 단체 채팅방을 개설해 세월호 인양추진단 소속 공무원들, 위원회 설립준비단에서 파견되어 일하고 있던 해수부 공무원 등을 초대했다. 이들은 함께 특조위 내부 동향을 실시간으로 공유하고 대응 계획을 수립했다.

1월 26일. 플라자 호텔에서 여당 추천위원 4인과 해수부 연영진 해양정책

---

11 「사참위 종합보고서」, 209쪽.

12 「사참위 종합보고서」, 208쪽.

실장, 임현택, 김남규 등이 다시 모였다. 이 회의에서 검찰, 감사원, 해양심판원 등 조사와 수사 경험이 있는 전문가들로 비공식 외곽 TF를 구성해 여당 추천 위원들을 지원하기로 결정했다.

2월 25일. 제1차 당·정·청 정책조정협의회가 국회 영빈관에서 열렸다. 해수부 세월호TF는 특조위의 직제와 예산을 관계부처와 협의해 만들겠다고 보고했다.

<청와대-정부의 특조위 방해 지시 및 실행 체계[13]>

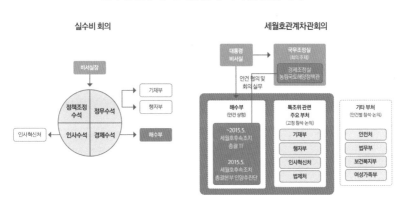

특조위는 관련 정부 부처를 조사하기 위해 설립된 독립적 조사기구였다. 그리고 청와대와 해수부는 세월호참사 대응과 관련해 특조위의 조사 대상이었다. 세월호참사 피해자들과 국민들의 염원 속에 어렵게 탄생한 독립조사기구 특조위가 출발 전부터 조사 대상들의 손에서 놀아나고 있었던 것이다. 위원회에서 일하는 해수부 공무원들은 유가족 추천을 받은 위원장을 깍듯이 모시는 척하면서 실제로는 해수부와 청와대에 위원회 동향을 깨알같이 보고했다.

---

13 「사참위 진상소위 보고서」, 358쪽.

나아가 여당 추천위원들은 조사안건을 논의할 때마다 '이 조사를 왜 하느냐, 이 조사의 필요성이 대체 뭐냐'라며 시비를 걸었다. 걸핏하면 사퇴하겠다는 압박을 일삼으며 위원회가 문제라는 식의 기자회견도 열었다. 특조위는 제대로 활동을 시작하기조차 어려웠다.

5. 정부 시행령안을 통과시켜라

세월호참사 진상규명을 위한 특별법은 2015년 1월 1일부터 시행되었다. 그러나 특별법의 핵심인 특조위 조사 활동은 시작하지 못했다. 조직 구성과 예산 편성이 이뤄지지 않았기 때문이었다.

2015년 3월 6일이 되어서야 세월호특조위 상임위원 5명은 정부서울청사 의전 행사실에서 임명장을 받았다. 특조위 제1차 전원위원회에서 이석태 상임위원을 위원장으로, 조대환 상임위원을 사무처장 겸 부위원장으로 선출했다. 청와대는 세월호특조위 시행령안이 준비되던 2015년 1월부터 5월까지 관련 정부 부처에 세월호특조위를 축소시키라고 거듭 지시했다. 이 지시에 따라 관련 부처들은 세월호특조위 직제안(조직구성안)을 축소하는 시행령을 만들었다.

2015년 3월 27일 해수부는 특별법 시행령 제정안 입법을 예고했다. 해수부 시행령안은 앞서 2월 17일 특조위가 제출했던 시행령안을 완전히 무시하고 특조위의 독립성을 심각하게 훼손하는 내용이었다. 세월호 유가족들과 특조위는 해수부 시행령안에 결사적으로 반대했다.

4월 1일. 해수부는 세월호 희생자들에 대한 배보상 지급 액수를 발표했다. 여기에 국민 성금으로 지급하는 위로지원금과 보험회사가 지급하는 보험금까지 배보상과 관련이 없는 금액도 추가했다. 이렇게 부풀려진 배·보상금액

책임을 묻다

을 언론들은 하루종일 보도했다.

4월 2일. 416가족협의회는 해수부 시행령안 폐기와 온전한 선체 인양을 촉구하며 대규모 삭발식을 진행했다. 삭발식을 마친 유가족들이 상복을 입고 자식들의 영정사진을 가슴에 품은 채 안산에서 광화문까지 걸어갔다. 가는 비가 세상을 적셨다. 한국일보 여론조사에서는 세월호 선체 인양 찬성 77.2%, 특별법 정부 시행령안 폐기 찬성 50%라는 결과가 나왔다.

4월 30일. 정부는 세월호 유가족들과 국민들의 의견을 무시하고 해수부 시행령안을 그대로 통과시켰다.

5월 4일. 해수부는 세월호 인양추진단[14] 및 배보상단 직원들에게 메일을 보냈다. "BH 지시사항인데요. 5월 6일 시행령 국무회의가 끝나면 선체 인양도 그렇고 후속 조치 관련 사항들은 일차적으로 큰 그림을 그려졌다고 보이는데, 세월호 후속 조치 2라운드에 관한 사항을 어떻게 잘 끌고 나가서 보여줄 수 있는지 보고서를 요구하고 있습니다."

시행령이 정부안대로 통과되자 이제 청와대는 세월호특조위의 조사 예산 축소를 지시했다. 기재부와 해수부는 특조위 예산을 대폭 삭감했다.

8월 4일. 국무회의는 세월호특조위 총예산을 약 89억 원으로 결정했다. 세월호특조위가 요구한 예산은 159억 원이었다. 진상규명을 위해 사용될 사업비는 약 45억 원을 신청했으나 14억 원만 지급됐다.

---

14 세월호 인양추진단은 해양수산부에서 세월호특조위 대응업무를 한 곳이다. 2015년 5월경 총리 훈령에 따라 해수부에 세월호 인양추진단이 구성되자 기존의 세월호 후속조치 총괄TF가 인양추진단 기획총괄과에 편성되었다. 세월호 인양추진단은 청와대 지시에 따라 파견 공무원들을 통해 파악한 세월호특조위 동향을 청와대, 정보기관, 유관 부처 등에 전파했다. 보고 문건에는 416 가족협의회가 사단법인을 신청했다는 내용 등 유가족 동향도 담겨 있었다. 당시 문서 작성을 담당한 직원조차 과한 지시라는 생각을 할 정도였다.

\<세월호특조위 시행령(안)과 해수부 시행령 입법예고(안) 업무 범위 비교표(위)와 직제 비교표(아래)>

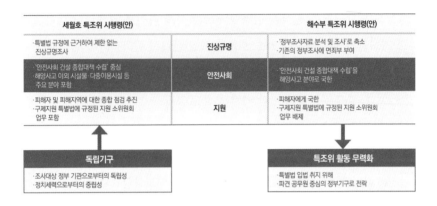

세월호 특조위 시행령(안)		해수부 특조위 시행령(안)
·특별법 규정에 근거하여 제한 없는 진상규명조사	진상규명	·'정부조사자료 분석 및 조사'로 축소 ·기존의 정부조사에 면죄부 부여
·'안전사회 건설 종합대책 수립' 중심 ·해양사고 이외 시설물·다중이용시설 등 주요 분야 포함	안전사회	·'안전사회 건설 종합대책 수립'을 해양사고 분야로 국한
·피해자 및 피해지역에 대한 종합 점검 추진 ·구제지원 특별법에 규정된 지원 소위원회 업무 포함	지원	·피해자에게 국한 ·구제지원 특별법에 규정된 지원 소위원회 업무 배제

독립기구
·조사대상 정부 기관으로부터의 독립성
·정치세력으로부터의 중립성

특조위 활동 무력화
·특별법 입법 취지 훼손
·파견 공무원 중심의 정부기구로 전락

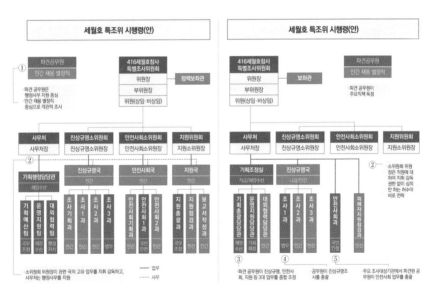

226

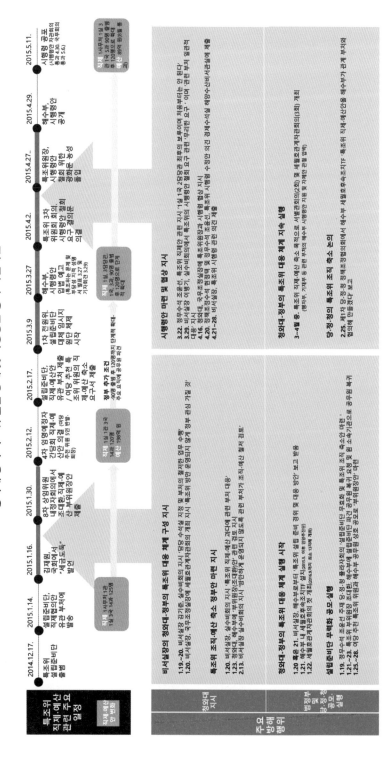

<청와대 등의 특조위 설립 방해 및 시행령안 통과 타임라인15>

15 「사참위 진상소위 보고서」, 361쪽.

6. 대통령 조사를 막아라

9월 14일. 드디어 세월호특소위가 사건 접수를 개시했다.

10월 20일. 세월호참사 당일과 이후 청와대와 대통령의 참사 대응이 적정했는지 조사를 해 달라는 사건이 접수되었고 제4차 진상규명 소위원회의 안건으로 상정되었다. 이에 대해 여당추천위원들도 반대하지 않았다. 소위원회는 조사를 결정했다.

김기춘에 이어 대통령 비서실장으로 임명된 이병기가 지시했다.

"세월호특조위에서 사고 당일 VIP 행적을 조사 안건으로 채택하려는 움직임이 있다. 이는 불순한 정치적 의도가 있을 뿐 아니라 진상규명 소위에서의 논의 절차 자체도 문제가 크다. 당장 해수부, 특조위 부위원장, 여당 추천위원들 간 긴밀히 협의해 이 안건이 채택되지 않도록 대응하라."

해수부장관 김영석과 차관 윤학배는 이 지시대로 세월호특조위 여당 추천위원들을 만나 대응방안을 전달했다.

11월 23일. 세월호특조위는 전원위원회에서 '청와대와 대통령의 대응 적정성 관련 조사 개시'를 결정했다. 여당 추천 비상임위원 차기환은 진상규명 대상 및 과제에서 '대통령이 유가족에게 한 약속을 이행하지 않은 이유'와 '세월호참사 당시 대통령의 행적 사항'을 삭제한 수정안을 제출했다. 이 수정안은 부결됐다. 그러자 여당 추천 비상임위원 고영주, 차기환, 황전원, 석동현이 사퇴하겠다며 일제히 퇴장했다. 앞서 11월 19일 언론에 공개된 해수부의 특조위 지침문건[16]에는 '대통령 7시간 관련 조사신청 통과 시 여당 추천위원들의 기자회견 진행'이라는 내용이 포함돼 있었다. 이들 여당 추천 위원들은 해수부가 미리 만들어둔 지침에 따라 행동한 것이다.

---

16 '해수부 "세월호특조위, BH 조사시 輿위원 사퇴 표명"… '대응방안' 문건', 머니투데이, 2015. 11. 19.

같은 날 청와대 회의에서 비서실장 이병기는 경제수석 안종범에게 지시했다.

"세월호특조위가 청와대 대응 5개 사항(VIP 7시간 행적 포함 논란)을 조사하는 안건을 전원위원회에 상정해 처리했다고 하던데, 이는 명백한 일탈이자 월권행위이니 해수부를 중심으로 강력한 대응조치를 취하라."

청와대 해양수산비서관실은 곧바로 특조위에 대한 향후 조치사항을 작성했다. 이 문건에는 '공무원 추가파견 전면 재검토' 내용이 있었다. 결국 세월호특조위 조사 기간이 끝날 때까지 파견공무원은 정원의 절반도 채워지지 않았다.

7. 경찰청도 나서라

2015년 7월 10일. 조윤선에 이어 청와대 정무수석으로 부임한 현기환이 경찰청에 지시했다.

"금년 8월이 되면 특조위 활동이 본격화될 것으로 예상된다. 향후 세월호특조위 관련 사항은 내가 직접 컨트롤하며 챙길 것이다. 특조위 활동과 더불어 위원들과 별정직 공무원들이 좌파세력과 얼마나 연계하는지, 비판 단체들은 어떻게 지원하는지 등 현황들을 상세히 파악해 보고하라."

7월 21일. 이 지시에 따라 경찰청은 담당 정보관들을 소집해 긴급 대책회의를 열었다. 이 회의에서 특조위 상임위원들과 별정직 공무원들이 누구를 접촉하고 어떻게 움직이며 외부세력과 어떤 교류를 하는지, 조사 대상은 누구인지, 유가족들과 416연대는 특조위 활동에 어떻게 보조를 맞춰 나가는지 같은 정보들을 수집해 청와대에 보고하기로 결정했다.

9월 14일. 세월호특조위 사무실에서 중부경찰서 소속 특조위 담당 형사가 붙잡혀 특조위 직원에게 신분증과 메모 수첩을 빼앗겼다. 해당 수첩에는 '정무수석의 세월호특조위 관심 포인트 4가지 사항'이 적혀 있었다.

경찰청은 청와대에 세월호특조위 관련 사항뿐 아니라 416 가족협의회와 416연대의 동향도 파악해 꾸준하고 상세하게 보고했다.

8. 국정원의 특조위 조사방해

국정원은 특조위의 조사 활동 자체가 박근혜 정부 권력 유지에 방해가 된다고 보았다. 세월호 특별법이 통과된 직후부터 특조위가 종료될 때까지 특조위 동향을 파악하여 국정원 내부 및 청와대 등에 보고했다. 국정원 내부에 세월호특조위 대응TF를 만들었고 정부 부처 출입 국정원 직원, 특조위 내부 직원, 여당 추천위원들로부터 각종 첩보를 수집해 청와대에 수시로 보고했다.

2015년 1월 21일에는 '세월호 조사위 구성 동향 및 대응 방안'[17]을 아래와 같이 매우 구체적으로 작성해 청와대에 보고했다.

① 여당 당직자 주도로 세월호 조사위의 행태를 정치 이슈화하여 국민 여론을 환기시킨다 ② 기재부, 행자부와 협조해 사무처 직제 예산을 엄격히 통제해 활동력을 약화시킨다 ③ 파견공무원 수를 최대한 확대하고 고위직으로 파견해 좌파 출신을 견제한다 ④ 여당 위원들에게 역할을 부여해 좌편향 활동에 일사분란하게 대응한다 ⑤ 보수 매체와 단체들과 협조해 세월호특조위 구성과 편파 활동 가능성 및 문제점을 발굴해 지속적으로 이슈화하여 국민들의 공분을 조성한다 ⑥ 건전단체로 하여금 세월호 조사위 활동 감시단을 구성해 활동전반을 살펴 좌편향 활동을 적출하여 폭로하도록 한다.

---

17 [사참위 직나-6] 「조사보고서」, 446~448쪽.

책임을 묻다

국정원은 특조위 설립 준비 시기에는 설립준비단의 동향뿐 아니라 민간 전문위원들의 과거 이력까지 확인해 청와대 등에 보고했고, 특조위 설립 이후에는 야당 및 유가족 추천위원들과 별정직 조사관들도 사찰해 보고했다.

2015년 12월 14일부터 3일간 세월호특조위 1차 청문회가 열렸다. 청문회 주제는 ① 세월호참사 초기 구조구난의 적정성 ② 해양사고 매뉴얼 등 적정성 여부 ③ 참사 현장에서 피해자 지원 조치의 문제점이었다. 국정원은 특조위 1차 청문회 계획안 등 비공개 내부 논의 자료를 입수해 청와대에 보고했다. 2차, 3차 청문회 개최 계획안도 청와대에 보고했다.

2016년 5월. 특조위의 3차 청문회와 특검에서 국정원 관련 문제를 다룰 것으로 예상되었다. 그러자 국정원은 기존의 세월호특조위 대응TF를 고위급TF로 격상시켜 체계를 강화하고 특조위의 자료 제출 요청, 실지조사 요청, 3차 청문회 등에 관한 대책을 세웠다. 이 모든 활동은 국정원의 업무 영역이 아니었다.

6월 30일. 박근혜 정부는 세월호특조위 관련 규정을 마음대로 해석해 조사 기간이 끝났다며 특조위에 조사 활동 종료를 일방적으로 통보했다. 해수부는 8월 23일 보도자료를 통해 특조위 조사 활동기간이 이미 종료됐으므로 3차 청문회를 개최할 수 없다고 주장했다.

특별법에 따라 어쩔 수 없이 소극적으로 시간을 끌며 특조위 조사에 응하던 국정원은 해수부의 법령 해석이 나오자마자 조사를 거부했다. 또한 특조위 3차 청문회[18]로 인해 세월호참사가 이슈화되지 않도록 '지상파 등의 생중

---

18 2016년 9월 1일부터 2일까지 연세대학교 김대중 도서관에서 제3차 청문회가 개최되었다. 주제는 ① 참사 이후 정부의 미흡한 진상규명 조치 ② 참사 관련 구조구난 및 정부대응의 적정성 ③ 참사관련 언론보도의 공정성·적정성 ④ 참사 이후 피해자를 대하는 국가조치의 문제점 ⑤온전한 세월호 선체 인양, 인양 후 미수습자 수습 및 침몰원인 규명 선체조사 ⑥ 해경 주파수공용통신(TRS) 음성 분석으로 드러난 새로운 사실에 관한 것이었다.

계 차단 협조' 방안을 청와대에 보고했다. 교육부에는 사학연금공단이 세월
호특조위에 청문회 개최 장소를 대관해 준 것을 취소하도록 하라고 요청했
다. 국정원과 경찰청의 이러한 모든 행위는 국민의 세금으로 이루어졌다.

9. 보수단체 총동원령

특조위 사무실이 위치한 명동 인권위원회 건물 앞에서는 보수단체들이
하루가 멀다 하고 시위를 열었다.

"물러가라, 세월호특조위."

어떤 날은 보수단체의 대표가 아예 사무실까지 난입해서 예산 낭비 그만
하라고 소리 지르고 직원들에게 시비를 걸기도 했다.

"살다 살다 이렇게 의미 있는 일을 하는데 이렇게 욕을 먹기도 처음이야."

다른 조사위원회에서 일해 본 경험 많은 조사관이 혀를 내둘렀다.

"도대체 얼마나 숨길 게 많아서 이러는 거냐!"

"그 얘기 들었어? 우리가 제출한 진상규명 예산 70%가 삭감되었대! 피해
지원 예산은 덜 깎였고."

"정말 진상규명이 무섭긴 한가 보네."

대통령 비서실장으로 김기춘이 임명된 후 박근혜 정부는 비판적인 여론
에 대응하기 위해 정권에 우호적인 보수우파단체를 활용했다. 국민소통비
서관실은 아예 친정부 보수단체 지원을 주요 업무로 추진해왔다.

세월호참사가 발생한 이후 청와대는 세월호 특별법 제정을 반대하고 세
월호특조위 활동을 방해하기 위해 보수단체들을 동원했다. 전경련을 통해
보수단체들의 집회, 시위, 기자회견 등에 활동 자금도 지원했다.

<전경련 보수단체 자금지원 내역[19]>

[전경련 보수단체 자금지원 내역]

(가나다순. 단위 : 원)

연번	단체명	2014년 21개 단체	2015년 31개 단체	2016년 23개 단체	합계
1	건전사회를 위한 국민의 회 (사단법인 새마음실천중앙회, 새마음포럼)	40,000,000	100,000,000	20,000,000	160,000,000
2	나라지킴이 전국여성연대 (엄마부대)	50,000,000	50,000,000	.	100,000,000
3	대한민국고엽제전우회	248,715,000	255,000,000	60,000,000	563,715,000
4	대한민국수호천주교인모임	110,000,000	105,000,000	25,000,000	240,000,000
5	대한민국청년대학생연합	.	.	15,520,000	15,520,000
6	미래를 여는 청년포럼 (청년이 여는 미래)	142,000,000	143,000,000	90,000,000	375,000,000
7	바이트	80,800,000	145,000,000	110,660,000	336,460,000
8	부모마음봉사단	30,000,000	100,000,000	10,000,000	140,000,000
9	북한민주화 청년학생포럼	.	.	15,000,000	15,000,000
10	북한인권학생연대	127,650,000	83,500,000	7,000,000	218,150,000
11	블루유니온	40,000,000	127,000,000	40,000,000	207,000,000
12	사단법인 국민행동본부	250,000,000	200,000,000	30,000,000	480,000,000
13	사단법인 북한민주화위원회	.	50,000,000	.	50,000,000
14	사단법인북한인권시민연합	106,350,000	86,000,000	.	192,350,000
15	사단법인 시대정신	.	110,000,000	95,000,000	205,000,000
16	사단법인월드피스자유연합	20,000,000	86,760,028	45,400,000	152,160,028
17	사단법인 북한민주화네트워크	150,000,000	151,500,000	84,720,000	386,220,000
18	사단법인 통일미디어	.	150,360,000	30,000,000	180,360,000
19	선민네트워크	20,000,000	50,000,000	20,000,000	90,000,000
20	선진화시민행동	158,500,000	59,000,000	.	217,500,000
21	애국단체총협의회	120,400,000	115,742,050	24,000,000	260,142,050
22	어버이연합 (벧엘선교, 비전코리아)	390,000,000	388,000,000	70,000,000	848,000,000
	합 계	2,389,935,000	3,505,371,078	1,070,670,000	6,965,976,078

2014년 4월 16일 이후 끊임없이 세월호 유가족을 비난하며 특별법 제정 반대 집회를 진행해온 어버이연합은 집회 참여자들에게 일당 2만 원씩을 지급했다.[20] 전경련은 이런 어버이연합에 2014년 3억 9천만 원, 2015년 3억 9백만 원을 지원했다.[21]

2014년 5월 29일. 청와대는 고엽제전우회에 집회를 열라고 요청하고 이

---

19 서울고등법원 2018노2856 증거기록 중 전경련 보수단체 자금지원내역, 1쪽.

20 '어버이연합, 세월호 반대 집회 '일당 2만원 알바' 대규모 동원', 동아일보, 2016. 4. 1.

21 [사참위 직나-4] 「조사보고서」, 155쪽.

를 명목으로 전경련을 통해 3천 5백만 원을 받을 수 있도록 했다.[22] 자유총연맹에도 국정지지집회, 성명서발표, 기자회견 등의 협조를 요청했다.

전경련은 청와대의 요구에 따라 2014년부터 2016년경까지 33개 보수단체에게 총 69억 6천 5백여만 원을 지원했다.

10. 특조위는 강제 종료 특검은 자동 폐기

2016년 6월 21일. 해수부는 세월호특조위 조사활동 기간이 6월 말로 종료된다며 특조위 정원 축소안을 일방적으로 발표했다. 세월호 유가족들과 특조위는 즉각 반발했다.

7월 27일. 이석태 위원장을 비롯한 위원들이 특조위 조사 활동 보장을 요구하며 릴레이 단식 농성에 돌입했다. 8월 17일에는 416가족협의회 유가족들도 특조위 강제 종료 철회를 요구하며 사생결단 단식을 시작했다.

그러나 9월 30일. 세월호특조위는 강제 종료되고 조사 기록 이관 작업이 완료됐다. 특조위는 그간의 조사 내용을 정리한 종합보고서도 작성하지 못한 채 강제 해산되었다.

세월호특조위의 조사 사건 174건 중 조사 완료 후 의결된 것은 총 4건이었다. 특조위는 이에 대해 "조사관들의 조사역량이 향상됨과 아울러 조사 자료가 수집되어 각 사건들의 실마리와 전체 윤곽이 막 잡히기 시작할 때, 정부의 강제적인 조사중단 조치가 내려짐으로써 더 이상 사건의 진상을 밝히지 못하게 되었다."라고 밝혔다.

---

22 고엽제전우회 당시 사무처장 김성욱은 '전경련으로부터 2014. 5. 29. 세월호사건 왜곡세력 척결대회 명목으로 3,500만 원을 받는 등의 사실을 인정'하며 '고엽제전우회가 청와대의 요청에 따라 집회를 하도록 하기위해 허현준이 전경련 자금을 지원받도록 해준 측면이 있다'는 취지로 진술한 바 있다.(서울중앙지검, 2017형제96188호, 2018형제10586호, 증거목록, 김성욱 진술조서(2018.2.13.))

앞서 2016년 2월 19일 세월호특조위는 국회에 김석균 해양경찰청장, 김수현 서해지방해양경찰청 청장, 김문홍 목포해양경찰서장, 이춘재 해양경찰청 경비안전국장, 유연식 서해지방경찰청 상황담당관, 조형곤 목포해양경찰서 경비구난과 상황담당관 등에 대한 '4·16세월호참사 초기 구조 구난 작업의 적정성에 대한 특검'을 요청했다.

특검 요청은 19대 국회 임기 만료로 안건이 자동 폐기됐다. 동일 안건을 2016년 6월 30일에 다시 제출했으나 20대 국회에서도 임기 만료로 자동 폐기됐다.

7부

검찰의
수사와 기소

대한민국 검사들에게는 검사선언문이 있다. 내용은 아래와 같다.

- 나는 이 순간 국가와 국민의 부름을 받고 영광스러운 대한민국 검사의 직에 나 섭니다.
- 나는 공익의 대표자로서 정의와 인권을 바로 세우고 범죄로부터 내 이웃과 공 동체를 지키는 막중한 사명을 부여받은 것입니다.
- 나는 불의의 어두움을 걷어내는 용기 있는 검사, 힘없고 소외된 사람들을 돌보 는 따뜻한 검사, 이해와 신뢰를 얻어내는 믿음직한 검사, 스스로에게는 더 엄격 한 바른 검사로서 처음부터 끝까지 혼신의 힘을 기울여 국민을 섬기고 국가에 봉사할 것을 나의 명예를 걸고 굳게 다짐합니다.

과연 대한민국 검찰이 공익의 대표자로서 정의와 인권을 바로 세우는 역 할을 제대로 했던가? 2013년 출범한 박근혜 청와대는 공안검사 출신 김기 춘을 비서실장으로, 황교안을 국무총리로, 특수부 검사 출신 우병우를 민정 수석으로 임명했다. 세월호참사 발생 이후 검찰수뇌부는 이들과 긴밀히 협 력하며 청와대의 수사 가이드라인을 충실히 따랐다.

세월호참사 진상규명은 검찰 수사로 시작되었다. 김기춘을 비롯한 국가권 력자들은 감사원 감사나 검찰 수사로 세월호참사 진상규명이 모두 가능하 다고 단언했다. 그런데 대형 참사의 경우 고위 공직자들 책임이 언제나 문제 가 된다. 형사 수사와 재판만으로 이루어지는 진상규명 과정에서 검찰이 책 임자를 제대로 수사하고 기소하지 않으면 피해자와 공익을 대변하는 국가 는 없어진다.

세월호참사 진상규명 과정에서 2014년 검찰은 청와대와 정부 고위 권력 층은 일체 수사도 기소도 하지 않았다. 2019년 검찰 특수단도 별로 다르지 않았다. 그러니 성역 없이 수사하고 정의롭게 기소하는 검사의 멋진 활약을 기대한다면 절대 사회적 참사 피해자가 되어서는 안 된다. 세월호참사를 통해 피해자가 목격한 검찰은 혼신의 힘을 기울여 권력을 섬기고 자기 조직의 이익에만 봉사하는 집단이었다.

1. 2014년 검찰 수사 결과

2014년 4월 17일 대검찰청과 해양경찰청이 검경합동수사본부를 구성하고 청해진해운 등 7곳을 압수·수색했다. 검경합동수사본부는 세월호참사 관련 주요 수사 대상을 ① 세월호 침몰 원인과 승객 구호 의무 위반 책임 ② 선박 안전관리와 감독상 부실 책임 ③ 사고 후 구조과정의 위법행위 ④ 청해진해운(선사) 실소유주 일가의 비리 ⑤ 해운업계 전반의 구조적 비리 이렇게 5개 분야로 나누어 수사를 시작했다.

2014년 10월 6일, 검경합수부가 수사 결과를 발표했다. 세월호 침몰 원인 관련 혐의로 61명, 사고 후 구조과정 혐의로 해경 17명, 청해진해운 실소유주 비리 관련 혐의로 37명을 기소했다. 해운업계 전반에 대한 비리 의혹을 수사해 88명을 기소했다.

<선사(청해진해운) 재판>

	성 명	직위	기소 죄명
1	김한식	청해진해운 대표이사	업무상과실치사, 업무상과실치상,[1] 업무상과실선박매몰[2], 선박안전법위반, 특경법위반(업무상 횡령), 특경법위반(업무상 배임)

---

[1] 업무상과실치사와 업무상과실치상죄로 기소된 내용은 세월호 승객의 희생 및 피해에 대한 형사 책임을 묻는 것이다.

[2] 업무상과실선박매몰죄로 기소된 내용은 세월호 침몰원인을 밝히고 그에 대한 형사 책임을 묻는 것이다.

	성 명	직위	기소 죄명
2	김영붕	청해진해운 상무이사	업무상과실치사, 업무상과실치상, 업무상과실선박매몰, 선박안전법위반
3	안기현	청해진해운 해무이사	업무상과실치사, 업무상과실치상, 업무상과실선박매몰, 선박안전법위반, 업무상횡령, 배임수재
4	남호만	청해진해운 물류팀장	업무상과실치사, 업무상과실치상, 업무상과실선박매몰, 선박안전법위반
5	김정수	청해진해운 물류팀 차장	업무상과실치사, 업무상과실치상, 업무상과실선박매몰, 선박안전법위반
6	박희석	청해진해운 해무팀장	업무상과실치사, 업무상과실치상, 업무상과실선박매몰, 선박안전법위반
7	신보식	세월호 선장	업무상과실치사, 업무상과실치상, 업무상과실선박매몰
8	문기한	우련통운 본부장	업무상과실치사, 업무상과실치상, 업무상과실선박매몰
9	이준수	우련통운 현장팀장	업무상과실치사, 업무상과실치상, 업무상과실선박매몰
10	김주성	한국해운조합 운항관리실장	업무방해
11	전정윤	한국해운조합 인천지부 운항관리인	업무상과실치사, 업무상과실치상, 업무상과실선박매몰, 업무방해

<선원 재판>

	성 명	직위	기소 죄목
1	이준석	선장	살인, 살인미수, 업무상과실선박매몰, 수난구호법위반, 선원법위반, 특가법위반, 유기치사, 유기치상, 해양관리법위반
2	강원식	일등항해사	살인, 살인미수, 업무상과실선박매몰, 수난구호법위반, 유기치사, 유기치상
3	김영호	이등항해사	살인, 살인미수, 수난구호법위반, 유기치사, 유기치상
4	박한결	삼등항해사	업무상과실선박매몰, 수난구호법위반, 특가법위반, 유기치사, 유기치상, 해양관리법위반
5	조준기	조타수	업무상과실선박매몰, 수난구호법위반, 특가법위반, 유기치사, 유기치상, 해양관리법위반
6	신정훈	일등항해사	수난구호법위반, 유기치사, 유기치상
7	박경남	조타수	수난구호법위반, 유기치사, 유기치상
8	오용석	조타수	수난구호법위반, 유기치사, 유기치상

	성 명	직위	기소 죄목
9	박기호	기관장	살인, 살인미수, 수난구호법위반, 유기치사, 유기치상
10	손지태	일등기관사	수난구호법위반, 유기치사, 유기치상
11	이수진	삼등기관사	수난구호법위반, 유기치사, 유기치상
12	전영준	조기장	수난구호법위반, 유기치사, 유기치상
13	이영재	조기수	수난구호법위반, 유기치사, 유기치상
14	박성용	조기수	수난구호법위반, 유기치사, 유기치상
15	김규찬	조기수	수난구호법위반, 유기치사, 유기치상

2014년 검찰은 참사의 책임을 민간과 123정장에게만 몰았다

세월호가 기울기 시작하고 최초 신고가 접수된 시각은 8시 54분. 언론을 통해 사고 소식이 전국에 보도된 시각은 9시 19분. 그때 승객들은 살아 있었다. 최초 신고 이후 100분도 안 지난 10시 30분. 세월호는 침몰했고 304명이 사망했다. 누구의 책임인가? 책임은 선사와 선원들에게만 있는 것이 아니었다. 진도VTS와 각급 해경 상황실 요원들, 해경지휘부도 무거운 책임을 져야 했다. 대통령과 청와대는 말할 것도 없었다.

해경 상황실과 지휘부가 세월호와 교신한 내용을 제대로 전파했다면, 신고접수 직후 승객들에게 탈출하라는 명령이 전달될 수 있었다. 해경 구조 세력이 사고해역 도착 즉시 승객들에게 퇴선 방송을 했다면, 해경지휘부가 상황 보고에 집중하고 적절한 구조지휘를 했다면, 대통령과 청와대가 승객부터 구조하라는 명령을 제때 내렸다면, 더 많은 국민이 집으로 돌아올 수 있었다.

세월호 사고 소식을 들었을 때 우리는 청와대가 컨트롤타워 역할을 해주리라 기대했다. 304명의 승객을 품고 세월호가 바닷속으로 가라앉는 모습을 시시각각 지켜보며 우리는 큰 충격을 받았다. 국민을 보호해야 할 대한민국 총책임자 대통령이 그 순간 모습을 보이지 않았던 것에 분노했다.

우리가 대통령과 정부에 막강한 권한을 준 이유는 국민의 생명과 안전을 지켜야 할 순간에 그 힘을 발휘하라는 것이었다. 세월호가 완전히 가라앉고 304명 국민이 희생된 순간 국가권력에 걸었던 모든 기대는 무너졌다.

세월호참사의 진상규명은 당시 해경지휘부의 대응이 적절했는지에서 시작해 세월호 사고가 언제 처음 청와대에 보고되었는지, 대통령이 내린 최초 지시가 무엇이었는지, 왜 그날 대통령은 7시간이 지나서야 나타났는지를 밝히라는 요구로 나아갔다. 주권자의 당연한 권리였다.

검찰은 성역 없는 수사를 통해 모든 잘못을 밝혀내야 했다. 철저히 진실을 밝히고 관련된 권력자들 책임을 빠짐없이 물음으로써 피해자들과 국민을 위로할 기회가 분명히 있었다. 그러나 2014년 검찰은 해경지휘부는 물론, 대통령과 청와대를 아예 수사조차 하지 않았다.

검찰은 국가권력에 대한 책임을 오로지 단 한 사람, 현장에 출동한 김경일 123정장에게만 물었다. 광주지검은 2014년 5월 29일 '해양경찰청 본청, 서해지방해양경찰청, 목포해양경찰서, 해양경찰청 중앙구조본부 등에 대해서 업무상 과실치사상 혐의로 수사하겠다'는 수사보고서를 올렸지만, 실제 수사를 진행하지 않았다.

법원조차 123정장 항소심 재판에서 세월호참사의 구조 실패는 해경지휘부에게도 책임이 있다고 밝혔다. 검찰은 6년이 지난 2020년 2월에야 해경지휘부를 기소했다. 이는 검찰이 2014년 당시 책임자들을 제대로 수사하지 않았음을 스스로 인정한 꼴이었다.

한발 더 나아가 2014년 검찰수뇌부는 박근혜 정권을 지키기 위해 물불을 가리지 않았다. 세월호참사 발생 직후 검찰총장 김진태는 '돼지머리 수사'를 언급했다. '돼지머리 수사'란 세월호참사의 책임을 전가할 희생양을 찾으라

는 의미였다. 김진태는 4월 20일 인천지검에 유병언 수사를 전담하는 특수
수사팀을 만들고 자신의 측근인 최재경에게 수사 지휘를 맡겼다. 마치 테러
범 체포라도 하듯 시끌벅적했던 검찰의 검거 작전은 실패했고, 7월 21일 유
병언은 사체로 발견되었다.

반면 해경 수사는 막았다. 2014년 청와대는 검찰총장과 민정수석실을 동
원해 해경 수사를 담당하던 광주지검에 압력을 가했다.[3] 6·4 지방선거를 앞
둔 상황에서 해경 수사로 인해 정부 비판 여론이 커지면 정부 여당의 선거
결과에 악영향을 줄까 봐 걱정했기 때문이었다.

지금까지 대형 참사가 발생하면 검찰이 진상규명을 독점해 왔다. 그리고
는 매번 말단 공무원과 민간에만 참사의 책임을 묻는 것이 오래된 관행이었
다. 이 잘못된 관행이 거듭된 결과가 세월호참사였다. 2014년 검찰도 마찬
가지였다.

2. 2017~2018년, 촛불집회로 드러난 사실

박근혜 정권은 몰락했다. 2016년 10월 29일 서울 청계광장에서 시작된
촛불집회는 2017년 4월 29일까지 이어졌다. 2016년 12월 9일, 국회는 박근
혜 탄핵소추안을 발의했다. 세월호참사에서 국민의 생명을 보호하지 못한
책임을 묻는 내용도 포함되었다. 2017년 3월 10일, 헌법재판관 8명은 만장
일치로 대통령 박근혜를 파면했다. 이 과정에서 새롭게 밝혀진 세월호참사
관련 사실들은 참혹했다.

먼저 2014년 당시 청와대가 세월호참사 수사팀에 외압을 가했다는 폭로

---

3   당시 광주지검은 '해경 부실 구조 의혹'이 제기된 만큼 해경이 참여하고 있던 검경 합동수사본부와 별개
    로 해경 수사를 전담하는 자체 팀을 꾸려 수사하고 있었다. 김진태 검찰총장은 이 의혹을 전면 부인했다.
    ('김진태 검찰총장 "세월호 해경수사팀 해체하라" 압력 의혹', 한겨레신문, 2017. 3. 3.)

책임을 묻다

가 나왔다. 민정수석 우병우가 해경 수사를 전담하고 있던 윤대진 수사팀장과 침몰 원인 수사팀 안상돈 검사에게 전화로 압력을 행사했다는 내용이었다. 그러나 검찰은 이 혐의로 우병우를 기소하지 않았다.

2017년 10월 12일 임종석 대통령 비서실장이 청와대 긴급 브리핑을 했다. "박근혜 정부의 세월호 관련 문서 조작에 대해서 말씀드리겠습니다. 관련 내용은 세월호 사고 당시 상황 보고를 사후에 조작한 의혹과 국가위기관리기본지침을 사후에 불법적으로 변경한 내용입니다."

다음날 청와대는 서울중앙지검에 수사를 의뢰했다. 더불어민주당은 김기춘 전 대통령 비서실장과 김관진 전 국가안보실장 등을 국회 위증 혐의로 고발했다. 검찰은 뒤늦게 세월호참사 관련 청와대 수사를 시작했다. 수사 과정에서 국가안보실 위기관리센터가 세월호참사 관련 문건들을 무단으로 파기한 정황도 발견되었다.

대통령 보고 시각 및 지시 관련 허위공문서작성 및 행사와 「국가위기관리기본지침」 불법 변경 사건

2018년 3월 28일 서울중앙지검은 세월호참사 당일 대통령에게 보고한 시각을 조작한 혐의로 김기춘과 김장수를 허위공문서작성 및 행사죄로 기소했다. 또한 절차를 무시한 채 「국가위기관리기본지침」 제3조 제2항을 함부로 수정하겠다는 보고를 받고, 이를 승인한 혐의로 김관진 전 국가안보실장을 '공용서류손상죄'로 기소했다. 김규현 전 국가안보실 제1차장에게는 (그가 당시 미국에 있었기에) 지명수배·기소중지·인터폴 적색수배·여권 무효화 조치를 했다. 이후 7월 5일 귀국한 김규현은 현장에서 체포된 뒤 2일간 조사를 받았다. 현역 육군 소장인 신인호 전 국가안보실 위기관리센터장은 군검찰로 이송했다. 군검찰은 7월 25일 신인호를 '허위공문서 작성 및 행사와 공용서류 손상 및 직권남용 권리행사 방해 혐의'로 기소했다.

「국가위기관리기본지침」은 무엇인가?[4]

국가의 위기·재난·안전 관리 업무에 관하여 필요한 사항을 규정한 대통령 훈령으로, 국가안보실장이 「국가위기관리기본지침」의 소관기관장이다.

위 지침 원본은 청와대 국가안보실 위기관리센터에 있는 캐비닛에 보관되어 있었고, 65개 부처의 관련 부서에 배포되어 관리·보관되고 있다

「국가위기관리기본지침」에는 어떤 내용이 있었는가?

'국가안보실장은 (중략) 위기 상황의 종합·관리기능을 수행하며 안정적 위기관리를 위해 전략 커뮤니케이션의 컨트롤타워 역할을 한다(3조)', '국가안보실은 재난 분야 위기에 관한 정보·상황의 종합 및 관리 업무를 수행한다(8조)'고 규정되어 있었다.

「국가위기관리기본지침」 개정 절차는 어떠한가?

① 주관기관의 장은 대통령비서실장과 관계기관의 장에게 의견조회(10일 이상)

② 주관기관의 장은 법제처장에게 훈령안의 심사요청

③ 법제처장은 훈령안 법령저촉 여부 등 심사하여 주관기관의 장에게 통보

④ 주관기관의 장은 법제처의 심의필증을 첨부하여 대통령 재가

⑤ 법제처장은 훈령안에 누년 일련번호 부여

⑥ 법제처장은 행정자치부 장관에게 관보 게재 의뢰

⑦ 법제처장은 훈령이 발령된 후 지체없이 컴퓨터통신 등을 이용하여 내용 공개

---

4 「세월호 사고 보고 시각 조작 및 대통령 훈령 불법 변개 사건 수사결과」(서울중앙지검), 2018. 3. 28.

책임을 묻다

화이트리스트 사건

2016년 4월 11일 어버이연합이 세월호 반대 집회에 탈북자들을 일당 2만 원을 주고 동원했다는 언론보도[5]가 나왔다. 전국경제인연합회(전경련)이 어버이연합에 자금을 지원했다는 의혹도 제기되었다. 검찰은 수사 결과 2014년 2월부터 2016년 10월경까지 김기춘이 전경련을 통해 보수단체들에게 돈을 지급하라고 지시한 정황을 확인하고 관련자들을 기소했다.

세월호특조위 활동 방해 사건

2017년 12월 15일 해수부 감사관실이 자체 감사를 한 결과 '세월호특조위 활동 방해' 혐의를 포착하고 검찰에 수사를 의뢰했다. 이 수사를 담당한 서울동부지검은 당시 청와대와 해수부가 특조위 설립 준비를 방해한 행위, 특조위 동향 파악 및 보고를 통해 특조위 활동을 방해한 행위, 특조위의 '청와대 행적조사 안건 의결 방해' 행위가 있었다는 사실을 밝혀냈다. 검찰은 직권남용권리행사방해혐의로 2018년 2월 19일 김영석 전 해수부장관, 윤학배 전 해수부차관을 기소했다. 3월 29일에는 이병기 전 청와대 비서실장, 조윤선 전 청와대 정무수석비서관, 안종범 전 청와대경제수석비서관을 추가로 기소했다.

정보경찰의 특조위 활동 방해 사건

2018년 1월, 검찰이 이명박 전 대통령 수사를 위해 서초동 영포빌딩을 압수·수색하던 중 경찰의 불법사찰 정보가 담긴 문건들을 발견했다. 이 문건들을 통해 박근혜 정부 시절인 2014년 10월부터 2016년 9월까지 정보경찰

---

5 '어버이연합, 세월호 반대 집회에 알바 1,200명 동원 확인'(조해수·조유빈), 『시사저널』, 2016. 4. 11.

이 지속적으로 세월호특조위 활동 방해를 위한 보고서를 작성해 청와대에 보고했다는 사실이 드러났다. 당시 경찰은 특조위와 유가족들을 '정적'으로 취급했으며, 보수단체인 어버이연합을 이용해 특조위 활동을 방해하는 방안까지 마련했다.[6]

2019년 5월 28일 경찰청 특별수사단은 이병기 전 청와대비서실장, 조윤선 전 정무수석비서관, 현기환 전 정무수석, 구은수, 이철성, 박화진 당시 사회안전비서관 등 6명을 기소 의견으로 검찰에 송치했다. 그러나 검찰은 수사가 미흡하니 보완하라며 이 사건을 다시 경찰에 돌려보냈다.

기무사의 세월호 관련 민간인 사찰 사건

2018년 7월 2일, 국방부 사이버 댓글 사건 조사TF는 "기무사가 온라인상의 여론조작을 넘어 세월호 사건에도 조직적으로 관여한 문건 등을 발견했다."고 발표했다.[7] 2주 후인 7월 16일 기무사 의혹 군 특별수사단이 출범했다. 군특수단은 11월 6일 '기무사의 세월호 관련 민간인 사찰 수사 결과'를 발표하고, 직권남용권리행사방해 혐의로 손정수 TF 현장지원팀장 외 3명을 기소했다.

서울중앙지검은 같은 해 12월 31일 민간인 신분이던 김대열 전 참모장을, 2019년 4월 5일에는 지영관 전 정보융합실장을 기소했다.

3. 2019년 세월호참사 전면재수사 요구

2019년 3월 29일, 416가족협의회는 '세월호참사 특별수사단 설치 및 전

---

6   '[단독]박근혜 정부 정보경찰, '세월호특조위 제압 문건' 만들었다', 한겨레신문, 2019. 4. 11.

7   '기무사, '세월호' 조직적 관여… 유족들 성향·동향 등 사찰'(신경희), 서울경제, 2018. 7. 2.

면재수사' 국민청원을 시작했다. 한 달도 안 되어 20만 명이 넘는 국민동의를 받았다. 청와대는 "국민들의 의혹이 크고 대통령이 진상규명과 책임자 처벌에 대한 의지를 밝힌 사안이니 새로운 사실관계가 낱낱이 밝혀질 수 있도록 계속 노력할 것이다. 무엇보다 중요한 것은 앞으로 수사가 필요할 경우, 독립적 수사를 위한 전담팀 설치와 충분한 수사 인력의 배치 등이 아닐까 한다."고 답했다.

2019년 7월 25일, 윤석열이 검찰총장에 임명되었다. 8월 9일에는 조국 민정수석이 법무부장관에 지명되었다. 검찰개혁을 둘러싼 문재인 정권과 검찰의 전쟁이 시작되었다. 검찰의 칼날은 제일 먼저 조국 법무부장관을 향했다. 국정농단 수사 70일간 46건 압수·수색을 했던 검찰은 조국 수사 31일간 100여건에 달하는 압수·수색을 진행했다. 2년 전 우병우 한 사람을 구속하기 위한 수사는 할 수 없다던 윤석열 검찰총장은 조국 한 사람을 구속하기 위해 상상을 뛰어넘는 수준의 압박 수사를 하고 있었다.[8]

세월호 유가족들에게 조국 전 장관을 수사하는 검찰의 모습은 너무 낯설었다. 2014년 우병우 민정수석의 전화 한 통과 황교안 법무부장관의 한마디에 해경지휘부에 대한 수사는 시도조차 하지 않았던 검찰이었다.

'검찰이 마음만 먹으면 없는 죄도 만들어 내는데 왜 세월호참사 당시에는 있는 죄도 밝혀내지 않은 것인가!' 세월호 유가족들은 검찰을 향해 세월호 수사를 그렇게 해보라고 소리쳤다.

10월 31일, 사참위가 세월호참사 당일 구조과정 조사 내용 중간발표를 했다. 문호승 당시 세월호참사 진상규명 소위원회 위원장이 기자회견에서 말

---

8   2017년 10월 23일 서울중앙지검 국정감사에서 박지원 국회의원이 윤석열 당시 서울중앙지검장에게 물었다. "우병우를 왜 그대로 두는 겁니까?" 윤석열이 대답했다. "아무리 논란이 많다고 해도 우병우라는 사람을 구속하기 위한 수사를 할 수는 없는 것 아닙니까?"

했다.

"오늘 보고드릴 것은 지금까지 전혀 밝혀지지 않은 새로운 내용입니다."

이날 사참위는 참사 당일 해경이 위독한 응급환자를 헬기가 아닌 배로 이송했다는 사실을 발표했다. 해경은 발견 당시 맥박이 뛰고 있던 단원고 학생 임경빈 군을 방치한 채 해경지휘부를 헬기에 태웠다. 20분이면 되는 헬기 대신, 세 차례나 배편을 갈아타며 4시간 41분이 지나서야 가까스로 병원에 도착한 이 학생은 끝내 사망했다.

11월 2일, 광화문 광장에서 '세월호참사 전면재수사 국민고소고발인대회'가 열렸다. 416가족협의회와 416연대는 박근혜 전 대통령을 비롯해 세월호참사 관련 책임자 122명을 검찰에 고소고발하겠다고 밝혔다.

416 가족협의회 장훈 위원장은 "지난봄 정부에 세월호참사 전면재수사를 위한 특별수사단 구성을 요구했고 24만 명이 넘는 국민이 동의했지만, 재수사는 시작도 안 했다. 검찰은 우리가 발표한 122명 책임자를 모두 수사하고 기소하여 최대 형량으로 처벌할 수 있도록 하라."고 요구했다. 이후 416가족협의회와 국민고소고발단은 총 11건의 고소 고발을 진행했다.

11월 6일, 윤석열 검찰총장은 세월호참사특별수사단을 설치하라고 지시했다. 11월 11일, 공식 출범한 세월호참사특별수사단 단장은 임관혁 안산지청장이었다. 특수단은 해경본청과 구조함정 압수·수색으로 수사를 시작했다.

사참위는 故 임경빈군 구조방기 혐의, 청해진해운 관련 산업은행 대출비리, DVR 조작 의혹 등 9건의 수사를 의뢰하고 관련 조사자료를 모두 특수단에 제공했다.

4. 세월호참사 특별수사단

2019년 11월 17일 목포신항에 있는 세월호 선내에서 세월호 유가족들을 만난 임관혁 특수단 단장은 말했다.

"세월호 선내에 들어와 4층을 살펴보기 전까지 승객들이 대기하던 장소에서 탈출할 수 있는 출구까지 이렇게 짧은 거리라고 생각하지 못했습니다. 그 거리가 너무 짧아서 당혹스러웠습니다. 생존 학생들 명단을 보니 상대적으로 앞반에 생존한 아이들이 많더군요. 아이들이 어른들보다 더 낫구나 생각했습니다. 아이들은 질서를 지키며 차례대로 탈출하다가 희생당했다고 판단됩니다. 위급 상황에서 어른들도 못 하는 행동을 아이들이 한 겁니다. 저도 같은 못난 어른인 것이 부끄럽습니다. 하늘에 있는 아이들에게 부끄럽지 않도록 최선을 다해 수사하겠습니다."

그의 말을 듣고 있던 세월호 유가족들은 설마하면서도 이번에는 검찰을 정말 믿고 싶었다. 간절했다.

특수단 수사결과[9]: '혐의 없음'의 남발

특수단의 수사 대상 및 범위[10]는 아래와 같다.

• 유가족 등 고소 고발(11건)
해경지휘부 구조책임(3건)/ 특조위 활동 방해(2건)/ 법무부의 수사외압/ 전원구조 오보/ 전경련의 보수단체 부당지원/ 감사원 감사외압/ 국정원 기무사의 세월호 유가족 사찰(2건)

---

9   「특수단 언론 보도자료」, 2021. 1. 19.

10 『416세월호참사 판결 및 특수단 1차 수사결과 비평』(4·16 세월호 참사 가족협의회), 265~266쪽.

· 사참위 수사의뢰(8건)

임경빈군 구조지연/ DVR조작/ 청해진해운 관련 산업은행 대출비리/ 국정원 기무사의 세월호 유가족 사찰(2건)/ 진상규명국장 임명보류 등 특조위 활동 방해/ 청와대의 세월호참사 인지 전파시각 조작/ 해경 항공구조세력 구조실패 사건

2020년 2월 18일 특수단은 해경지휘부 11명을 업무상과실치사상 혐의와 직권남용권리행사방해 혐의로 기소했다. 같은 해 5월 28일에는 특조위 활동을 방해한 혐의로 이병기 청와대 비서실장을 비롯한 9명을 직권남용권리행사방해로 기소했다. DVR 조작 의혹은 특검에 인계하고 전경련의 보수단체 부당 지원 의혹은 재배당하기로 했다. 나머지 사건은 모두 '혐의 없음'으로 처리했다.

<416세월호참사 판결 및 특수단 1차 수사결과 요약>[11]

유형	사건요지	수사단서	수사결과
침몰 원인	AIS 항적자료 조작 의혹	유가족 의혹제기	혐의 미확인
해경 구조 책임	해경지휘부 구조 책임 등	유가족 고소	11명 불구속 기소 등
	故 임경빈 군 구조 방기	유가족 고소, 사참위 수사의뢰	혐의 없음
	항공구조세력 구조책임	유가족 고소, 사참위 수사의뢰	혐의 없음
진상 규명 방해	특조위 활동 방해	유가족 고소, 사참위 수사의뢰	9명 불구속 기소 등
	법무부의 검찰 수사외압	유가족 고소	혐의 없음
	청와대의 감사원 감사외압	유가족 고소	혐의 없음

---

11 「416세월호참사 판결 및 특수단 1차 수사결과 비평」, 266쪽.

유형	사건요지	수사단서	수사결과
증거 조작 은폐 관련	DVR조작 의혹	사참위 수사의뢰	처분보류(특검 인계 예정)
	청와대의 참사인지·전파 시각 조작	사참위 수사의뢰	혐의 없음
	122구조대 잠수시각 조작	유가족 고소	혐의 없음
정보 기관 사찰	기무사의 세월호 유가족 사찰	유가족 고소, 사참위 수사의뢰	혐의 없음
	국정원의 세월호 유가족 사찰	유가족 고소, 사참위 수사의뢰	혐의 없음
	국정원의 세월호 선원 조사 의혹	유가족 고소	혐의 없음
기타	전원구조 오보	유가족 고소	혐의 없음
	청해진해운 관련 산업은행 대출비리	사참위 수사의뢰	혐의 없음
	이석태 특조위원장의 문서변조	특조위 부위원장고발	혐의 없음
	전경련의 보수단체 부당지원	유가족 고소	재배당 예정

5년 만에 이루어진 재수사였기에 피해자들이 특수단에 거는 기대는 컸다. 2014년 검찰과는 달리 유능하고 적극적이길 원했다. 그러나 2014년 검찰처럼 특수단 역시 성역을 넘지 않았다.

먼저 우병우 전 청와대 민정수석은 2014년 6월 5일 해경본청과 청와대 사이의 통화기록 압수·수색영장을 집행하는 광주지검 수사팀장에게 전화해 압수·수색을 못하도록 외압을 행사했다는 의혹이 제기 되었다. 이로 인해 실제로 최초 5시간 이상 압수·수색 영장 집행이 미뤄졌다.[12] 당연히 직권남용권리행사방해죄로 수사해야 했다. 그러나 특수단은 우병우에 대한 소환조사는커녕 서면조사도 제대로 하지 않고 '혐의 없음'이라는 결론을 내렸다.

---

12 '우병우, 세월호 수사팀장에 "청와대·해경 통화 녹음 꼭 압수해야겠나" 압력 행사 의혹', 경향신문, 2017. 4. 17.

다음 황교안이 장관으로 재직하던 당시 법무부는 2014년 7월 29일 해경 수사를 담당하던 광주지검 수사팀에게 해경 123정장 김경일에 대한 구속영장에서 업무상 과실치사상 혐의를 빼라고 지시했다는 의혹을 받았다. 이는 법무부 장관이 구체적 사건에 대해 검찰총장만을 지휘하도록 제한하는 검찰청법 제8조를 위반한 행위였다.

또한 당시 법무부 검찰국장과 형사기획과장이 대검 형사 1과장을 통해 업무상 과실치사상죄를 적용한 123정장의 구속영장 청구를 막았다고 했다. 이는 해경수사팀에 대한 수사 지휘 체계를 무시한 행위였다. 특수단은 이들을 직권남용 권리행사죄로 기소할 수 있었다. 그러나 특수단은 황교안 전 법무부 장관을 소환 조사하지 않았다. 서면조사만 간단히 한 뒤 '혐의 없음'으로 처리했다.

감사원의 청와대 감사건도 마찬가지였다. 특수단은 2014년 감사원이 국가안보실과 청와대 비서실에 대한 감사를 진행할 때 김기춘이 서면답변서를 축소해 제출하도록 지시했다는 사실을 밝혀냈다. 그때 김기춘은 국가안보실 담당자가 작성한 20매 분량의 답변서를 1매짜리로 축소하라고 지시했다. 이 1매짜리 답변서조차 감사원 질의 내용과 관련 없는 내용이었다. 대통령 비서실장이라는 지위를 고려하면 국가안보실 담당자에게 내린 김기춘의 지시는 직권남용권리행사방해죄에 해당될 수 있었다. 그러나 특수단은 철저히 수사하지 않았다.

감사원에 대한 수사도 제대로 하지 않았다. 감사원은 사정기관이므로 감사를 진행할 때 공무원의 책임을 묻는 강력한 수단이 있다. 공무원이 감사원의 자료 제출 요구를 거부하면 감사원법 위반으로 고발하는 것이다. 해당 공무원은 감사원법 위반으로 고소를 당하면 자기 직책을 잃을 수 있기에 감사원의 자료 제출을 쉽게 거부하지 못한다. 그러나 황찬현 당시 감사원장은

2014년 5월 23일 청와대 감사를 지휘하면서 이러한 수단을 쓰지 않았다.

또한 황찬현 감사원장은 감사원의 독립성에 어긋나는 행동을 했다. 감사원은 행정기관과 공무원의 직무감찰을 담당하는 독립된 헌법기관이다. 그런데 황찬현 감사원장은 청와대에 대한 최종 감사 결과를 의결하기 전에 감사 대상인 청와대에 몇 차례나 들어가 직접 보고했다. 특수단은 감사원을 압수·수색까지 하고도 감사원과 황찬현 감사원장에게 책임을 묻지 않았다.

한편 기무사의 경우 세월호참사 직후부터 피해자 가족을 사찰한 혐의에 대한 재판이 이미 진행되고 있었다. 문제는 당시 이재수 기무사령관이 박근혜, 김기춘, 김장수 등 정권의 최고 실세들과 공모했는지였다. 기무사령관이 세월호참사 직후에 청와대에 들어가 직접 보고했고, 당시 청와대가 이를 칭찬하고 독려까지 했다는 사실이 수사 과정에서 이미 드러났다. 그러나 특수단은 기무사 사찰과 관련해 박근혜, 김기춘, 김장수 등 당시 정권의 최고 권력자들 모두 '혐의 없음'이라고 결론내렸다.

민변 세월호TF의 오민애 변호사는 다음과 같이 비판했다.[13]

"이미 세월호참사 희생자 가족의 개인정보를 수집하고 불법사찰을 한 후 이를 청와대에 보고한 기무사 관계자들에 대한 재판이 진행되고 있고, 이러한 행위가 명백한 위법행위라는 점이 확인되었다.

그러나 특수단은 김기춘, 김장수, 김관진, 한민구, 박근혜 등이 이러한 정보를 제공받았다는 사실만으로 자신의 권한을 남용하여 세월호참사 피해자들의 권리를 침해하였거나, 개인정보보호법을 위반했다고 볼 수는 없다고 판단했다. 지시한 자가 없이 보고가 있었을 수 없고, 기무사가 국민 개인의 동향을 파악하고 정보를 수집하는 행위는 그 자체로 개인의 자기결정권, 사

---

13 '오민애의 법원삼거리' 기사 중, 민중의소리, 2021. 2. 2.

생활의 비밀을 침해하는 것임은 너무도 명백하다. 그러나 결론은 혐의가 없다는 것이다."

2014년 검찰이 123정장만 기소하면서 세월호 관련 정부의 책임을 물었듯이 검찰 특수단은 해경지휘부와 특조위 방해 피고인들을 기소하면서 세월호 관련 국가의 모든 책임을 묻어 버렸다.

윤석열의 세월호참사 전면재수사 약속

2017년 발간된 참여연대 사법감시센터는 박근혜 정부 4년간에도 꿋꿋하게 소신을 지킨 검사로 채동욱, 임은정 검사와 더불어 윤석열을 꼽았다.[14] 윤석열은 2019년 7월 제43대 검찰총장이 되었다.

검찰총장 인사청문회 당시 윤석열은 세월호참사를 재수사할 의지가 있다고 말했다. 검찰개혁에도 호의적인 척했다. 그랬던 그가 검찰총장이 되자마자 자신을 임명한 문재인 정부 검찰개혁에 거세게 반발하며 조국 법무부장관 일가를 수사하기 시작했다. 언론과 보수 야당은 온 힘을 다해 윤석열에게 '살아있는 권력도 공정하게 수사하는 검사'라는 이미지를 부여했다.

하지만 날이 갈수록 검찰개혁에 찬성하는 여론이 높아졌다. 검찰 수사의 불공정을 비난하는 목소리도 점점 커졌다. 2019년 9월 30일, 천주교정의구현사제단, 실천불교전국승가회, 원불교사회개벽교무단, 전국목회자정의평화협의회 등 4대 종단 단체가 발표한 공동선언문에는 아래와 같은 요구가 포함돼 있었다.

"검찰은 민주주의를 흔드는 정치 행위를 중단해야 합니다. 오히려 국민의 아픔인 세월호 사건과 김학의 성 상납 사건에 집중해야 합니다."

---

14 「박근혜 정부 4년 검찰보고서 종합판- 빼앗긴 정의, 침몰한 검찰」(참여연대 사법감시센터), 2017, 17쪽.

이런 상황에 416가족협의회와 국민들은 세월호참사 전면재수사를 외치며 총 11건의 고소 고발을 진행했다. 검찰은 이 고소 고발 건을 처리하지 않고 마냥 묵혀놓을 수 없었다. 게다가 세월호참사 특별수사단을 구성함으로써 '피해자들의 눈물을 닦아주는 따뜻하고 정의로운 검찰총장'의 이미지도 만들 수 있었다. 10월 29일 사참위가 발표하고 수사를 의뢰한 사건들에서 성과를 냄으로써 검찰 수사력을 보여줄 수 있을 것 같았다. 그렇게 세월호참사 특수단이 만들어졌다.

그러나 이후 더 높은 권력을 향해 시선을 옮긴 윤석열에게 세월호참사 재수사는 관심의 대상이 아니었다.

출범 당시 임관혁 특수단 수사단장은 "정치적 고려 없이 이번 수사가 마지막이 될 수 있도록 백서를 쓰는 심정으로 모든 의혹을 철저히 조사하겠다."고 호언장담했지만, 특수단의 재수사는 해경지휘부의 업무상과실치사상죄 기소와 청와대 관계자들의 특조위 방해 기소만으로 끝났다.

5. 대형 참사의 정부 책임을 수사할 능력도 의지도 없는 검찰

세월호참사 발생 후 온 국민의 추모 행렬과 애도가 오랫동안 이어졌다. 그러나 정작 책임자들은 자신들의 잘못을 감추느라 바빴다. 대통령 비서실장은 상황보고서 시간을 고치고, 국회 답변서에 대통령이 실시간으로 상황을 보고 받았다는 거짓말을 적어 제출했다. 국가안보실은 「국가위기관리기본지침」을 멋대로 수정했다. 해경지휘부는 하지도 않은 퇴선 명령을 했다는 거짓 기록을 만들고, 김경일 정장을 시켜 123정이 퇴선 방송을 했다는 거짓 기자회견까지 연출했다.

2014년 검찰은 이러한 고위 공직자들의 범죄혐의를 전혀 수사하지 않았다. 세월호가 인양도 되지 않은 상태에서 서둘러 침몰 원인을 결론 내렸고 책임자를 선별했다. 검찰이 발표한 세월호참사의 원인과 책임자는 1970년 남영호 참사와 비슷했다. 하지만 44년 전과 달리 이번에는 목격자가 너무 많았다. 언론 환경도 변했다. 검찰의 상식과 국민의 상식은 확연히 달랐다. 당연히 피해자들과 국민은 검찰 수사 결과를 받아들일 수 없었다.

세월호참사 피해자들의 저항과 국민의 지지로 진상규명을 위한 특별조사 위원회가 출범했지만, 검찰은 특조위 조사에도 협조하지 않았다. 특조위는 2015년부터 서울중앙지검에 박근혜의 세월호참사 당일 행적에 관해 의혹을 제기한 '산케이신문 사건' 관련 기록을 요청했으나 검찰은 거부했다. 특조위 의 '세월호참사 구조작업과 정부 대응의 적정성에 대한 조사'와 이 사건은 관계가 없다는 이유였다.

2016년 7월 6일에는 대검찰청 형사 1과장이 "세월호특조위 활동기간이 2016년 6월 30일까지인 점을 감안하여 7월 1일부터 자료 제출을 요청할 경 우 대검찰청 형사1과와 사전 협의를 한 후 처리해주시기 바랍니다."라는 연 락을 각급 청에 보냈다.[15] 특조위 활동기간 종료일이 6월 30일까지라는 것 은 당시 청와대의 일방적 주장이었을 뿐이다. 이후 법원은 박근혜 청와대의 주장과 달리 특조위 조사 기간을 2017년 5월 3일까지였다고 판단했다.

지난 10년간 피해자들이 목격한 검찰은 세월호참사와 같은 대형 참사의 정부 책임을 수사할 의지가 없었다. 참사의 구조적 제도적 문제를 밝혀낼 능 력도 없었다. 검찰에게는 정치적 판단이 언제나 먼저였다. 우리가 진상규명 을 검찰 수사에만 의존해서는 안 되는 이유를 검찰 스스로 입증했다.

세월호참사 수사 과정에서 드러난 검찰의 문제는 검찰총장 출신이 최고

---

15 『내가 검찰을 떠난 이유』(이연주), 포르체, 84~85쪽.

책임을 묻다

권력을 움켜쥔 현재에도 여전히 반복되고 있다. 모든 것이 세월호참사 이전으로 돌아가고 있다. 처벌받지 않은 권력과 개혁되지 않은 권력 집단의 해악은 결국 국민에게 고스란히 전가된다.

8부

법원의
판단

신원권(伸寃權)

가족 중 한 사람이 억울한 일을 당했을 때 나머지 가족 구성원이 그 진상을 밝혀내고 본인의 원한을 풀어줄 수 있는 권리. 헌법 제10조가 규정하고 있는 '인간으로서의 존엄과 가치'와 '국가의 기본적 보호 의무' 및 '행복추구권'으로부터 도출되는 헌법상의 권리이자, 기본적 인권을 보장하는 민주주의 국가 실현에 있어 필수적 전제조건이다.

1993년 7월 2일 故 박종철 열사 관련 재판에서 서울고등법원은 판결했다.

혈연으로 맺어져 운명적으로 고락과 영욕을 함께하는 가족공동체에 있어서는 가족 중 누가 뜻밖의 죽음을 당한 경우 나머지 가족들이 그 진상을 밝혀내고 그 결과 억울한 일이 있을 때에는 법절차에 호소하여 그 원한을 풀어주어야 할 의무가 있다 할 것인바, 이것은 죽음을 당한 가족에 대한 내부 관계에서는 의무이지만 대외적으로는 다른 사람들이 이를 침해하여서는 안 될 하나의 권리로서 신원권이라고 편의상 이름 할 수 있고 이것은 소위 가족권 내지 친족권의 한 내용을 이룬다.[1]

이 판결로부터 20년이 지났건만 세월호참사 피해자들에게 진상규명을 요구할 권리는 당연하지 않았다. 선사와 선원 같은 민간인들에 대한 수사와 재판은 신속하고 대대적이었으나, 해경지휘부와 고위 공직자들에 대한 수사

---

1   신원권은 국제인권규약에서 법적 근거를 찾을 수 있다고 한다. 동 규약 2조에 따르면 '해당 국가는 국제인권규약에서 인정하고 있는 권리의 침해를 예방하고 억지하기 위하여 범죄자를 처벌하여야 하며, 뿐만 아니라 국가는 효과 있는 구제책을 강구하여야 한다고 요구하고 있다. 특히 유엔인권위원회로부터 특별보고자로 위촉된 T.반보벤이 제출한 연구보고서에 따르면 희생자를 위한 배상 및 구제책으로서 다음과 같은 사항을 적시하고 있다. 먼저 금전적 형태의 배상이 이뤄져야 한다. 또 비금전적 배상으로서 ① 사실규명과 이를 완전히 공개할 것 ② 침해에 대하여 공개적으로 책임을 인정할 것 ③ 책임자를 반드시 처벌할 것 ④ 희생자 및 가족과 증인들을 보호할 것, ⑤ 희생자에 대하여 애도하고 그들을 기념할 것 ⑥ 희생자에 대하여 지원하고 이를 위하여 필요한 기관을 설치할 것 ⑦ 침해의 재발을 방지하기 위한 방법을 강구할 것. [출처: 네이버 두산백과]

와 재판은 한참 뒤에 소극적으로 이뤄졌다. 정부는 최선을 다해 세월호참사 진상규명을 막았다. 검찰은 선택적 수사로 고위 공직자들의 잘못을 최대한 감추었다. 법원은 최선을 다해 피고인들의 변명을 인정하고 법리적용은 소극적으로 했다.

세월호참사 재판은 크게 ① 선장, 선원, 선사 관계자들에 대한 재판 ② 해경 123정장과 해경지휘부에 대한 재판 ③ 청와대 고위관계자들에 대한 재판 ④ 유가족을 사찰한 국군기무사령부에 대한 재판, 이렇게 네 가지였다.[2] 각각의 재판 결과는 확인된 최종 결과를 표기하였다.

1. 선사와 선원 재판

1) 재판 결과

<선사 재판>

피고인	사건번호	최종결과	기소죄명	사고 당시 직책
김한식	대법원 2015도 7703	징역 7년, 벌금 200만 원	업무상과실치사, 업무상과실치상, 업무상과실선박매몰, 선박안전법위반, 특경법위반(업무상횡령), 특경법위반(업무상배임)	청해진해운 대표이사
김영붕	상동	금고 3년, 벌금 200만 원	업무상과실치사, 업무상과실치상, 업무상과실선박매몰, 선박안전법위반,	청해진해운 상무이사

---

2 검찰은 2014년 당시 해경, 항만관리자 등 공무원, 세월호 승무원, 선사직원 등 399명을 입건하고 154명을 구속했다고 밝혔지만 이들 중 상당수가 세월호참사와 직접적인 관련이 없는 항만비리 관련자였고 피해자들이 책임을 물었던 해경지휘부나 청와대 등 정부 관계자들은 여기에 포함되지 않았다.

피고인	사건번호	최종결과	기소죄명	사고 당시 직책
안기현	상동	징역 6년, 벌금 200만 원, 5,570만 원 추징금	업무상과실치사, 업무상과실치상, 업무상과실선박매몰, 선박안전법위반, 업무상횡령, 배임수재	청해진해운 해무이사
남호만	상동	금고 4년, 벌금 200만 원	업무상과실치사, 업무상과실치상, 업무상과실선박매몰, 선박안전법위반	청해진해운 물류팀장
김정수	상동	금고 3년, 벌금 200만 원	상동	청해진해운 물류팀차장
박희석	상동	금고 2년 6월, 벌금 200만 원 (집행유예 4년)	상동	청해진해운 해무팀장
신보식	상동	금고 2년 (집행유예 3년)	업무상과실치사 업무상과실치상 업무상과실선박매몰	세월호선장

<선원 재판>

피고인	사건번호	최종 결과	기소 죄명	사고 당시 직책
이준석	대법원 2015도 6809	무기징역	살인, 살인미수, 업무상과실선박매몰, 수난구호법위반, 선원법위반, 특가법위반, 해양관리법위반	선장
강원식	상동	징역 12년	업무상과실선박매몰, 선원법위반, 특가법위반	일등항해사
김영호	상동	징역 7년	수난구호법위반, 유기치사, 유기치상	이등항해사
박한결	상동	징역 5년	상동	삼등항해사

피고인	사건번호	최종 결과	기소 죄명	사고 당시 직책
조준기	상동	징역 1년 6월	상동	조타수
신정훈	상동	징역 1년 6월	상동	일등항해사(견습)
박경남	상동	징역 2년	상동	조타수
오용석	상동	징역 2년	상동	조타수
박기호	상동	징역 10년	상동	기관장
손지태	상동	징역 3년	상동	일등기관사
이수진	상동	징역 3년	상동	삼등기관사
전영준	상동	징역 3년	상동	조기장
이영재	상동	징역 3년	상동	조기수
박성용	상동	징역 3년	상동	조기수
김규찬	상동	징역 3년	상동	조기수
청해진해운	상동	벌금 1,000만 원	해양관리법위반	

2) 선원 재판의 핵심 쟁점

세월호 선장과 선원 사건의 핵심 쟁점은 첫째, 세월호가 침몰한 결정적 원인은 무엇인가, 둘째, 선장과 선원들이 승객에 대한 구호 조치를 하지 않고 도주한 행위가 살인죄에 해당하는가였다.

침몰의 결정적 원인은 무엇인가

1심 법원[3](광주지방법원)은 세월호가 침몰한 원인을 선박의 무리한 증·개축으로 인한 복원성 악화, 화물 과적과 고박 불량, 사고 당일 항해사와 조타수의 조타 실수로 인한 급변침 등이 복합적으로 작용하여 발생한 결과라고 판단했다. 이 중에서도 가장 큰 원인은 세월호 삼등항해사 박한결과 조타수

---

3 광주지방법원 2014. 11. 11. 선고 2014고합180, 384(병합)

책임을 묻다

조준기의 조타 과실 혐의, 즉 사고 당시 조준기가 조타기(방향타)를 오른쪽으로 15도 이상 돌리는 대각도 변침을 했다는 것이었다. 검찰은 사건 초기부터 조타수 조준기가 대각도로 조타를 했을 가능성이 있다고 보았다. 검찰의 판단 근거는 세월호 침몰 당시 AIS 데이터에 나타나는 선회 궤적과 2013년 세월호의 최초 시험 운전 당시 나타난 선회 궤적이 일치한다는 사실이었다.[4]

<검·경 합동 수사본부 자문단 보고서 중 일부>

위도
700 m
1. 08:48:38(140도 17.4kts)
AIS data항적
선회권(시운전)
타각 : 35°
위도
2. 08:49:13(150도. 17.1kts)
3. 08:49:19(155도. 16.8kts)
4. 08:49:25(161도.16.6kts)
6. 08:49:30(166도. 16.5kts)
10. 08:49:40(199도.15.2kts)
12. 08:49:43(191도.15kts)
13. 08:49:48(229도.14.3kts)
29. 08:50:57
(259도. 10.6kts)
34°09' 21˝.5 N
125°57'10˝ E   100   200   300   400   500   600   700 m. 경도
강속중 조류영향

[그림 2-15] AIS항적인 사고상황도([그림2-5])와 선회시험항적도(양속운전 우선회)의 비교
3번 위치(08:49:19)~12번 위치(08:49:43)의 선회초기 항적이 거의 일치

1심과 2심 법원의 판단은 달랐다. 1심 법원은 조준기가 조타기를 오른쪽으로 큰 각도로 조작했다고 인정했다. 배의 회전 방향을 결정하는 것이 조타기

---

4   그림을 보면 08:49:19(3번 위치)에서 08:49:43(12번 위치)까지 두 개의 선회 궤적이 거의 일치한다. AIS data 항적(굵은 실선)은 세월호 사고 당시에 나타난 선회 궤적이고, 선회권(시운전) 궤적(가는 점선)은 세월호(도입 전 나미노우에호)의 최초 선회 시험에서 타를 35도로 했을 때 나타나는 선회 궤적이다.

인데, 왼쪽으로 조타기를 움직인 흔적이 AIS 데이터에 나타나지 않았다. 조타기 고장 등 다른 외부적인 원인도 찾기 어려웠다. 따라서 조준기가 타를 오른쪽으로 큰 각도로 돌렸고 이 때문에 세월호가 급하게 우회전하면서 왼쪽으로 기울기 시작했다고 판단했다.[5]

2심 법원은 달랐다. 박한결의 변호인이 선박 전문 변호사였다. 변호인은 조타기 고장 가능성을 집중적으로 공략했다. 조타기 고장과 관련해 솔레노이드 밸브 고착 가능성을 제기했다. 조타기 핸들 작동과 상관없이 타가 일정 방향으로 계속 돌아가는 것은 솔레노이드 밸브 고착으로 생기는 주요 현상이라고 주장했다.

결국 2심 법원과 대법원은 조타기가 정상적으로 작동했는지에 대해 합리적 의심이 있다며 1심 법원이 인정한 조타 과실을 파기했다. 더불어 세월호를 인양해 관련 부품들을 정밀히 조사해야 사고 원인이나 기계 고장 여부 등을 밝혀낼 수 있으므로 인양 후 추가 원인을 조사해서 밝혀내야 한다고 했다.

선원들이 승객을 구조하지 않고 도주한 행위는 살인죄인가

핵심은 조타실에서 선장과 선원이 마지막으로 도주한 시점에 승객들에게 퇴선 방송지시를 했는가였다. 이것은 부작위에 의한 살인죄[6]와 유기치사죄가 성립되는지를 결정하는 쟁점이었다. 조타실에서 도주한 선원은 10명이었다. 이 중 5명은 퇴선방송을 했다고 진술했고, 5명은 퇴선방송을 하지 않았다고 진술했다.

---

5   우현으로 대각도 변침을 한 것이 왜 조타과실인지에 대한 설명이다.
6   부작위에 의한 살인죄란 법률상 작위의무가 있는 사람이 살인의 고의 또는 미필적 고의로 그 의무를 다하지 않아 사람을 사망케 한 경우 성립하는 범죄이다.

1심 법원은 세월호 선장 이준석, 일등항해사 강원식, 이등항해사 김영호, 기관장 박기호에게 살인죄에 대해 모두 무죄를 선고했다. 1심 법원은 해경 123정이 도착할 무렵 선장 이준석이 김영호에게 승객들을 퇴선시키라고 지시했다는 주장을 믿었다. 김영호가 무전기에 대고 승객들을 탈출시키라는 취지의 말을 했다는 주장도 사실로 받아들였다. 선원들이 승객들보다 먼저 구조받기 위해 탈출을 모의한 증거가 없다는 이유에서였다.

2심 법원은 1심 법원과 다르게 판단했다. 세월호 선장 이준석에게 살인죄를 인정했다. 그러나 일등항해사 강원식과 이등항해사 김영호에 대해서는 살인죄를 인정하지 않았다. 결과적으로 선장 이준석의 형량은 증가했으나 나머지 선원들의 형량은 모두 낮아졌다.

대법원 전원합의체는 일치된 의견으로 세월호 선장 이준석에 대해서는 살인죄를 인정했다. 강원식과 김영호에 대한 살인죄 인정에 대해서는 다수 의견(무죄)과 소수의견(유죄)으로 갈라졌다.

다수 의견은 선장 이준석의 살인죄를 인정할 때는 승객에 대한 퇴선 명령이 없었다고 보았는데, 세월호 일등항해사 강원식과 이등항해사 김영호의 살인죄를 부정할 때는 이들이 이준석 선장의 퇴선 명령에 따라 퇴선했기 때문이라는 이유를 들었다. 그런데 이상한 점은 다수 의견이 강원식과 김영호에게 선박공동체 전원, 즉 승객의 안전을 위해 끝까지 적극적인 구조 조치를 할 법률상 의무가 있다고 보았다는 것이다. 그렇다면 이준석 선장의 퇴선 명령에 따르는 것은 선장과 선원이 적극적인 구조 조치를 이행할 법률상 의무를 저버리는 범죄행위가 된다. 따라서, 세월호 일등항해사 강원식과 이등항해사 김영호는 이준석 선장의 퇴선 명령에 복종할 의무가 없고, 해서도 안된다. 이준석 선장의 퇴선 명령에 따랐다는 뜻은 오히려 선장 이준석의 살인죄에 가담했다는 뜻으로 해석하는 것이 더 합리적이다. 이런 의미에서 다수

의견은 이상한 논리에 따른 판결이었다.

3) 선사 재판 피고인들의 변명과 법원 판단

청해진해운 재판은 2014년 6월 10일 시작됐다. 청해진해운 관계자들의 변명을 듣고 방청석에 앉아 있던 사람들은 분노했다. 그중 몇 가지 대목만을 살펴보자.

관련 업무에 가담 또는 관여하지 않았다는 변명

청해진해운 상무이사 김영봉은 세월호 증·개축과 화물 적재·고정 업무에 자신이 관여하지 않았으므로 책임이 없다고 했다. 그러나 법원은 김영봉이 청해진해운의 상무이사로서 2013년 3월경 유일한 등기이사였으므로 직위 상 청해진해운의 모든 업무를 감독할 의무가 있다고 보았다. 실제로도 김영 봉이 관련 사실들을 모두 알고 있었다고 판단했다.

나는 안전관리 담당자가 아니라는 변명

청해진해운 상무이사 안기현은 자신은 선박의 매매, 수리와 검사 등 공적 인 업무만 담당했을 뿐 세월호의 안전 운항과 관련한 업무를 담당하지 않았 다고 주장했다. 그래서 세월호 침몰사고에 관한 업무상과실이 없다고 항변 했다. 법원은 세월호 운항 관리 규정과 검찰이 제출한 증거를 근거로 안기현 이 세월호의 실제 안전관리 담당자였다고 판단했다.

세월호 선원들에게 소화 및 퇴선 훈련을 다른 선박보다 많이 실시했다는 변명

신보식 선장은 세월호 선원들에게 소화 및 퇴선 훈련을 월평균 1.5회 정도

책임을 묻다

실시했으며 이것은 다른 회사보다 자주 한 것이라고 주장했다. 그리고 해운조합이 점검할 때마다 선원들에게 소화 및 퇴선 훈련을 했다고 말했다. 자신의 무죄를 입증하는 증거로 삼등항해사 박한결이 작성한 항해일지를 제출했다. 그러나 박한결은 2014년 2월 합동점검에 대비해서 소화 및 퇴선 훈련을 1회만 했다고 말했다. 항해일지에 기재된 나머지 훈련들은 거짓 기재한 것이라고 증언했다.

법원은 세월호 선장 신보식이 관련 규정에서 정한 주기에 따라 선원들에게 안전교육과 해양사고 훈련을 해야 할 의무를 다하지 않았으므로 업무상과실 혐의가 있다고 판단했다.

승객들의 사망 또는 상해의 결과를 예상할 수 없었다는 변명

법정에서 청해진해운 임원 등 관계자들은 모든 책임을 선원들에게 떠넘겼다.[7] 이들은 ① 세월호 증·개축, 화물 과적·부실 고정들로 인해 세월호 복원성이 악화되어 침몰했다고 볼 수 없다 ② 조타 과실 또는 선장과 선원들이 도주한 결과 때문에 다수의 사망 또는 상해가 발생한 것이므로 자신들에게는 책임이 없다고 주장했다.

법원은 청해진해운 임원들과 선장 이준석, 선원 강원식이 세월호가 평형수를 적게 싣고 화물을 과적한 후 이 화물들을 제대로 고정하지 않은 위험천만한 상태로 출항했으므로 업무상과실이 있다고 보았다. 또한 선원과 청해진해운 임원들에게는 세월호를 안전하게 운항해야 하는 공동의 목표가 있었고 서로 연락이 가능했으므로 선박 침몰, 승객의 사망 또는 상해 결과에 대해서도 공동책임이 있다고 판단했다.

---

7 이러한 모습은 세월호참사 관련 모든 재판에서 나타났다. 선사는 선원에게, 선원은 다시 선사에게, 해경은 선원에게, 선원은 다시 해경에게 참사 책임을 떠넘겼다.

2. 해경 재판

1) 재판 결과

<해경 123정장 재판 결과>

피고인	사건번호	최종 형량	기소 죄명	사고 당시 직책
김경일	대법원 2015도 11610	징역 3년	업무상과실치사상 허위공문서작성/동행사 공용서류손상	서해지방해양경찰청 목포해양경찰서 소속 123정 정장

김경일은 세월호 침몰 사고 현장에 가장 먼저 도착한 해경 구조 세력인 123정의 정장이자, 세월호참사에서 유일하게 구조 실패를 이유로 처벌받은 해경이다. 그는 세월호참사 이후 업무상과실치사·상, 허위공문서작성 및 행사죄, 공용서류손상의 죄[8]가 인정되어 1심에서 징역 4년을 선고받았고, 이후 항소심에서는 징역 3년을 선고받았다.

<해경지휘부 재판 결과>

피고인	사건번호	최종 형량	기소 죄명	사고 당시 직책
김석균	대법원 2023도 2364	무죄	업무상과실치사상(무죄)	해양경찰청장
김수현	상동	무죄	업무상과실치사상(무죄)	서해지방해양경찰청장
김문홍	상동	징역 1년 6월, 집행유예 3년	업무상과실치사상(무죄) 직권남용권리행사방해(유죄) 허위공문서작성/동행사(유죄)	목포해양경찰서장
최상환	상동	무죄	업무상과실치사상(무죄)	해양경찰청 차장

---

8 김경일이 세월호 현장에서 퇴선방송을 실시하고 선내 진입을 시도하도록 지시한 것처럼 함정일지를 허위로 재작성하고 기존 작성된 부분을 떼어내고 허위 작성된 함정일지를 행사하였다는 혐의였다.

책임을 묻다

피고인	사건번호	최종 형량	기소 죄명	사고 당시 직책
이춘재	상동	무죄	업무상과실치사상(무죄)	해양경찰청 경비안전국장
여인태	상동	무죄	업무상과실치사상(무죄)	해양경찰청 경비과장
임근조	상동	무죄	업무상과실치사상(무죄)	해양경찰청 상황담당관
김정식	상동	무죄	업무상과실치사상(무죄)	서해지방해양경찰청장 경비안전과장
유연식	상동	무죄	업무상과실치사상(무죄)	서해지방해양경찰청장 상황담당관
조형곤	상동	무죄	업무상과실치사상(무죄)	목포해양경찰서 상황담당관
이재두	상동	징역 6월 집행유예 2년	직권남용권리행사방해(유죄)	목포해양경찰서 3009함 함장

세월호 승객 구조 실패 책임을 물어 업무상과실치사·상죄로 기소된 해경
지휘부는 김석균 해양경찰청장, 김수현 서해지방해양경찰청장, 김문홍 목포
해양경찰서장 등 총 10명이다.

김문홍 목포해양경찰서장과 이재두 3009함 함장은 김문홍 목포해양경
찰서장이 하지도 않은 퇴선 명령을 한 것처럼 문건을 허위로 작성한 혐의에
대해 직권남용권리행사방해죄와 허위공문서작성 및 행사죄로 기소되었다.

해경지휘부는 구조 실패 책임, 즉 업무상과실치사·상죄에 대해서는 1심
부터 3심까지 모두 무죄를 선고받았다. 김문홍 목포해양경찰서장과 이재두
3009함 함장은 문건 허위 작성 지시 혐의에 대해 직권남용권리행사방해죄
등이 유죄로 인정되었고, 그 결과 김문홍은 징역 1년 6월에 집행유예 3년,
이재두는 징역 6월에 집행유예 2년을 선고받았다.

2) 해경 123정장 김경일의 변명과 법원의 판단

123정장 김경일은 누구이고 무엇을 했는가

123정장 김경일은 무려 36년간 근무한 베테랑 해경이었다. 그중 26년은 배에서 근무했으니 베테랑 중의 베테랑이었다. 김경일은 사고 당일 오전 8시 57분 목포상황실로부터 세월호 사고해역으로 출동하라는 지시를 받고, 9시 16분 서해청상황실로부터 현장지휘관(OSC)으로 지정됐다는 통보를 받았다. 이는 세월호에 탄 476명을 구조하라는 명령이었다. 이런 명령을 받은 베테랑 해경 김경일은 무엇을 해야 했을까.

첫째, 위기에 처한 세월호와 교신을 해야 했다. 교신을 통해 세월호 승객 수와 세월호의 위기 상황을 파악할 수 있었기 때문이다.

둘째, 세월호 위기 상황에 따라 적절한 방법으로 승객을 퇴선시켜야 했다. 최악의 상황이라면 승객들이 구명조끼를 입고 해상으로 뛰어들게 하도록 조치해야 했다.

그러나 123정장 김경일은 이 두 가지 일을 모두 하지 않았다. 그는 출동 명령 이후 단 한 차례만 세월호와 교신을 시도했다. 이조차도 실패로 돌아갔으나 그는 교신을 다시 시도하지 않았다.

또한 9시 28분경부터는 망원경을 통해 세월호가 45도 이상 기운 상태라는 것을 눈으로 확인하고도 승객들의 퇴선 유도에 관심을 가지지 않았다. 대형 여객선이 45도 이상 기울면 다시 수평 상태로 회복할 수 없다는 건 베테랑 해경인 그에게 뻔한 상식이었다.

김경일은 123정에서 세월호와 교신하며 선원들이 선내 방송 장비로 승객 퇴선을 안내하게 하거나, 123정 승조원 또는 헬기 항공구조사가 세월호에 올라가 직접 퇴선을 안내하게 하거나, 그도 안되면 123정 방송 장비로 퇴선

방송이라도 할 수 있었으나 그 어떤 일도 하지 않았다.

단지 그가 한 일은 참사 이후 함정일지를 조작해, 하지도 않은 퇴선 지시를 했다고 거짓 기재하고 기자회견을 한 것이었다.

김경일의 변명과 법원의 판단

123정장 김경일은 잘못을 모두 세월호 선원들에게 돌렸다. 교신을 다시 시도하지 않은 이유는 세월호가 응답하지 않아서였다고 했다. 123정 승조원들에게 세월호에 올라 승객 퇴선을 유도하라고 지시하지 않은 이유는 세월호가 이미 너무 많이 기울었기 때문이라고 했다. 그러나 사고 당시 실제 일부 승조원은 세월호에 올라가 이동했다. 퇴선 방송을 안 한 것이 아니라 세월호가 너무 빨리 침몰했기 때문에 퇴선방송이 불가능했다고 변명했다.

1심 재판부는 123정장 김경일의 변명을 대개는 받아들이지 않아 기소된 죄명을 모두 인정하고 징역 4년을 선고했다. 하지만 항소심 재판부는 김경일의 변명 일부를 받아들여 형을 줄여 징역 3년을 선고했다.

항소심 재판부 감형 이유: 해경지휘부의 공동책임

항소심 재판부가 김경일의 형량을 낮춘 이유는 크게 3가지였다.

첫째, 김경일의 잘못으로 피해자와 그 가족들에게 치유될 수 없는 고통이 야기됐고 국가기관의 안전 관리능력에 대한 커다란 불신까지 초래되기는 했으나, 세월호참사의 주된 책임은 김경일이 아닌 세월호 선사 청해진해운과 세월호 선원들에게 있다.

둘째, 123정은 승조원이 12명에 불과한 소형 경비정으로 123정장인 김경일은 세월호와 같은 큰 배를 구조하기 위한 훈련을 제대로 받은 적이 없다.

셋째, 해경의 구조 실패 책임은 단순히 김경일 한 사람만이 아니라 해경지휘부 전체에게도 있다. 특히 재판부는 해경지휘부가 구조 활동에 한창이던 김경일에게 수시로 전화를 걸어 보고를 요구함으로써 구조에 전념할 수 없도록 했던 점을 지적했다.

<**김경일에 대한 2심 판결문 중**>

피고인을 '현장지휘관'으로 지정한 후에도 해양경찰청 상황실에서는 2014. 4. 16. 09:36경 피고인에게 휴대전화로 전화를 걸어 2분 22초 동안 통화하고, 서해지방해양경찰청 상황실 등에서도 피고인과 TRS로 20여회 통신하여 보고하게 하는 등 피고인으로 하여금 구조 활동에 전념하기 어렵게 하였으며, 평소 해경들에게 조난사고에 대한 교육훈련을 소홀히 하는 등 해경 지휘부나 사고 현장에 같이 출동한 해경들에게도 승객 구조 소홀에 대한 공동책임이 있으므로, 피고인에게만 피해자들의 사망·상해에 대한 모든 책임을 추궁하는 것은 가혹한 점 …(중략)… 을 고려하여 주문과 같이 형기를 정한다. _광주고등법원 2015. 7. 14. 선고 2015노177 판결

해경지휘부의 공동책임을 언급한 항소심 판결에 세월호참사 피해자들은 해경지휘부의 법적 책임을 인정받을 수 있을 거라 기대했다.

3) 해경지휘부 재판

<u>참사 발생 6년 후에야 이루어진 해경지휘부 재판</u>

해경지휘부의 법적 책임은 세월호참사가 발생한 지 6년하고도 4개월이 지난 2019년 11월에서야 특별수사단에 의해 다루어질 수 있었다. 특별수사단은 이듬해인 2020년 2월 김석균 해양경찰청장 등 해경지휘부 10명을 업무상과실치사·상죄로 기소했다.

특별수사단은 해경지휘부가 각자의 임무에 따라 일사불란한 지휘로 위기에 빠진 세월호 승객들을 구조해야 할 책임이 있었으나 이를 다하지 않은 업무상과실이 있다고 보았다. 특히 구조 세력인 123정 등이 현장이 도착하기 전부터 도착한 후까지 해경지휘부는 계속해서 세월호와 교신해 상황을 파악하고 인명 구조계획을 수립하여 적절한 지휘를 하고, 승객 퇴선 유도까지 지휘했어야 한다고 보았다.

이런 특별수사단의 지적에 해경지휘부의 입장은 명확했다. "사고로 많은 인명이 희생된 것은 죄송하지만 도의적 책임과 법적 책임은 분명히 분리되어야 한다.", "나름대로 최선을 다했는데 역량이 부족했다." 세월호참사로 304명이 희생된 것은 안타깝지만 자신들의 책임이 아니고, 역량이 부족해서였다는 말이었다. 고위 공무원인 해경지휘부는 입을 모아 역량 부족을 어떻게 형사처벌까지 하느냐고 주장했다.

피고인들의 변명과 드러난 실제 사실

해경지휘부가 법정에서 주장한 변명과 실제 사실은 이렇게 달랐다.

- 승객 대부분이 아무런 준비 없이 선내에 대기 중이라는 사실을 알 수 없었다는 변명.
- **실제 사실** 진도VTS는 이미 9시 25분경 서해해양경찰청에 세월호 승객들을 탈출시켜야 하는지를 물었다. 즉 이미 그때 서해해양경찰청은 세월호 승객 탈출이 필요한 상태라는 것을 알았다. 그러나 그들은 탈출 여부 결정을 세월호 선장과 선원들에게 전가하였다.

- 세월호 침몰상황의 급박성을 알기 어려웠다는 변명.
- **실제 사실** 123정장 김경일은 9시 29분경 '좌현으로 45도 기울어져 있고 기타 확인되지 않음'이라고 지휘부에 보고했다. 더불어 511헬기는 9시 28분경 '지금 승객들은 대부분 선상과 배 안에 있음. 해상 위에는 지금 인원이 없고 선상 중간에 전부 다 있음'이라고 지휘부에 보고했다. 즉 현장구조세력들이 배는 복원이 불가할 정도로 기울어져 있는데 사람들은 배 안에 있는 급박한 상황이라는 것을 이미 다 지휘부에 보고했다.

- 자신들이 내린 퇴선 관련 지시가 현장에서 이행되고 있는 줄 알았다는 변명.
- **실제 사실** 해경지휘부가 코스넷으로 123정에 '선장에게 탈출 권고할 것', '해상에 구명벌을 투하할 것', '필요시 해상 투신을 검토할 것' 등을 지시한 것은 사실이다. 하지만 여기서 주목해야 할 것은 123정에는 코스넷 지시를 수신할 장비가 없다는 것이다. 그러니 당연히 위 지시를 확인할 수조차 없었다. 해경지휘부는 세월호참사 이전에 위급 상황에는 코스넷이 아닌 TRS로 지시를 전달해야 한다고 결정했다. 그러나 정말 위급한 상황에 자신들이 내린 기존의 결정을 무시하고 현장 상황을 고려하지 않은 채 마구잡이 지시만을 내린 것이다.

법원의 판단

법원은 해경지휘부의 업무상과실치사·상죄에 대해 모두 무죄를 선고했다. 해경지휘부의 변명을 대부분 받아들인 셈이었다. 앞서 보았듯이 그들의 변명과 드러난 실제 사실은 매우 달랐다. 법원은 이러한 사실들을 모두 외면했다.

법원 판단의 문제점: 해경지휘부의 존재 이유가 없다

재판부는 해경지휘부가 필요한 이유를 모른다.

해경지휘부의 역할은 무엇인가? 해상에서 선박이 침몰하면 반드시 최악의 상황을 전제로 적극적인 인명구조 활동을 해야 할 책임이 해경지휘부에 있다. 수난구호법령은 해경에게 생명 우선 구조가 원칙임을 규정하고 있다. 해상 사고가 발생하면 해경은 모든 통신수단을 이용하여 교신을 설정하고 유지할 의무가 있다. 특히 주변 해역 '대형 해상사고 대응 매뉴얼'에는 해경 모두가 '현장지휘관처럼 지휘하라', '최악의 상황을 전제로 해서 구조 활동을 전개하라'라는 수칙까지 규정하고 있다.

'해경지휘부'로 일컬어지는 업무상과실치사상 혐의로 재판을 받은 해경들은 모두 적게는 17년, 많게는 30년 이상 해경의 업무를 수행한 베테랑들이다. 배가 40도 이상 기울면 복원력을 상실한다는 사실은 그들에게 기초상식이었다. 복원력을 상실한 배는 침몰할 수밖에 없고 침몰하는 배에서 승객들이 선실 밖으로 나오지 않으면 생명을 잃을 수 있다는 것도 당연히 알고 있었다.

이미 50도 이상 기울어서 복원력을 상실한 세월호, 이런 세월호에서 진도 VTS를 통해 선원들이 물었던 "승객들을 탈출시키면 구조할 수 있느냐?"는 질문은 결국 해경지휘부의 결단을 촉구하는 질문이었다.

9시 1분부터 모든 해경 상황실에 450명이 승선한 여객선이 침몰 중이라는 정보가 전파되었고 배가 넘어가 물에 잠기기 직전이라는 신고도 계속 이어졌다. 세월호 사고해역에 도착한 현장 구조 세력은 배가 우측으로 45도 기울어져 있고, 승객들은 대부분 선상과 선내에 있다고 반복해 보고했다.

476명의 승객을 태운 여객선 세월호가 45도 기울었다는 사실은 배가 원 상태로 회복할 수 없다는 뜻이다. 세월호 선장도, 해경도 관련 전문가들도 모두 이를 인정했다. 당시 유일한 승객 구조 방법은 신속한 퇴선 명령뿐이었다고 이들은 증언했다. 심지어 서해해양지방경찰청 김수현조차 퇴선 명령만이 유일한 구조 수단이었다고 인정했다.[9]

앞서 123정장 김경일 재판에서도 법원은 세월호가 45도 이상 기울었다면 해경은 세월호 선내에 갇힌 승객의 인명피해를 충분히 예상할 수 있었고, 유일한 구조 방법은 선내에 대기 중인 승객들에게 밖으로 나오도록 유도하는 것뿐이라고 판단했다. 이것은 특정한 교육이 필요한 전문 지식이 아니라 기초상식이라고 했다.

그러나 해경지휘부 재판부는 이러한 증언과 이전 재판부의 판단을 완전히 무시했다. 해경지휘부가 퇴선 명령을 내리기 위해서는 그 이전에 세월호 선내 상황을 속속들이 모두 알아야만 한다고 본 것이다. 이는 국민의 생명을 구해야 할 해경지휘부가 자신의 책무를 외면했지만, 법원이 그들의 책무 외면에 정당성을 부여해 준 것이다. 법원의 판결대로라면 해경지휘부는 존재이유가 없다.

재판부는 해경지휘부의 책임을 인정할 정보에는 철저히 귀를 닫았다.

해경지휘부는 9시 25분경 세월호로부터 직접 비상탈출 문의를, 9시 28분

---

9 서해청장 김수현의 재판 당시 증언.

책임을 묻다

경 헬기 511호 TRS 보고를[10], 9시 29분 123정장 김경일의 TRS 보고를[11], 9시 36~38분경 123정장 김경일의 경비 전화 보고를[12] 받았다. 재판부는 이 보고에 구체적인 내용이 없어 지휘부가 침몰의 급박성을 알기 어려웠다고 판단했다. 배가 45도 기울어져 있고, 계속 기울고 있으며, 승객들은 대부분 배 안에 있고, 해상에는 사람이 없다는 내용이 모두 보고되었음에도 침몰의 급박성을 인식할 수 없었다는 재판부의 판단은 상식적이지 않다.

침몰의 급박성을 지휘부가 충분히 인식할 수 있으려면 어떤 구체적 보고가 더 필요하다는 것인가?

다시 말하지만, 당시 해경지휘부는 경력 17~30년의 베테랑 지휘부였다. 그런 피고인들이 침몰의 급박성을 인식할 수 없었다면 그 이유는 자신들에게 전달된 상황 보고에 제대로 주의를 기울이지 않았기 때문이다. 서로에게 이 보고내용을 전파하며 적절한 대응책을 논의하고 결정하지 않았기 때문이다. 즉 피고인들 스스로에게 책임이 있다.

더구나 해경의 모든 상황실과 지휘부 사무실에는 통신장비가 충분하고도 남았다. 이 긴박한 현장 보고를 듣고도 침몰의 급박성을 인식할 수 없는 사람들이 지휘부라면 해상의 안전을 책임진 대한민국 해경은 대체 얼마나 한심한 조직이라는 말인가?

법정에서 해경지휘부는 해경 본청에서 9시 44분경 코스넷으로 '현장상황 판단, 선장에게 탈출 권고할 것', '현장 출동함정, 여객선 구명벌 투하하라', 9시 50분 '경찰관이 직접 승선하여 현장 조치 바람', 9시 57분 '123정 보유

---

10 '배 우측 45도 기울어져 있고, 지금 승객들은 대부분 선상, 선상과 배안에 있음. 해상 위에는 지금 인원이 없고 인원들이 선상 중간에 전부 다 있음.' (511헬기 TRS 보고)

11 '좌현으로 45도 기울어져 있고 기타 확인되지 않음.' (123정장 김경일 TRS 보고)

12 '갑판 위에 사람들이 한 명도 안 보인다. 바다에 사람이 없다. 구명동의, 구명벌은 하나도 투하 안 했다. 배는 좌현으로 50도 기울었고, 지금 계속 더 기울어지고 있다.' (123정장 김경일 경비전화 보고)

구명벌 투하'라는 코스넷 메시지를 보냈으며 이것이 퇴선 명령을 했다는 증거라고 주장했다.

그러나 이 메시지는 123정에 닿을 수 없었다. 123정에는 코스넷 자체가 없었다. 이 사실을 이들은 알고 있었다. 세월호참사 이전 이들은 123정과 같은 100톤급 함정에는 코스넷이 없으니 위급 상황 발생 시 TRS 이용을 권고하는 수칙까지 만들었던 사람들이다. 더구나 9시 48분경 목포상황실이 '123정 코스넷 안 된다는 사항임'이라는 메시지까지 보냈음에도 해경지휘부는 모른척했다.

유난히 이해심이 깊었던 재판부는 해경본청의 코스넷 지시가 123정에 보낸 것이 아니라, 산하에 있는 다른 해경 상황실들에 지시한 것으로 볼 수도 있다고 했다. 아무리 봐도 '현장상황 판단, 현장 출동함정, 123정 보유'라는 문구는 해경지휘부가 123정에게 직접 전하는 지시였다. 재판부의 독해력이 형편없는 걸까 아니면 애써 모른 척한 걸까?[13]

해경지휘부가 기본을 지켰다면 충분히 대비할 수 있었다.

수난구호 법령에 따르면 해경의 인명구조 활동은 항상 최악의 상황을 전제해서 이루어져야 한다. 또한 해경의 해상수색구조메뉴얼 따르면 참사 당시 해경지휘부에게 주어진 구조 시간은 30분이었다. 해경지휘부가 수난구호법령과 해상수색구조메뉴얼에 제시된 기본을 지켰다면 세월호 침몰로 인

---

13 코스넷에서 '목포상황실장님의 대화'로 오전 9:03(실제 시각은 9시 6분) "123정 코스넷 미설치"라는 메시지가 있고, 오전 9:44(실제시각 9시 47분) "123정 코스넷 안된다는 사항임"이라는 메시지가 있다. 해경지휘부가 코스넷에서 '탈출권고바람(9시 44분경)', '현장 출동함정, 여객선 구명벌 투하하라(9시 44분경)' 등의 메시지를 보내자, 목포상황실 담당자는 해경지휘부가 123정에게 지시하는 것으로 이해하고 123정에는 코스넷이 설치되지 않아서 전달되지 않음을 해경지휘부에게 확인시켜 준 것이라고 봄이 합리적이다. 목포해양경찰서 상황담당관 조형곤도 해경지휘부가 코스넷으로 123정에 직접 지시하는 것으로 이해하고 부적절함을 알리기 위해 "123정 코스넷 안된다는 사항임"이라고 메시지를 보냈다고 진술했다. (검찰 조형곤 2019. 12. 2. 피의자신문조서, 해경지휘부 사건 수사기록, 8,547쪽.)

한 최악의 상황을 막을 수 있었다.

재난이 매번 예측에 따라 순서대로 차근차근 전개된다면 누구라도 대응이 가능하다. 그러나 그것은 재난이 아니다. 예측과 달리 순식간에 위급한 상황이 벌어지기 때문에 재난이다. 이러한 재난 상황 발생 시 국가기관에 구조를 요청하는 이유는 체계적이고 전문성을 갖춘 국가의 구조기관들이 적절히 대응해 주리라 믿고 기대하기 때문이다. 따라서 인명구조 책임을 맡은 국가 구조기관의 책임자는 늘 최악의 상황을 전제로 구조 활동을 펼쳐야 한다.

당시 해경지휘부는 최악의 상황을 전제로 현장 구조 세력에게 던졌어야 할 중요하고도 기본적인 질문조차 하지 않았다. 123정이 퇴선방송을 하고 있는지, 실제로 승조원들이 세월호에 승선하였는지, 구명보트를 제대로 투하했는지, 해상으로 뛰어든 승객을 제대로 구조하고 있는지 등 승객 구조와 관련한 질문은 하나도 없었다. 해경지휘부는 오직 구조된 사람들의 숫자에만 집착했다.

재판부는 해경지휘부가 이상의 당연한 기본을 지키지 않았다는 사실을 철저히 무시했다. 피고인들에게 승객들이 이미 구조되고 있다고 오인할 여지가 충분했다며 전원 무죄를 선고한 것이다. 재판부의 논리에 따르면, 앞으로 해상에서 위급한 상황에 처한 국민들은 해경의 오인 가능성까지 고려하며 스스로 살아남아야만 한다. 이 판결은 재해 현장에서 국민의 생명과 안전을 지켜야 할 책임이 있는 모든 공무원에게 잘못된 메시지를 줄 수 있다. 이 판결이 미치는 영향을 생각했을 때 이는 매우 위험하고 잘못된 판결이다.

\<구조세력의 법령상의 임무와 매뉴얼상 임무 내용\>

	직위	이름 (경력)	법령상 임무	매뉴얼상 임무	
				구조본부 공통	구조본부 별 임무
중 앙 구 조 본 부	중앙본부장 (해경청장)	김석균 (16년)	·수난구호 총괄조정 ·광역·지역구조본부 지휘·통제	·구조계획 수립 구조세력, 구조방법, 구조난이도, 위험성, 소요장비 등 ·구조함정 사고해역 이동 등 초동조치 ·사고현장 상황파악 사고발생 일시·장소, 선종, 톤수, 승선원 (여객과 승무원), 요구조자 구성(남·여·노·소), 구조정 이용 탈출자, 구명동의 착용여부 ·신속하고 효율적인 수색활동 실시 ·신속하고 효율적인 구조활동 실시	·긴급구조활동 총괄·지휘·조정·통제 ·긴급구조를 위한 현장활동계획 수립 ·최초 정보입수 후 즉시 위험상태 분석 ·긴급사태 단계결정 ·신속정보 하달 ·전복선박 상태에 따른 합리적 구조 계획수립 ·일사불란한 지휘통솔
	부본부장 (해경차장)	최상환 (22년)	·해경본청장 보좌 ·구조업무 보좌		
	중앙조정관 (경비안전국장)	이춘재 (23년)	·상황반장으로 종합상황실 지휘·통제하며 보좌 ·상황실의 업무 총괄업무		
	상황반원 (경비과장)	여인태 (21년)	·이춘재 보좌 ·중앙구조본부 상황반원으로 구조를 위한 정보 수집전파		
	상황담당관 (수색구조계장)	임근조 (21년)	·김석균·이춘재 보좌 ·주요상황처리/상황총괄 통합 ·소속 및 예하 기관 상황실 지휘·감독업무		
광 역 구 조 본 부	광역본부장 (서해청장)	김수현 (33년)	·관할해역 수난구호 총괄 조정·지휘 ·현장지휘		·관할해역 긴급구조 총괄·지휘·조정·통제 ·최초 정보입수 후 즉시 위험상태분석 ·신속정보 하달 ·전복선박 상태에 따른 합리적 구조 ·일사불란한 지휘통솔
	구난조정관 (경비안전과장)	김정식 (25년)	·김수현 보좌 ·구조대 및 직원 지휘감독		
	상황담당관	유연식 (34년)	·김수현/김정식 보좌 ·주요상황처리/상황총괄 통합 ·소속 및 예하 기관 상황실 지휘·감독업무		
지 역 구 조 본 부	지역본부장 (목포해경서장)	김문홍 (28년)	·관할해역 수난구호업무 ·구조대 편성·운영 ·현장구조활동 지휘·통제		·관할해역 긴급구조 총괄·지휘·조정·통제 ·최초 정보입수 후 즉시 위험상태분석 ·신속정보 하달 ·전복선박 상태에 따른 합리적 구조 ·일사불란한 지휘통솔
	상황담당관 (목포서)	조형곤 (31년)	·김문홍 보좌 ·주요상황처리/상황총괄 통합 ·소속 및 예하 기관 상황실 지휘·감독업무 ·구조대 및 직원 지휘감독		

<구조세력 현장 도착 전 해경지휘부의 주의의무와 임무위배>

주위의무의 내용	상황실	임무위배 내용
·각 구조본부 상황실과 모든 구조세력에 VHF, 휴대전화 등 모든 교신 수단 활용할 의무 ·신속하게 선장, 선원과 직접 교신할 의무 ·교신을 유지하여 세월호 상황을 확인할 의무 ·각 구조본부와 구조세력에게 전파할 의무 ·구조계획을 수립할 의무 　-구명동의 착용 후 구조가 용이한 장소에 대기 　-구명동의 착용 후 구조가 용이한 장소에 대기 　-선장, 선원들에게 구명벌 등 투하 지시 　-구조세력이 신속하게 다수의 승객을 구조할 위치 확인 ·현장에 도착한 구조세력으로 즉시 구조조치를 하는 구조지휘 의무	목포 해경 상황실	·승객 및 선원 등에 통화를 시도하지 않음 ·VHF교신기로 교신시도 않음 ·3009함 김문홍도 세월호와 교신시도 않아 상황 파악 못함
	서해 해경청 상황실	·진도VTS의 승객비상탈출 문의 경우, 퇴선준비 상황을 구체적으로 파악하지 않음 ·승객비상탈출 문의를 각 구조본부와 출동 구조세력에 전파하지 않음 ·진도VTS로 하여금 전파하도록 지시하지 않음
	해경 본청 상황실	·122 신고했던 선원이나 승객 등을 통한 교신시도 지시 않음 ·직접 세월호와 교신하여 선박과 승객상태를 파악하려는 시도를 하지 않음 ·CN235B703호 초계기 등 항공구조세력에 세월호에 탑승승객이 500명에 이른다는 정보 를 전파하지 않음

<구조세력 현장 도착 후 해경지휘부의 주의의무와 임무위배>

주위의무의 내용	임무위배 내용
· 세월호 선장, 선원과 교신하여 승객 퇴선유도 · 123정 방송방비 및 승조원을 통해 승객 퇴선유도 · 헬기 항공구조사에 의한 승객 퇴선유도	※ 퇴선유도 조치 하지 않음 · 긴박한 구조상황에서 구조인원과 구조상황보고를 강요함 · 현장사진과 영상자료 전송요구 반복함 · 123정과 항공구조세력에 전달 불가능한 문자상황보고서시스템으로 지휘함

3. 청와대 고위관계자들 재판

1) 재판 결과

<박근혜 정부의 세월호참사 청와대 보고 및 대응 조작 사건 관련 재판>

피고인	사건번호	최종 결과[14]	기소 죄명	사고 당시 직책
김기춘	대법원 2020도9714	무죄	허위공문서작성 및 행사	대통령 비서실장 (2013. 8.~2015. 2.)
김장수	상동	무죄	허위공문서작성 및 행사	국가안보실장 (2013. 3.~2014. 5.)
김관진	상동	무죄	공용서류손상, 직권남용권리행사방해	국가안보실장 (2014. 6.~2017. 5.)
신인호	국방부 보통군사법원 2018고20	무죄	허위공문서작성 및 행사, 공용서류손상, 직권남용권리행사방해	국가안보실 위기관리센터장 (2013. 11.~2015. 4.)
윤전추	서울중앙지법 2018고합306	징역 8월, 집유 2년	위증	청와대 제2부속실 행정관

보고시간 및 대응 조작 사건

공소사실의 요지

- 국가안보실장 김장수는 세월호참사 당일 10:15경 대통령에게 전화를 받은 사실이 없다.
- 김규현, 신인호는 대통령이 언제 이 사건 상황보고서 1보를 읽었는지 알지 못했다. 확인하지도 않았다. 그럼에도 대통령이 10:00경 최초로 서면보고를 받아 사고내용을 인지한 것처럼 국회 제출 답변서 등을 작성케 하였다.
- 김기춘은 대통령에게 상황보고서가 제대로 전달되었는지 확인하지도

---

14 이하 최종 결과는 저자들이 현 시점까지 확인한 최종 결과를 말한다.

책임을 묻다

않고 대통령에게 '실시간'으로 보고가 되었고 대통령이 상황파악을 잘 하고 있었다고 생각한다는 내용으로 답변서 등을 작성케 하여 국회에 제출하였다.

1, 2심 법원 : 대통령 비서실장의 책임 있는 자세를 강조하여 유죄

1, 2심 법원은 김기춘이 당시 세월호 상황보고서가 대통령에게 제대로 전달되었는지 확인도 하지 않은 채 '대통령이 상황 파악을 제대로 하고 있었다'고 기재한 부분을 허위공문서작성 및 행사죄에 해당한다고 판단해 징역 1년에 집행유예 2년을 선고했다.

한편 피고인들이 공모하여 대통령 보고 시각을 '고의로' 조작했다고 보기는 어렵다고 판단해 이 부분은 무죄를 선고했다. 그러나 법원도 ① 상황보고서 1보에 기재된 09:30은 정확한 작성 시각이 아니며 10:00경 작성이 완료되었고, 따라서 대통령이 10:00경 서면보고를 받았다고 보기 어렵다 ② 대통령은 10:15경이 아닌 10:22경 관저 침실에서 나와 국가안보실장과 최초 전화 통화를 한 것으로 보인다고 인정하였다.

<김기춘에 대한 2심 판결문 중>

세월호 사고라는 국가적 재난 상황에서 대통령과 청와대의 미흡한 대응 태도가 논란이 됐고 국민적 논란을 해소하고자 국정조사를 실시했다. 피고인 김기춘은 대통령 비서실장으로서 국회의 질의에 대해 최대한 성실히 사실대로 답변하여 국민적 의혹을 해소하고 그 과정에서 잘못이 있다면 국민들의 비판을 겸허히 받아들이고 반성하는 책임 있는 자세를 보였어야 한다. 그러나 피고인 김기춘은 대통령이 사고 상황을 제때 보고받지 못하여 상황 파악을 제대로 하지 못했음이 밝혀질 경우 국정운영에 부담이 될 것을 우려하여 비서실에서 생산한 보고서가 제대로 대통령에게 전달됐는지 확인하지도 않은 채, 대통령이 위 보고서를 끊임없이 보고받아 사고 상황을 잘 파악하고 있었고 적절하게 대처했다는 취지로 국회에서 발언했으며 부좌현 의원의 서면질의에도 그와 같은 취지로 허위 내용의 서면답변서를 작성해 국회에 제출하는 등 허위공문서를 작성하고 이를 행사하였다. 피고인의 이러한 범행은 청와대의 책임을 회피하고 국민을 기만했다는 점에서 그 죄목이 결코 가볍지 않다. _서울고등법원 2020. 7. 9. 선고 2019노1880 판결

아울러 2심 법원은 판결문에 대통령의 대응 기준에 대해서도 기재했다.

대통령이 관저에 머물 경우 긴급한 순간에 참모들은 대통령 위치부터 파악해야 하므로 즉각적인 의사소통이 어려워 국가 위기상황의 경우 대통령은 청와대 상황실에 위치해야 한다.

대법원, 김기춘의 의견이므로 무죄

대법원은 1, 2심 판단과 달리 무죄 취지로 파기환송했다. 근거는 이러했다.

이 사건 답변서 중 '대통령은 직접 대면보고 받는 것 이상으로 상황을 파악하고 있었다고 생각한다'는 부분은 피고인(김기춘)의 의견으로서 그 자체로 문서에 대한 신용을 위태롭게 할 만한 증명력과 신용력을 갖는다고 볼 수 없다 …(중략)… 나아가 '비서실에서 20~30분 단위로 간단없이 유무선으로 보고를 하였다'는 부분은 실제로 대통령비서실에서 발송한 총 11회의 이메일 보고와 국가안보실에서 청와대 관저로 전달한 3회의 서면보고가 있었던 객관적 사실을 기반으로 하여 이를 허위라고 볼 수 없다.

그러나 사고 당일 대통령비서실에서 총 11회에 걸쳐 이메일로 발송한 보고서는 '실시간'으로 대통령에게 보고되지 않았다. 정호성은 위 이메일을 받

책임을 묻다

을 때마다 즉시 대통령에게 전달한 것이 아니라 몇 차례 불상의 방법으로 한꺼번에 출력해 전달했다. 더군다나 김기춘은 대통령에게 전달이 되었는지조차 제대로 확인하지 않았으며 이후 박근혜의 중대본에서의 발언 등에 비춰 대통령이 상황을 파악하고 있었다고는 도저히 보기 어렵다.

하지만 대법원은 드러난 사실을 무시하고 피고인의 변명만을 인정했다. 대통령 비서실장이 위기상황에서 실제로 어떻게 행동하였는지보다 문서에 적힌 '생각합니다'라는 단어 하나에 더 주목한 것이다.

이로써 대법원은 공무원이 국민을 대표하는 국회에 제출하는 공문서에 제대로 사실 확인조차 하지 않고 허위내용을 적어도 '생각합니다'만 붙이면 무죄가 된다는 무책임한 판례를 남겼다.

국기위기관리지침 불법 변경 사건

공소사실의 요지

- 김기춘, 김규현, 신인호는 청와대 국가안보실이 컨트롤타워가 아니라는 입장 발표 이후 「국가위기관리기본지침」을 수정하기로 하였다.
- 정상적인 개정 절차를 모두 거치면 2014년 7월 말까지 지침을 고치는 것이 불가능한 상황이었다. 그런데 7월 하순 김기춘이 지침을 왜 아직 수정하지 않았느냐고 김규현과 신인호를 질책했다. 이에 신인호와 김규현은 적법한 절차를 거치지 않고 은밀하게 지침을 변경하겠다고 김관진 국가안보실장에게 보고했다. 김관진은 이를 승인했다.
- 신인호는 7월 31일 위기관리센터 직원을 통해 지침의 14개 조항을 볼펜으로 그어 삭제 표시를 하고 그 옆에 손글씨로 변경 내용을 적어 각 부처에 시달하라고 지시하여 직원이 이행토록 하였다.

법원의 판단: 국가위기관리지침을 불법 개정해서 배포했지만 무죄

이태원참사 이후 김대기 대통령 비서실장은 국회 국정감사에서 "(대통령 비서실 산하)국정상황실은 대통령 참모조직이지 대한민국 재난 컨트롤타워가 아니다."라고 말했다. [15]

마치 세월호참사 당시로 돌아간 듯한 풍경이었다. 세월호참사 당시에도 비서실장 김기춘은 2014년 7월 10일 국회 국조특위에 참석하여 청와대는 재난 컨트롤타워가 아니라고 말했다.

"일반적 의미로 청와대가 국정의 중심이니까 모든 일을 지휘하지 않겠냐는 뜻에서 (컨트롤타워 논란이) 나왔겠지만, 법상으로 보면 재난 종류에 따라 지휘·통제하는 곳이 다르다. 청와대는 (컨트롤타워가) 아니다."[16]

그러나 당시 「국가위기관리기본지침」에는 분명히 (청와대)국가안보실이 재난 분야 위기의 컨트롤타워 역할을 해야 한다고 적혀있었다. 이를 알고도 김기춘은 국회에서 거짓 답변을 했고 청와대로 돌아와 이 지침을 빨리 수정하라고 질책했다. 신인호는 위기관리센터 직원을 시켜 은밀하게 지침을 수정하도록 지시했다. 이 모든 행위 자체가 적법한 훈령개정절차를 거치지 않은 것으로 법을 위반했다.

그런데 법원은 김관진의 공용서류손상 혐의에 관하여 무죄 판결을 내렸다. '공용서류손상'은 공용서류를 볼펜으로 그어 삭제하는 등 함부로 손상시켰을 때만 성립하는 범죄이다. 김관진이 그러한 구체적인 방법까지 보고받지는 못하였으니 범죄에 대한 인식이 없었을 수 있다는 것이다. 국가안보실장으로 새로 부임한 터라 김관진이 전후 사정을 몰랐을 가능성이 있다고 보았다.

---

15 '김대기 "국정상황실은 재난 컨트롤타워 아니다"', 한겨레신문, 2022. 11. 9.
16 '김기춘 "靑은 재난 컨트롤타워 아니다" 책임 떠넘기기 일관', 한국일보, 2014. 7. 10.

세월호참사에 대해 청와대는 일관되게 책임을 회피하는 방향으로 대응하고 있었다. 비서실장 김기춘이 그러한 기류에서 지침 개정을 지시했으나 공개적인 적법절차를 거치기엔 국회의 비판 등 부담이 있었다. 통상적인 개정절차를 거치기엔 시간이 없었다. 새로 국가안보실장으로 부임한 김관진이 이러한 상황을 정말 몰랐을까. 이 사건은 형사책임을 다루는 수사와 재판 이외 재난조사가 왜 절실하게 필요한지 보여주는 사례였다. 청와대 고위 공무원들이 참사 직후 책임회피를 위해 컨트롤타워가 아니라고 부정하고 국가의 위기관리시스템을 뒤흔드는 혼란을 일으켰다. 이는 그야말로 국기문란 행위였다. 이러한 국기문란행위를 검찰은 공용서류손상, 즉 '서류를 손상한' 범죄로 기소했다. 사인의 본질에 비해 너무나 가벼운 범죄유형이었다. 재판부는 그마저도 '서류손상 방식에 대한' 인식이 인정되지 않는다고 보아 무죄 판결을 내렸다.

<「국가위기관리기본지침」 '컨트롤타워' 관련 조항 삭제 및 수정 내용[17]>

해당 조항	삭제	수정(수기 기재)
제3조 제2호	국가안보실장은 대통령의 위기관리 국정수행을 보좌하고 국가차원의 위기관리 관련 정보의 분석 평가 및 종합, 국가위기관리 업무의 기획 및 수행 체계 구축 등 위기상황의 종합 관리기능을 수행 하며 안정적 위기관리를 위해 전략 커뮤니케이션 의 컨트롤타워 역할을 한다.	국가위기 관련, 대통령의 안정적 국정수행을 보좌
제8조 제6항	국가안보실은 재난분야 위기에 관한 정보·상황의 종합 및 관리업무를 수행한다.	초기 정보·상황을 파악하여 보고 및 전파한다.
제18조 제3항	국가안보실장은 안보 재난 분야별로 위기징후 목 록 및 상황 정보를 종합 관리한다.	국가안보실장은 안보분야, 안전행정부장관은 재난분야의

---

17 [사참위 직나-4] 「조사보고서」, 35쪽.

참사 직후 신속하게 독립적인 재난조사가 행해졌다면 형식적인 서류손상에 대한 형사책임으로 끝나지 않았을 것이다. 고위 공무원으로서 불법적인 지침 변경을 하면서까지 재난대응체계에 혼란을 일으키고자 했던 책임과 잘못이 지적되고 재발방지책이 마련되었을 것이다. 그렇다면 이태원참사에서 우리는 다시 혼란스런 컨트롤타워 논란을 겪지 않아도 되었을 것이다.

2) 세월호특조위 방해 관련 재판

피고인	사건번호	최종 결과	기소 죄명	행위 당시 직책
김영석	대법원 2020도 18296	무죄	직권남용권리 행사방해	2014. 8.~2015. 10.경 해양수산부 차관 2015. 11.~2017. 6.경 해양수산부 장관
윤학배	상동	징역 1년, 집행유예 2년	상동	2014. 8.~2015.10.경 청와대 경제수석실 해양수산비서관 2015. 10.~2017. 6.경 해수부 차관
이병기	상동	무죄	상동	2015. 3.~2016. 5.경 청와대 대통령비서실장
안종범	상동	무죄	상동	2014. 6.~2016. 5.경 청와대 경제수석비서관
조윤선	상동	징역 6월, 집행유예 1년	상동	2014. 6.~2015. 5.경 청와대 정무수석비서관

공소사실의 요지

이 사건의 공소사실은 크게 세 가지로 요약할 수 있다.

첫째, 세월호특조위는 특별법상 독립성을 보장받는 조직이었다. 그러나 김영석, 윤학배, 조윤선은 세월호특조위 설립 과정에서 해수부 파견공무원들에게 정부대응전략 문건을 작성하게 하고, 파견공무원들을 일괄 복귀시키는 등 직권을 남용하여 위 공무원들에게 의무 없는 일을 하게 하였다. 특조위의 조직과 예산을 축소하기 위한 행위였다.

둘째, 김영석, 윤학배, 조윤선은 해수부 파견공무원들에게 바이버 단체 채팅방과 일일상황보고 등 문서작성을 통해 특조위 동향, 회의 내용 등을 보고하라고 지시하여 직권을 남용하여 의무 없는 일을 하게 하였다.

셋째, 김영석, 안종범, 윤학배, 이병기는 공모하여 특조위의 청와대 행적 조사 안건 의결을 방해하기 위해 공무원들에게 '위원회 부위원장 등 여당추천위원 조찬 참고자료', '특별조사가 필요한 세월호특조위' 등 현안 대응 방안 문건들을 작성하라고 지시했다.

2심 법원, 위법행위는 맞지만 직권남용죄는 무죄

1심 법원은 대부분의 공소사실에 대해 유죄를 인정했다. 이병기, 조윤선 징역 1년에 집행유예 2년, 김영석 징역 2년 집행유예 3년, 윤학배 징역 1년 6월에 집행유예 2년을 각각 선고했다. 안종범 전 경제수석에게는 무죄를 선고했다.

2심 법원은 이병기, 조윤선, 김영석, 안종범에게 모두 무죄를 선고했다. 윤학배는 일부 무죄와 더불어 징역 6월에 집행유예 2년으로 형량이 낮아졌다.

2심 법원도 피고인들의 다수 행위가 위원회의 독립성을 침해하는 등 위법하다는 점은 인정하였다. 다만 ① 직권남용죄의 법리상 공무원들에게 보조행위 또는 사실행위를 하도록 한 경우이거나 ② 피고인들이 세월호특조위 활동을 방해하기 위해 공모했다고 보기는 어렵다고 했다.

그러나 대법원은 2023년 4월 27일 조윤선과 윤학배에게 무죄를 선고한 원심을 깨고 이들의 일부 행위가 직권남용죄에 해당한다며 사건을 서울고등법원으로 돌려보냈다. 같은 해 11월 9일, 서울고법은 조윤선에게 징역 6월에 집행유예 1년, 윤학배에게 징역 1년에 집행유예 2년을 최종 선고했다. 나머지 피고인들은 대법원판결로 무죄가 확정되었다.

대법원, 진상규명 활동 방해에 끝까지 책임을 묻다

대법원은 피고인 조윤선, 윤학배가 해수부 공무원들에게 '위원회 위원 내
정자 등을 통해서 위원회 설립준비단의 활동에 개입하기로 하는 방안'이 포
함된 문건을 작성하게 한 것은 직권남용죄에 해당한다며 2심 판결을 파기환
송하였다. '문건 작성 지시를 받은 공무원들은 해수부에서 파견된 위원회 설
립준비팀장 등인데 이들은 특조위의 정치적 중립성, 업무의 독립성·객관성
을 보장할 의무가 있다'며 그러한 의무에 반하는 문건 작성을 지시한 행위
가 직권남용죄에 해당한다고 보았다.[18]

애초 피해자들은 세월호특조위 활동 방해행위가 청와대, 해수부 등 정부
에 의해 조직적으로 이루어진 것이라고 보았다. 따라서 위법부당한 지시를
충실히 이행한 해수부 파견공무원들을 직권남용죄의 피해자인 것처럼 판단
하는 것은 옳지 않다고 주장했다. 피해자들은 직접 청와대 관계자들을 고발
했다. 이들이 직권을 남용하여 피해자들의 알 권리 등 권리행사를 방해했다
는 내용이었다. 그러나 검찰이 이 부분에 대해 무혐의처분을 함으로써 이러
한 논리 구성에 대해서는 법원 판단을 받지 못했다.

진상규명 활동 방해의 근본 원인은 두 가지로 설명할 수 있다.

첫째, 재난은 위기이자 안전사회의 교훈을 축적해야 하는 기회다. 그런데
과거의 정부들이 해수부, 국정원 등 모든 국가기관을 동원하여 피해자를 공

---

18 애초 피해자들은 세월호특조위 활동 방해행위가 청와대·해수부 등 정부에 의해 조직적으로 이루어진 것
이라고 보았다. 위법부당한 지시를 충실히 이행한 해수부 파견공무원들을 피해자인 것처럼 전제하는 직
권남용죄 구성은 옳지 않다고 주장했다. 따라서 청와대 관계자들이 직권을 남용하여 공무원들에게 의무
없는 일을 하게 하였다는 것이 아닌, 피해자들의 알 권리 등 권리행사를 방해했다는 내용으로 고발을 진
행하였다. 그러나 검찰이 이 부분에 대해 무혐의처분을 함으로써 이러한 논리 구성에 대해서는 법원 판
단을 받지 못했다.

격하고 조사를 방해하는 등 책임회피로 대응해 왔다. 이 나쁜 관행이 재난 때마다 진상규명을 방해 내지 지연시키며 반복되고 있다.

둘째, 재난이 발생했을 때 책임규명의 대상이 될 수밖에 없는 소관 부처가 독립조사위원회의 지원부처가 된다. 아무리 독립성을 법에 규정해도 정부 책임을 조사해야 하는 기관에 조사 대상인 부처 공무원들이 파견 나와 있다면 과연 독립성이 지켜질 수 있겠는가. 재난유형에 대한 소관부처를 독립조사위원회의 지원부처로 하는 제도를 개선하고 정부 파견인력을 최소화하며 진상규명 활동 방해를 엄정하게 처벌해야만 이러한 문제가 반복되지 않을 것이다. .

\<박근혜의 세월호참사 대응은 제대로 조사되지 않았다\>

대통령의 7시간 의혹에 대해 당시 박근혜 정부와 여당은 여성 대통령에 대한 지나친 사생활 침해 또는 정치적 선동꾼들에 의한 의혹 제기 정도로 치부하였다. 그러나 대통령이 어떻게 참사 대응을 했는지는 '정치적'인 문제가 아니다. 대통령을 반드시 감옥에 보내야 한다는 것도 아니다. 국가적 재난 상황에서 대통령이 어떤 보고를 받고 어떻게 대응을 했는지, 어떤 지시는 왜 효과적이지 않았는지 등은 재난의 피해 최소화 및 예방을 위해 반드시 조사되고 개선책이 도출되어야 할 사항이다.

911테러 당시, 미국 부시 대통령과 백악관이 911테러에 대한 조사위원회의 조사 협조 요구에 소극적인 태도를 보였다가 여론의 강한 비판을 받게 되었다. 그러자 대통령, 부대통령은 시간제한을 두지 않고 적극 조사에 협조하였고 업무상 주고받은 이메일도 대거 조사위원회에 제출했다[19]. 선진국에서는 이미 재난에 대한 독

---

19 부시·체니 9·11조사위 동반출석: 부시대통령은 당초 9·11조사위의 위원장과 부위원장만 1시간 정도 만나겠다는 뜻을 밝혔으나, 위원회측이 완강히 거부함에 따라 결국 위원 전원들과 만나 질의응답을 갖기로 했다. 민주당측은 부시대통령과 체니부통령이 별개의 청문회를 가져야 한다고 주장했으나 부시대통

립조사가 행해지고 있다. 물론 모든 나라의 대통령이나 총리가 재난조사에 적극적으로 응하고 있지는 않아 논란이 되기도 한다. 그러나 직어도 국회가 제정한 법에 근거하여 조사위원회가 설립되면 법과 조사위원회의 권한을 존중한다.

2014년 박근혜 정부는 세월호참사 조사를 방해하기 위해 특조위 활동을 앞장서 방해했고 국가정보기관을 동원해 피해자들과 조사위원회를 사찰했다. 온 국민이 우울증에 빠질 정도의 유례없는 참사를 겪는 가운데 박근혜 정부 시절 청와대는 국민들의 아픔과 슬픔에도, 변화를 향한 열망에도 전혀 공감하지 못했다.

청와대는 취지에 맞지 않는 형사소송법 규정(형사소송법 제110조, 제111조)을 근거로 압수·수색에도 저항했다. 위 규정들은 군사상 기밀, 공무상 비밀에 대해서는 압수·수색을 제한하는 내용인데 세월호참사 대응을 어떻게 했는지가 군사상 비밀이나 공무상 비밀에 해당되는가? 오히려 참사 대응 관련 자료는 적극적으로 공개해서 재발방지책을 마련하고 교훈으로 삼아야 하는 한다.

박근혜는 헌정사상 최초로 탄핵당한 대통령이 되었지만, 우리는 박근혜에게 세월호참사 관련 책임을 묻지 못했다. 우리는 박근혜에게 이런 질문을 하고 싶었다. 형사책임과 달리 재난조사라면 이런 질문들을 했어야 한다.

- 대통령은 참사 당일 상황보고서를 제대로 읽었는가? 제대로 읽었다면 전원구조가 오보임을 오전 11~12시경 알 수 있었다, 보고서를 읽지 않은 것이 아닌가?
- 왜 대통령은 세월호 사고를 인지하고도 즉시 위기관리센터로 가지 않았는가?
- 재난 상황에서 대통령이 부재할 수도 있다. 그렇다면 대통령이 재난 상황을 지휘하지 못할 경우를 대비한 시스템이 없었던 것인가?
- 위기관리센터에서는 심각한 상황임을 인지하고 있었는데 대통령이 구조상황에 대한 더 구체적인 보고를 요구하고 지시하지 않은 이유는 무엇인가?
- 결과적으로 한 명도 빠짐없이 구조하라는 지시는 이행되지 않았다. 대통령의

령이 체니부통령과의 동반 출석을 요구, 결국 정·부통령이 동시에 참석하는 청문회가 열리게 됐다. (문화일보, 2004. 4. 22.)

지시가 이행되지 않는 것은 심각한 문제다. 어떤 개선책을 가지고 있는가?

이 질문들은 대통령의 사생활과 관련이 없다. 정치적인 것도 아니다. 피해자들에게는 절박했던 재난조사를 정쟁에 이용한 측은 당시 청와대와 정부 여당이었지 결코 피해자들이 아니었다.

3) 기무사의 유가족 사찰 사건

\<재판 결과\>

피고인	사건번호	최종 결과	기소 죄명	사고 당시 직책
소강원	대법원 (상고취하)	징역 1년	직권남용 권리행사방해	광주 전남지역 관할 610기무부대장
김병철	대법원	징역 1년, 집행유예 2년	상동	경기 안산지역 관할 310기무부대장
손정수	대법원	징역 1년 6월	상동	기무사 세월호TF 현장지원팀장
박태규	대법원 (상고취하)	징역 1년	상동	기무사 세월호TF 현장지원팀장
김대열	서울고법 2022노2789	징역 2년	상동	국군기무사령부 참모장, 세월호TF장
지영관	서울고법 2022노2789	징역 2년	상동	국군기무사령부 정보융합실장, 세월호TF 정책지원팀장

피고인들의 변명

법정에서 피고인들은 이렇게 변명했다.

첫째, 실종자 수색구조를 위해 군의 인력과 장비가 대거 투입된 상황에서 기무사 지휘부가 실종자 수색 작전에 관한 가족들의 의사나 요구사항을 파악하기 위해 기무부대원들에게 실종자 가족들의 동향 파악을 지시했다.

둘째, 부대원들에게 해킹이나 도청·미행 등 불법한 수단을 사용하라고 지시하지 않았으며 활동관들도 적법한 방법으로 실종자 가족들의 동향을 파악했다.

법원, 실종자 가족 사찰은 군인의 사명과 의무를 정면으로 위반한 것

법원은 피고인들의 위 주장을 배척하며 유죄를 인정했다. 2019년 12월 24일 소강원에 대한 판결문에서 보통군사법원은 이렇게 밝혔다.

"군 정보기관이 민간인의 평소 동향을 감시·파악할 목적으로 지속적으로 민간인의 개인정보나 사생활에 관한 정보를 비밀리에 수집하는 경우, 이는 국민의 개인정보자기결정권, 사생활의 비밀과 자유 등 기본권을 침해하는 것으로서 위법하다. 대한민국 국민은 자신이 한 말과 행동이 국가정보기관에 의해 수집되어 상부에 보고될지 모른다는 두려움이나 걱정 없이 자유롭게 자신의 의사를 표현하고 행동할 수 있어야 하고, 자유민주주의 체제하에서 정부의 정책이나 조치 등에 대해서는 자유롭게 비판할 수 있어야 한다."

"피고인들은 국가안전보장을 위해 반드시 필요한 사정이 없었음에도 세월호참사 후 슬픔과 분노의 감정을 주체할 수 없었던 실종자 가족들이 혹시 정부를 비방하는 것은 아닌지, 불만을 표출하는 것은 아닌지에 관심을 가지고, 실종자 가족들의 동향을 파악하고 그 내용을 보고하라고 부대원들에게 지속적 반복적으로 지시했다. 이와 같은 (피고인들의) 행위는 헌법을 수호하고 국민의 기본권을 보호하여야 할 군인의 사명과 의무를 정면으로 위반한 것이다."

다른 재판부들도 군의 정치적 중립에 관한 사회의 신뢰를 회복하기 위해 피고인들을 엄히 처벌해야 한다고 보았다. 당시 기무사 사찰의 목적은 집권세력 정권 유지에 도움을 주고 국내 정치에 관여하기 위한 것이었다. 그러므로 기무사가 세월호 유가족을 사찰하고 특정 정치세력을 위해 여론을 호도한 행위는 언론의 자유와 국민 기본권을 직접 침해한 것이라고 했다.

4. 판결유감

1) 양형, 최악의 참사에 최소의 책임만 묻다

법원이 피고인에게 선고하는 형량을 정하는 것을 양형이라 한다. 양형의 목적은 두 가지이다.

첫째, 피고인의 행위와 결과에 대한 책임을 묻는 응보적 차원이다.

둘째, 피고인의 재범과 일반인의 범죄를 예방하기 위해서다.

따라서, 법원은 세월호참사의 책임자들에 대한 양형을 결정할 때 행위에 비례하는 책임을 묻고, 이후 유사 참사의 재발 방지를 위한 예방 효과를 신중히 고려해야 했다. 그러나 법원은 세월호 승객들을 버리고 도망친 선원들에게 승객 구조를 일부 도왔다거나 생계를 책임진 가장이라는 등 이런저런 핑계로 형량을 낮추었다. 결국 선장을 제외한 나머지 선원들과 청해진 해운 관계자들에 대한 형량은 지나치게 가벼웠다.

해경 재판은 더 가관이었다. 123정장 김경일에 대한 최종 형량은 3년. 무려 304명의 국민이 죽었으나 이는 김경일의 구조행위를 방해하고 제대로 지휘하지 않았던 해경지휘부의 잘못도 있었기 때문이라는 이유였다. 그런데 해경지휘부의 책임과 김경일의 책임이 서로 나누어 한쪽이 커지면 한쪽이 작아지는 성격의 책임인가?

9시 24분경 민간선박 둘라에이스호의 선장이 "일단 탈출시키세요!"라고 말했던 사실을 떠올린다면, 36년간 해경으로 일한 심경일이 아무런 퇴선 조치도 하지 않아 304명을 사망케 한 잘못이 고작 징역 3년에 불과하다는 사법부의 판단을 쉽게 납득하기 어렵다. 유죄가 인정된 피고인 조윤선 등도 최종적으로 집행유예형을 받았다. 우리 사회에서 대형 참사가 잊을 만하면 반복되고 생명과 안전이 우선적인 가치로 인정받지 못하는 이유는 바로 이러한 납득하기 어려운 양형과 감형 때문이다.

양형이 보여주는 상징성은 매우 크다. 국가가 무엇을 얼마나 잘못했다고 판단하는지 국민들은 형량을 통해 인식한다. 그래서 매일 같이 법원의 판결이 언론에 나온다. 법원의 판결이 매일같이 사람들의 가치관과 행동에 영향을 미치는 것이다. 그런데 양형에 대한 논란이 끊이지 않는다. 세월호참사는 국민의 기본권인 생명권과 안전권이 침해된 사건이다. 그 대응 과정에서 국가가 저지른 잘못에 대해 이러한 낮은 수준의 형량이 선고되었다는 것은 국가가 국민의 생명안전을 무시하고 있다는 암시를 끊임없이 주는 것과 같다.

생명안전을 침해하거나 위협하는 범죄는 오히려 과감하게 양형기준을 상향조정해야 할 필요가 있다. 산업재해나 대형 참사가 끝없이 되풀이되며 국민들이 계속해서 생명을 잃게 되는 것은 낮은 양형, 그것이 보여주는 국가의 안일함과 무관하지 않다.

2) 무죄, 권한에 비례해 더 커지는 책임을 묻지 않았다

앞서 본 바와 같이 세월호참사에 대해 민간영역의 책임자들인 선장과 선원, 청해진해운 관계자들은 거의 유죄판결을 선고받았다. 그러나 대응을 잘못한 해경과 청와대 관계자들은 대부분 무죄판결을 받았다.

　　　　　　　　　　　　　　　　　　책임을 묻다

형사책임의 성격상 검찰이 엄격한 증명을 못했다고 판단되면 무죄판결이 내려질 수도 있다. 그러나 무죄판결이 법상 인정되는 권한과 책임에 비례하지 않을 때 국민들은 사법을 불신하게 된다. 재판부는 123정장에게 유죄가 인정된 논리를 해경지휘부에도 충분히 적용할 수 있었음에도 그러지 않았다. 김기춘에 대한 1, 2심의 유죄판결과 대법원의 무죄판결은 법원이 어떤 내용을 강조하느냐에 따라 완전히 판단이 달라질 수 있다는 것을 보여주었다. 참사에 대한 진상규명이 형사재판 결과로만 귀결되는 현실에서 무죄판결은 그들에게 어떤 책임도 없다는 잘못된 인식을 남기게 된다. 국민들은 국가의 사법체계를 불신하며 불안해 할 수밖에 없다.

3) 10주기, 이제라도 변화하자

<u>대형 참사의 수사와 재판이 완전히 바뀌어야 한다</u>

먼저 수사부터 바뀌어야 한다. 참사 발생 초기부터 책임자들에 대한 성역 없는 수사가 이뤄져야 한다. 그래야만 뒤늦게 수사와 조사를 반복하며 피해자와 국민의 의혹만 눈덩이처럼 키우는 사태를 막을 수 있다.

재판 방식도 바뀌어야 한다. 다수의 피해자가 발생한 대형 참사 사건만이라도 피해자와 국민의 목소리가 더 잘 반영되도록 재판 시스템을 변경할 수는 없을까? 대형 참사 사건은 반드시 국민참여재판으로 진행한다거나 혹은 형량을 결정하는 과정에 피해자들의 의견이 필수적으로 반영되도록 하는 방식 등 변화를 꾀할 필요가 있다.

양형기준도 개선해야 한다. 우리나라의 양형기준은 대형 참사라는 특수성을 고려하지 않는다. 예를 들면 대형 참사에서 자주 적용되는 허위공문서작성과 직권남용은 구조와 대응에 큰 혼선을 주기 때문에 단순히 문서를 허위로 작성하고 공무원에게 불법지시를 한 범죄로 보기 어렵다. 국민의 생명 안전과 직결된다. 따라서 참사 관련 책임자들에게 적용되는 업무상과실치사상, 유기치사상, 살인, 허위공문서작성, 직권남용 등의 범죄에는 대규모 피해나 재난의 경우를 고려한 양형 요소가 필요하다.

정부의 책임을 물을 수 있는 법이 필요하다

세월호 관련 재판 결과에서 볼 수 있듯 현재의 사법 체계로는 대형 참사 책임자들에 대한 형사처벌이 어렵고, 된다 해도 오랜 시간이 걸린다. 304명이라는 엄청난 수의 국민이 사망했음에도 검찰과 사법부는 이를 민간영역의 책임으로 돌렸을 뿐 정부의 책임은 거의 묻지 않았다. 검찰과 법원의 의지 문제도 있지만 일상에서 적용할 수 있는 범죄유형만으로는 책임을 묻기에 한계가 있는 부분도 있다. 예를 들어 청와대가 법으로 보장하는 특조위의 독립성을 침해하는 각종 방해활동을 했지만 직권남용권리행사방해죄나 업무방해죄 등의 현행법상 범죄유형으로는 처벌이 어렵다.

따라서 재난 때마다 반복되는 불법행위나 인권침해의 유형 중에 현행법만으로 책임을 묻기 어려운 부분들은 입법을 통해 규정을 마련할 필요가 있다. 특히 행정부를 비롯한 공적 기관의 책임을 물을 수 있도록 관련 법 제정과 개정이 절실히 필요하다.

생명안전기본법을 제정해야 한다

세월호참사 이전에도 이후에도 비슷한 참사가 되풀이 되고 있다. 참사 대응 문제도 반복되고 있다. 지금도 법이 없는 것은 아니다. 「재난 및 안전관리 기본법」이 재난에 적용되는 기본법으로 존재한다. 세월호참사 당시 국가안보실이 재난컨트롤타워가 아니라며 책임을 회피한 청와대와 김기춘이 강조했던 바로 그 법이다. 기본법이 책임회피의 구실을 줄 정도로 복잡하고 인권에 초점이 맞춰져 있지도 않다. 이 법에는 피해자라는 개념 규정조차 없다. 당연히 피해자 중심적인 접근도, 체계도 없다. 피해자들이 가장 애타게 바라는 진상규명이나 인명구조, 수습정보 등 정확한 정보를 제공 받을 권리 등에 대해서도 아무런 규정이 없다. 법이 이러니 공무원들은 참사 발생 시 책임을 회피하거나 우왕좌왕하며 논란만 만들 뿐 국민의 기대에 맞는 모습을 보여주지 못하는 것이다. 아는 것도 없고 훈련된 바도 없다. 어떤 참사가 발생해도 정부 책임이 문제 될 수밖에 없는 가장 근본적인 이유가 여기에 있다.

국가와 정부는 국민의 기본권을 보장하기 위해 존재한다. 그 기본권은 일상에서뿐만 아니라 재난을 당한 경우와 같은 위기 상황에서도 마땅히 보장되어야 한다. 이를 위해 2020년 시민사회와 피해자들의 노력으로 생명안전기본법이 발의되었다. 생명안전기본법에서는 안전을 말뿐인 '국가의 책무'가 아닌 구체적인 '국민의 권리'로 규정하였다. 또한 피해자의 개념과 범위, 재난피해자가 보장받아야 할 권리와 피해자 지원의 원칙을 세부적으로 규정하였다. 교훈 축적을 위한 독립조사기구의 설치, 그 결과 등을 반영한 안전영향평가제도의 도입 등 재난 예방을 위한 국가의 책무도 구체적으로 규정하고 있다.

이 법은 2021년 2월 17일 소관위인 행안위에 상정되었으나 21대 국회가 끝나가는 현재까지 여전히 계류 중이다. 22대 국회가 출범되면 반드시 재발의하고 제정해야 한다.

전문가들로 구성된 상시적 독립조사기구가 필요하다

세월호참사와 같은 중대재난의 경우 검찰 수사와 별개로 수사권에 준하는 권한을 가진 독립조사기구의 조사가 병행되어야 한다. 현재까지 검찰은 자신들의 권력을 유지해주는 정권의 편에 서서 수사권과 기소권을 선택적으로 활용해 왔다. 세월호참사 당시에도 '수사와 기소는 검찰에게 맡겨라', '특조위에는 수사권과 기소권은 필요 없다'고 했지만, 검찰은 수사의 골든타임인 참사 직후에 전력을 다해 정부의 책임을 감추었다. 사법부도 고위공무원들일수록 책임을 묻지 못한 건 마찬가지였다.

결국 피해자들이 옳았다. 2014년 특별법 제정 논의로 돌아가 보자. 특별법 제정을 반대하던 사람들은 '검찰과 사법부가 하면 될 일을 왜 국민 세금을 들여가며 특별조사위원회까지 설치하느냐, 특조위에 강제 수사 권한을 부여하는 것은 헌법에 반한다'며 난리를 쳤다. 거의 매일 안전사고가 발생하고 가족을 잃은 피해자들의 곡소리가 끊이지 않는 대한민국에서 국민의 생명과 안전보다 더 중요한 일이 도대체 무엇인가?

중대재난 조사의 목적은 유사 재난의 재발 방지를 위한 근본 원인 규명이다. 나아가 정부 대응의 적정성을 조사하여 대응 과정에서의 문제를 개선하는 것이다. 책임자 처벌보다 훨씬 더 범위가 넓다. 따라서 관련 전문가들로 구성된 상시적이고 독립적인 조사기구를 설치하고 이 기구에 강력한 권한을 주어야 한다.

2014년으로 돌아가 피해자들이 주장한 대로 1기 특조위가 정말로 독립성을 존중받고 수사권과 기소권을 부여받았다면 어떻게 되었을까? 그것이 당시 박근혜 정부와 새누리당의 주장처럼 정말 헌법 질서를 뒤흔드는 나쁜 결과를 초래했을까? 아니다. 기껏해야 검찰의 권한을 분배한 것에 불과하다.

책임을 묻다

2022년 여름, 사참위는 행안부·환경부·해양수산부와 국회의장에게 (가칭)중대재난조사위원회 설립안을 권고했다. 피해 규모가 크거나 사회적으로 충격이 큰 중대 재난 발생 시 재발방지를 위한 조사를 전담하는 독립적이고 상시적인 조사기구를 설립해야 한다는 제안이다.

2023년 윤석열 정부는 이러한 권고에 대해 독립적 상설 조사기구 설치는 실효성이 떨어진다고 답했다. 이미 '국가재난원인조사협의회'를 운영하고 있으며 민간 참여 확대를 위한 협의 중이라는 이유였다.

그러나 행안부 산하의 이 기구는 정부 부처의 자체 조사에 의존하고 있어 조사의 독립성과 투명성이 확보되지 않는다. 과연 중대재난조사에서 가장 중요한 정부 대응의 적정성에 대해 정부 부처 기구가 제대로 조사할 수 있겠는가? 정부의 셀프 조사 결과를 피해자들과 국민이 신뢰하고 받아들일 수 있겠는가? 이는 단지 기존 조사위원회에 민간인 참여도를 높인다고 해결할 수 있는 문제가 아니다.

행안부가 언급한 '국가재난원인조사협의회'는 참사 발생 후 1년이 지나도록 이태원참사에 대한 조사를 시작도 하지 않고 있다. 경찰이 허위공문서를 작성한 것이 유죄판결을 받았으나 그것이 참사 조사의 전부가 될 수는 없다. 심지어 윤석열 정부는 이태원참사 특별법을 거부하며 한시적 조사기구의 출범도 막고 있다. 박근혜 정부가 특조위 조사를 방해하며 이미 검찰 수사로 충분했다고 주장한 것처럼 윤석열 정부는 이태원참사 조사를 거부하며 이미 경찰과 검찰 수사로 충분하다고 주장하고 있는 것이다.

중대재난은 거듭되고 이를 대하는 정부의 책임회피 역시 반복되고 있다. 국민의 생명과 안전을 지키기 위해 독립적이고 상시적인 조사기구를 설립해야 할 이유 역시 더 절실하고 분명해지고 있다.

에필로그

세월호참사 진상규명은 실패하지 않았다

오현주 | 작가

2023년 6월 30일 윤재옥 국민의힘 원내대표는 「이태원참사특별법」 상정에 반대하며 그 이유로 「세월호특별법」을 거론했다.

"8년 동안 수백억 원을 들여 9차례나 진상조사와 수사를 반복했지만, 세금 낭비와 소모적 정쟁 외에는 아무것도 얻지 못했다"

이 주장은 사실일까? 먼저 2014년 검찰 수사 결과 외에 새롭게 밝혀진 사실은 적지 않다. 그간의 조사와 수사를 통해 우리는 세월호참사 당시 정부 대응이 얼마나 잘못되었는지, 그 잘못을 감추기 위해 정부가 얼마나 악랄하게 진상규명을 방해했는지, 진상규명을 외치는 세월호참사 피해자들과 시민들을 얼마나 집요하게 괴롭혔는지 확인할 수 있었다. 도대체 아무것도 얻지 못했다는 근거가 무엇인가?

특조위는 박근혜 정부의 조직적이고 체계적인 방해 속에서도 세 번의 청문회를 개최했다. 청문회를 통해 참사 대응 과정에서 저지른 정부의 잘못을 상당수 밝혀냈다. 선조위는 미수습자 4명 수습, 세월호 선체 직립, 가종 디지털 자료 영상 복원 등의 성과를 냈다. 사참위는 세월호참사 피해지원과 안전대책까지 포함하는 종합보고서를 발간하고 80건의 권고안을 발표했다. 밝혀진 내용과 제시된 권고안은 무시하고 아무것도 얻지 못했다는 여당 원내대표의 주장은 사실이 아니다. 자신들의 무지를 고백한 것일 뿐이다.

2024년 1월 30일 윤석열 대통령은 「이태원참사특별법」에 거부권을 행사했다. 이태원참사를 바라보는 현 정부의 시각은 세월호참사에 대한 박근혜 정부의 입장과 똑같다. 검찰 수사만으로 진상규명이 충분하다는 것이다.

그런데 검찰 수사로 기소되었던 해경지휘부는 전원 무죄 판결을 받았다. 기무사 민간인 사찰 관련 피의자들은 모두 유죄판결을 받았지만, 윤석열 대통령은 이들을 대부분 사면 복권했다. 검찰이 기소한 청와대 고위 공직자 중 유죄판결을 받은 피의자는 조윤선 청와대 정무수석비서관, 윤학배 해수부 차관 2명뿐이다. 검찰 수사 결과에 따르면 세월호참사 정부 책임은 123정장, 조윤선, 윤학배, 기무사 간부들에게만 있다. 과연 그런가?

인간의 행위에는 두 가지 종류가 있다. 해야만 하는 행위와 해서는 안 되는 행위이다. 세월호참사는 정부가, 선사가, 선원들이 해야만 하는 행위를 하지 않고, 해서는 안 되는 행위를 한 결과 발생했다. 우리는 그들 모두의 책임을 물었으나 검찰은 선택적 수사로 고위 공직자들의 책임을 물을 수 있는 기회를 없애버렸다.

또한 검찰 수사와 재판은 관련 책임자들의 잘못을 현행법 위반 여부만으로 결정한다. 그렇다면 기소되지 않거나 재판에서 유죄를 인정받지 않으면 잘못이 없다는 것인가? 해경지휘부와 정부 고위 공직자들의 행위가 잘못이

책임을 묻다

아니었는가? 사참위 조사 결과는 사법적 판단과 별개로 세월호참사 대응 과정에서 해경지휘부와 정부 고위 공직자들의 행위가 잘못이었음을 분명히 밝혔다. 지난 10년간의 검찰 수사와 재판 결과는 오히려 대형 참사의 진상규명을 검찰에만 의존해서는 안 된다는 사실을 확인시켜 주었다.

한편 진상규명은 하나도 이루어지지 않았다는 또 한 측의 의견도 존재한다. 침몰 원인이 외력이냐 아니냐에 대한 사참위 결론이 분명치 않음을 지적하는 의견이 주를 이룬다. 모든 것을 낱낱이 밝혀내지 못했다고 해서 아무것도 밝혀내지 못했다는 주장은 과도하다. 세월호 침몰 원인을 밝히는 것은 진상규명 과제의 하나였지 전부가 아니었다. 세월호는 언제 침몰해도 이상하지 않을 만큼 위험한 배였다. 무엇보다 세월호가 침몰하고 100여 분이 넘도록 우리 아이들은 살아 있었다. 세월호 침몰 자체가 304명 희생의 유일한 이유는 아니다.

이 책을 쓰며 우리는 세월호참사 진상규명의 의미에 대해 수없이 고민하고 토론했다. 정리하자면 두 가지였다. 첫째, 왜 304명이 희생되었으며 그 책임은 누구에게 있는가. 둘째, 다시는 이런 참사가 발생하지 않도록 무엇을 바꾸어야 하는가.

첫 번째 질문에 대한 답은 구할 수 있었다. 304명이 희생된 이유는 구조할 책임이 있는 자들 즉, 선원들과 해경, 청와대가 구조할 수 있는 모든 조건을 갖추고도 승객들을 구하지 않았기 때문이다. 박근혜 정부는 '우리 모두의 무능, 무책임, 잘못된 관행'이 세월호참사의 원인이라고 했다. 얼핏 그럴싸하게 들리는 이 말은 사실 참사의 원인을 모두의 잘못으로 확대함으로써 자신들의 책임을 회피하려는 주장이었다. 지난 조사와 수사로 우리는 304명 희생의 책임이 누구에게 있는지 알게 되었다.

더불어 두 번째 요구에 대한 답으로 현행법체계의 변화와 제도 개선안을 마련했다. 사참위 권고안에 담긴 이 개선안은 해당 기관이 이행 여부를 1년마다 국회에 보고해야 한다. 2023년 정부 보고내용을 보면 현 윤석열 정부는 사참위 권고안을 성실히 이행하고 있지 않았다.

지난 10년 우리는 여기까지 왔다. 세월호참사 진상규명은 실패하지 않았다. 지난 10년 간의 조사와 수사는 나름의 성과가 분명히 있다. 물론 여전히 밝혀내야할 미해결 과제들도 남아있다. 따라서 세월호참사 진상규명은 실패한 것이 아니라 완료되지 않았을 뿐이다.

사참위 활동 종료와 더불어 미해결과제 목록과 600테라가 넘는 조사 자료가 남겨졌다. 지난 세 개의 조사기구가 정리한 목록과 자료들이다. 현재 이 기록들은 안산시와 국가기록원에 보관되어 있다. 안산시에 있는 기록들은 생명안전공원이 완공되면 이관될 예정이다. 이 자료를 바탕으로 우리는 미해결과제에 대한 조사와 연구를 지속해야 한다.

세월호참사 피해자들은 하루아침에 자식을 잃었고 그 현실을 받아들이기조차 힘들었다. 그런 피해자들에게 진실을 밝혀줘야 할 책임은 정부에게 있었다. 그러나 2014년 박근혜 정부는 어떻게 된 일이냐고 묻는 피해자들 입에 재갈을 물리고 잔인하게 짓밟았다. 똑같은 일이 2024년 윤석열 정부에서도 반복되었다. 2014년 박근혜 정부는 결국 몰락했다. 2024년 윤석열 정부 또한 다르지 않을 것이다.

책임을 묻다

세월호참사 10주기, 다시 아이들 앞에서

오지원 | 변호사

2014년 5월. 나는 안산의 경기도미술관 분향소 입구에서 한참을 망설이고 있었다. 아이들의 영정사진으로 가득한 분향소라니. 내가 마주할 수 있을까. 용기가 없어 뒤돌아서기를 여러 번, 결국은 그 거대한 공간에 들어섰다. 기다리는 사람이 많으니 빨리 빨리 조문을 하라는 안내자의 말을 들으며 순간 분노에 휩싸였다. 슬픔까지도 재촉당해야 하는구나. 정작 빨라야 할 땐 느려 터져서 아이들이 이렇게나 많이 죽었는데. 나는 감히 셀 수도 없고 헤아릴 수도 없는 슬픔과 분노의 심해로 침잠하다 간신히 정신을 차렸다. 내 눈 앞에 펼쳐진 교복 입은 아이들의 영정사진들. 그 앞에서 약속했다. 너희들을 기억하며 살아갈게. 똑같은 불행이 되풀이되지 않게 뭐라도 해볼게.

2022년, 2023년 이 책을 쓰며 몇 번을 도망치다 돌아왔는지 모르겠다. 내 담당인 청와대, 기무사 관계자들에 대한 판결문을 읽고 정리하는 것은 적지 않은 고통이었다. 판결문에 적힌 그 날짜, 그 시각에 유가족들이, 그들과 함께한 사람들이 겪었던 일이 자꾸 오버랩되어 판결문을 읽기가 어려웠다. 추측은 하고 있었지만 공식적으로 확인된 사실관계에 또 다시 답답하고 숨이 막혔다. 국가가 보호하지 못한 사람들을 괴롭히고 또 괴롭히는 이야기들. 그들은 괴롭힘의 의도는 없었다고 항변하겠지만, 권력자들의 책임회피와 무심함, 무지는 피해를 최소화하기는커녕 극대화했다. 이런 생각을 하며 읽고 또 읽어 판결문을 그나마 이해하기 쉬운 보통의 글로 정리해 놓고 보니 왜 유가족들이 끊임없이 진상규명을 외쳤는지 알 수 있었다.

이 책은 유가족들과 변호사들이 수년 동안 잘 읽히지 않는 수천 장의 판결문들을 함께 읽고 피고인별로 카드를 만들고 의견을 나누며 쓴 책이다. 법조인의 시각에서 보면 다소 불분명한 표현도, 어설픈 체계도, 격앙된 단어도 있다. 그러나 유가족의 관점과 해석이 가장 중요했다. 이 책은 그들이 아이들에게 바치는 10주기 보고서이기 때문이다. 완벽한 진상규명은 아니지만 그들이 끊임없이 먼저 간 아이들에게 알려 주고 싶었던, 현재까지 국가가 공식적으로 밝혀낸 진실의 일부다. 그렇기 때문에 그에 대한 해석도 평가도 함부로 변호사의 시각에서 재단할 수 없었다.

세월호 특조위에서 근무할 때 어느 위원의 말에 큰 충격을 받았다. '유가족들이 떼를 써서 만든 법이 특별법이고 떼를 써서 만든 위원회가 이 조직'이라는 말이었다. 독립조사위원회가 무슨 의미인지도 모른 채 진상규명을 방해할 목적으로, 또는 아무 생각 없이 생계나 경력을 위해 위원이 된 사람들이 적지 않았지만, 그래도 어떻게 이런 말을 할 수 있을까 하는 생각이 들었다.

인류의 역사는 인간의 '고통'에 주목하여 문명과 인권을 발전시켜 온 과정이다. 우리가 지금 누리고 있는 일상의 평화와 권리들은 하나같이 오래 전 누군가의 고통과 피눈물, 투쟁, 논리에 기반한 것이다. 노예제, 신분제가 폐지되지 않았고, 국가와 종교로부터 인간이 해방되지 않았다면, 혁명과 인권선언이 없었다면, 여성들이 참정권을 위해 단식투쟁을 하며 죽어가지 않았다면 오늘날 우리는 자유와 권리를 누리고 살지 못했을 것이다. 당시 권력자들 입장에서는 권리 없던 자들의 모든 시도가 '떼쓰기'였을 것이고 '허용할 수 없는 주장', '법에도 없는 소리'였을 것이다.

우리는 우리 시대의 '고통'에 주목할 책무가 있다. 내 이웃의 고통을 방관하면 언젠가 그 고통은 나의 것이 된다. 누구나 참사피해자가 되면 겪을 수밖에 없는 고통, 우리 시대에 여전히 해결되지 않은 고통이 있다. 이를 해결하기 위해 함께 답을 찾아야 한다. 이것이 인류가 문명을 발전시켜 온 방식이다.

우리는 오늘도 이태원참사 유가족들이 진상규명특별법에 대해 거부권을 행사하려는 대통령과 여당에 맞서 눈비 맞으며 삭발까지 하는 상황을 목격하고 있다. 타인의 고통을 외면하면서 자유를 외치는 이, 고통과 자유와 권리의 연결성을 성찰하지 못하는 이들이 쥐고 있는 권력의 수준은 낮을 수밖에 없다. 우리는 이미 세월호참사에서 그나마 쌓은 교훈도 이태원참사에서 무너뜨리고 퇴보하는 것을 목격했다. 공감능력이 낮고 책임회피에만 능한 낡디 낡은 정치인들, 유가족들을 반정부세력으로 몰고 혐오정서를 사회에 주입하면 참사를 잊게 만들고 정권을 오래 유지할 수 있다고 믿는 잘못된 관행과 의식, 이런 것들을 끊임없이 지적하고 드러내고 기록하지 않는다면 다음 피해자는 우리가 될 수도 있다.

'수사와 재판결과를 기다려라, 조사위원회는 예산만 낭비하고 아무런 성과가 없다, 피해자들은 보상받으려고 저런다' 참사 때마다 진상규명을 막기 위해 반복해 온 이 말들이야말로 마땅히 책임져야 할 사람들의 책임회피에 불과했고, 해결은커녕 사람들에게 상처와 불신, 갈등만 남겼다. 범죄혐의만을 수사해서 '엄격한 증명'이 없으면 무혐의나 무죄가 되고 마는 형사절차를 통해서는 진상규명이 제대로 행해질 수 없음을, 우리는 이 책을 통해 확인할 수 있다.

2024년을 사는 우리들은 더 안전한 미래를 가질 자격이 있다. 2014년 세월호참사는 표면적으로는 배가 침몰한 것이었지만, 드러나지 않은 수많은 불통, 협업부재, 훈련부재, 무능, 무책임, 회피, 혼선, 지연, 괴롭힘 등 참사 이후에 있었던 일들을 빠짐없이 파헤쳤다고 하기에는 아직 이르다. 그래도 어른들이 너희들에게 못다한 답을 하기 위해 포기하지 않고 달려 왔음을, 많은 이웃이 서로 손을 맞잡아 주었음을, 그래서 완벽하진 않아도 조금씩 드러나게 된 것들이 있음을 알려주고 싶었다. 이 과정을 거쳐 남은 과정도 갈 수 있을 것이고, 남겨진 아이들도 어른들을 믿고 조금은 안심할 수 있길 바란다.

304명을 위한 정의는 누가 찾아야 하는가

이정일 | 변호사

'정의와 인권을 바로 세우는 검사', '인권 최후의 보루 사법부', '상식과 정의' 등등. 세월호참사로 희생된 304명을 위해 정의를 바로 세우고자 했던 사건 앞에서 이런 말들은 공허하게만 들린다. 고위 공직자일수록 책임에서 멀어진 재판 결과를 돌아보면, '큰 힘에는 큰 책임이 따른다'라는 말은 영화 속에서만 나오는 이야기라고 낙담하게 된다. 세월호 관련 판결을 지켜보면서 내내 반문했다. 304명을 위한 정의가 실현되려면 어떤 조건이 갖춰져야 하는지.

성역 없는 수사가 빨리 됐으면 정의가 실현됐을까. 재판이 참사 직후에 진행됐다면 국민의 공분이 커서 유죄가 됐을까. 304명의 정의를 위한 첫 단추가 어디에서 잘못 꿰어지기 시작했을까. 이러한 것들을 하나하나 돌아본다는 것이 정말 곤혹스럽다. 스스로 최선을 다했는지 자신이 없기 때문이기도 하다. 기록으로 남겨 반복되지 않을 돌다리 하나 놓는다는 심정으로 복기해 보려고 했다.

대통령제 아래에 권력의 최고 정점은 대통령비서실이다. 대통령비서실은 검찰과 감사원으로 대표되는 사정 권력에 영향을 미친다. 세월호 사건과 관련해서 검찰과 감사원은 이 최고 권력 앞에 무력했다.

감사원은 세월호참사 당일 청와대가 '재난 컨트롤타워' 역할을 제대로 수행했는지에 대해 추상같은 감사를 진행하지 않았다. 감사원장은 감사 결과 발표를 앞두고 청와대에 수시로 보고하며 의심을 자초했다. 304명의 국민 생명이 위기에 빠진 상황에서 최초 보고와 대응에 아무런 문제가 없었다며 '사건 외 사안'이라는 결론으로 진실을 묻었다. '사건 외 사안'이란 감사보고서에 한 줄도 기록하지 않는 판단이다. 그러나 2017년 정부가 교체된 후 세월호 사고 당시 최초보고서가 조작된 것이라는 사실이 밝혀졌다. 감사원이 추상같은 감사를 했더라면 충분히 밝힐 수 있는 것이었다.

검찰은 2014년 6월 인천에 있던 해양경찰청 본청 전산실에 압수·수색영장을 집행했다. 그러나 청와대 민정비서관이 '압수하지 않으면 안 되냐'라는 말에 집행이 몇 시간 중단됐다. 추가 압수·수색영장으로 집행됐지만, 압수·수색영장으로 집행된 증거는 법원에 제출하지 않았다. 청와대 위기관리센터와 해경 사이에 어떤 대화가 오갔는지를, 대통령의 최초 지시가 무엇이었는지를 알 수 있는 내용이었지만, 곧바로 드러나지 못하게 했던 것이다.

2014년 4월 17일 발족한 검·경 합동 수사본부는 5월 29일 해양경찰청장, 서해지방경찰청장, 목포해양경찰서장 등을 수사하겠다고 보고했다. 그러나 해경지휘부에 대한 수사는 사라졌다. 해경 123정장에 대한 수사도 쉽지 않았다. 해경에 대한 수사를 담당했던 광주지검 수사팀은 2015년 7월 29일 해경 123정장에 대해 '업무상 과실치사상죄'로 구속영장을 청구하겠다고 대검과 법무부에 보고했다. 그러나 수사팀은 외압으로 '업무상 과실치사상죄' 죄명을 구속영장에서 뺐고, 법원은 구속영장을 기각했다. 구속영장이 기각되면 검찰은 곧바로 공소를 제기하는 것이 일반적이다. 그러나, 해경 123정장에 대해 공소제기는 2014년 10월 6일 뒤늦게 이루어졌다. 빠질 뻔한 '업무상 과실치사상죄'도 검찰의 명운이 걸린 탓에 겨우 들어갔다. 이렇듯 최고 권력 앞에 무력했던 검찰과 감사원이 304명을 위한 정의를 지연시키는데 큰 역할을 했다.

2017년 5월 대통령이 바뀐 새로운 정부가 들어섰다. 그 전 2016년 12월에서 2017년 3월경 사이에 청와대가 생산한 많은 기록물이 폐기됐다. 대통령 권한 대행인 황교안은 2016년 4월경 남아 있는 문서들을 장기간 볼 수 없도록 대통령기록물로 지정했다. 그러나 미처 폐기하지 못한 문건이 청와대 위기관리센터 캐비닛에서 발견됐다. 검찰은 김기춘 등 청와대 관계자에 대한 수사를 개시했고, 법원에 기소했다. 2019년 발족한 세월호참사특별수사단은 해경지휘부에 대한 수사를 개시했다. 특수단은 2020년 1월 해경지휘부 10명을 업무상 과실치상죄로 법원에 기소했다. 세월호특별조사위원회의 업무를 방해한 청와대 관계자들도 기소했다. 이제 세월호참사 관련 304명을 위한 정의를 실현할 수 있는지는 법원의 손에 맡겨지게 됐다.

그러나 법원은 세월호참사 관련자들에 대해 최종 무죄를 선고했다. 결국 세월호 사고 현장에 구조 세력으로 출동한 123정장만 책임을 졌고, 청와대 등 고위 공직자일수록 책임에서 벗어났다. 304명을 구조해야 할 책임이 있었던 해경지휘부가 아무것도 하지 않은 무능함을 보여주었지만, 국민의 생명이 위기에 처한 상황에 제대로 대응하지 못한 것을 숨기기 위해 청와대가 최초보고서를 조작했지만, 진실을 밝히기 위한 특별조사위원회를 강제로 해산했지만, 책임이 없다는 법원의 판단에 분노할 수밖에 없다. 법원이 제시한 어떠한 논리도 쉽게 수긍이 가지 않는다. 304명의 희생이 있었지만, 책임져야 할 사람은 없는 결과이기 때문이다. 특히, 304명의 생명을 구조해야 할 해경지휘부 책임과 관련한 재판에서 대법원은 단 3줄로 책임이 없다고 했다. 대법원은 서울고등법원의 판단을 최고 법원의 입장이라고 대신했다. 대법원이 대형 참사에서 무엇이 정의인지 판단 기준을 제시할 것이라는 믿음은 배신당했다. 국민의 생명이 위기에 처한 대형 참사에서 구조책임이 있는 자가 어떤 역할을 해야 하고, 어떤 역할을 하지 못하면 처벌받아야 하는지 최고 권위를 가진 대법원이 판단하리라는 희망이 너무 어리석었다는 자괴감마저 들었다.

세월호참사 관련 304명을 위한 정의는 결국 실현되지 못한 것 같다. 수사 외압으로 참사 직후에 성역 없는 수사가 진행되지 못했다. 책임을 묻는 재판이 진행됐지만, 다층적인 구조지휘 체계에 비해 구조 활동에 참여한 각각의 해경 담당자는 보고를 핑계로 삼거나, 상황이 심각한지 몰랐다고 변명했다. 법원은 엄격한 증명책임 또는 무죄추정의 원칙을 들어 그 변명을 받아 주었다. 현재 법원의 시각으로는 대형 참사에서 책임을 묻기는 어려울 것이다. 큰 권한 때문에 큰 책임을 져야 한다는 당위론적 요구는 기대하기 힘들 것이다. 이런 측면에서 대형 참사를 바라보는 법관의 시선이 달라질 필요가 있다고 말하고 싶다.

책임을 묻다

재난은 복합적인 원인에 의해 발생한다. 그리고 참사로 이어지는 전개 과정은 어느 한 부분의 작은 잘못이 큰 결과를 초래한다. 다양한 구조 세력이 참여하여, 각자가 해야 할 일에 최선을 다할 때 참사로 인한 피해를 최소화할 수 있지만, 반면에 어느 조직의 작은 실수가 큰 피해를 초래하기도 한다. 참사가 전개되는 복잡하고 다층적인 행위 과정에 참여한 사람들의 작은 잘못도 책임으로 귀속시킬 수 있는 법관의 시각이 필요하다. 큰 권한에는 큰 책임이 따른다는 상식을 법원이 확인시켜 줄 필요가 있기 때문이다.

세월호참사가 사법기관에 주는 교훈은 역설적으로 참사 직후 검찰의 성역 없는 수사가 절실하다는 것이다. 비록 울림 없는 메아리가 될지라도 다시한번 더 강조하고 싶다. 법원은 복잡하고 다층적인 행위가 서로 얽히며 전개되는 재난의 특수성에 관한 이해를 높이기 위해 스스로 성찰해야 한다. 세월호참사로 희생된 304명의 정의를 실현하지는 못했지만, 이를 반복해서는 안 되기 때문이다.

반복되는 참사, 변한 것은 피해자의 얼굴뿐이다

한주현 | 변호사

세월호참사 이후 10년이 지났다. 10년의 세월 동안 세월호참사 피해자들이 가장 염원한 건 우리 사회가 안전한 사회가 되는 일이었다. 그래서 다시는 세월호참사와 같은 아픔이 반복되지 않기를 원했다.

그렇지만 참사는 반복되었다. 2022년 가을에는 서울 한복판 이태원에서 젊음을 즐기려던 백여 명의 청년들이 갑작스레 유명을 달리하는 안타까운 일까지 발생했다.

이태원참사 이후 진상규명을 요구하는 목소리는 세월호참사 이후와 놀랍도록 유사하다. 법적 책임자를 찾아내고 벌주는 수사와 재판 절차는 비교적 빠르게 진행되지만, 한편에서는 그런 일반적인 형사 절차로는 재난의 진상을 제대로 규명할 수 없다는 문제를 제기하고, 이에 따라 독립적인 진상조사 기구를 만들어야 한다는 요구가 터져 나오는 장면. 재난의 진상을 규명하는 과정에서는 국가 시스템의 허점이 드러날 수밖에 없기에, 진상규명 요구를 수용하기 꺼리는 국가권력자의 장면. 그렇게 진상규명 요구를 둘러싼 정치적 논쟁이 오고 가는 가운데서 피해자들은 상처 입고 진상규명은 지연되기만 하는 장면. 장면 하나하나가 너무나 유사하다.

이렇게 참사가 반복되는 원인은 무엇일까? 대형 참사 진상규명 체계의 한계를 꼽지 않을 수 없다. 수사와 재판 절차 이상으로는 나아가지 못하는 우리의 재난 참사 진상규명 체계는 재난이 발생하게 된 면면을 들여다보는 데에 적합하지 않다. 원인을 제대로 분석하지 못하고 다른 재난의 발생을 예방하기에도 역부족이다. 이런 상황이기에 재난이 발생했다 하면 독립적인 진상조사기구의 설립을 요구하는 목소리가 계속 등장할 수밖에 없는 것이다.

예를 들어보자. 세월호참사에서 구조 실패에 대한 형사 책임을 진 해경은 123정장 한 사람뿐이다. 해경지휘부는 모두 무죄 판결을 받았다. 그렇다면 세월호참사 당시 구조 실패의 원인은 123정장에게만 있는가? 사고 현장에 출동하는 해경만 변하면 해양 재난은 발생하지 않는 건가? 당연히 아니다. 해경지휘부, 그리고 해경 전 조직에게 구조 실패의 원인이 있었기에 그들이 모두 변하여야만 유사한 해양 재난을 예방할 수 있다.

이미 많은 선진국에서 재난의 원인을 제대로 규명하고 유사 사고를 예방하려면 형사적인 책임자만 색출하는 수사와 재판 절차가 아닌, 독립기구를 통한 재난조사가 필요함을 인식하고 독립적인 재난조사기구를 운용하고 있다.

그렇지만 이것이 참사가 발생할 때마다 독립적인 조사기구, 즉 한시적 독립조사기구를 만들자는 이야기는 아니다. 그런 시스템은 당연히 한계가 따를 수밖에 없기 때문이다. 예를 들어 세월호참사의 진상규명을 위해 세월호 특별조사위원회, 세월호 선체조사위원회, 사회적참사 특별조사위원회 등 3개의 한시 기구가 만들어졌는데, 이 3개 기구는 나름의 역할과 의미를 했으나 한계점이 명확했다. 기구를 만들 때마다 새로운 입법, 행정 절차를 거쳐야 했기에 적지 않은 경제적, 사회적 비용을 치러야 했다는 점, 기구마다의 조사 활동이 계승되지 못한 채 단절되었고, 재난 예방을 위한 대안을 제시하여도 이를 정책으로 이어나갈 동력이 전무했던 점 등이다.

세월호참사 이후 정부와 학계에서는 입을 모아 '독립적이고 상설적인 재난조사기구'를 설치해야 한다고 했다. 행정안전부는 '국민이 신뢰하는 독립적 재난조사기구 설립 추진' 계획을 발표하기도 했고 관련 법안들이 발의되기도 했다.

하지만 현재 이러한 논의는 실종된 채 다시금 마주한 슬픈 참사 앞에서 세월호참사 때와 조금도 달라진 것 없이 반복되고 있는 독립조사기구 설치 운동만을 마주하고 있다. 달라진 건 피해자들의 얼굴뿐이라면 너무 비약일까. 언제까지 반복할 것인가?

책임을 묻다

책임을 묻다

초판 1쇄	2024년 4월 16일
초판 2쇄	2024년 4월 16일
지은이	김광배, 김미나, 장훈, 정부자, 오현주, 오지원, 이정일, 한주현
발행인	이재교
디자인	박자영
교정교열	조동흠, 정수민, 안영민
표지그림	임정서
삽화	김수연
제작	지경문화사
펴낸곳	굿플러스커뮤니케이션즈(주)
출판등록	2013년 5월 7일 제2013-000136호
주소	서대문구 북아현로22길 21 2층
대표전화	02.6080.9858
팩스	0505.115.5245
이메일	goodplusbook@gmail.com
페이스북	www.facebook.com/pages/goodplusbook
ISBN	979-11-85818-67-2 (03300)